# 基于化学核心素养的
# 课堂教学创新实践

苏洁芳　◎主编

东北师范大学出版社

长　春

**图书在版编目（CIP）数据**

基于化学核心素养的课堂教学创新实践 / 苏洁芳主编. — 长春：东北师范大学出版社，2020.12
ISBN 978-7-5681-7398-8

Ⅰ.①基… Ⅱ.①苏… Ⅲ.①中学化学课—课堂教学—教学研究 Ⅳ.①G633.82

中国版本图书馆CIP数据核字（2020）第259413号

□责任编辑：李亚民　　　　　　　□封面设计：言之凿
□责任校对：刘彦妮　张小娅　　　□责任印制：许　冰

东北师范大学出版社出版发行
长春净月经济开发区金宝街 118 号（邮政编码：130117）
电话：0431-84568115
网址：http：// www.nenup.com
北京言之凿文化发展有限公司设计部制版
北京政采印刷服务有限公司印装
北京市中关村科技园区通州园金桥科技产业基地环科中路 17 号（邮编：101102）
2022年6月第1版　　2022年6月第1次印刷
幅面尺寸：170mm×240mm　印张：15　字数：287千

定价：45.00元

# 编 委 会

　　课堂是学生学习的主阵地，如何在课堂学习中落实立德树人的根本任务和发展学生化学学科核心素养？近年来我们工作室团队一直致力于此研究，在《普通高中化学课程标准（2017年版）》的指引下，我们密切结合学生的实际情况，在尊重学生的心理特点和认知发展水平的前提下，经过系列的教学研究后我们开发了多个教学设计案例。本书的教学设计案例全部由主讲人初步设计、经过工作室团队打磨、上公开课后再进行二次构建反复打磨而成，凝聚了主持人苏洁芳老师多年课堂教学研究的经验和心血。本书对学生和老师都非常有实效性的帮助，适合高中化学老师课堂及课外使用。

　　本书的教学设计案例均包括"教学目标精准定位""内容和学法分析""学情分析""学生认知障碍分析""教学过程""板书设计""课后评价""教学反思"等八个方面的内容。教学设计充分落实立德树人的根本任务和发展学生化学学科核心素养，体现以生为本、因材施教的原则。我们在课堂学习活动过程中设计了不同水平层次的、针对性强的课堂学习活动评价。另外，还有水平层次的课后学习延伸性和发展性评价，从而实现教、学、评一体化。

　　本书主要选取了高中化学各个模块中的33个课题的教学设计案例整合成册，欢迎大家审阅并提出宝贵意见。

编者

2019年11月

# 目录

# 《物质的量在化学实验中的应用》教学设计

广东省苏洁芳名师工作室　茂名市第一中学　苏洁芳

物质的量在化学实验中的应用是高中化学定量实验的内容之一，是高一学生必须掌握的重要实验操作，是在学习了物质的量及物质的量浓度之后，利用物质的量、物质的量浓度和溶液体积之间的关系让学生学会如何准确配制一定物质的量浓度的溶液的方法和具体操作。

## 一、教学目标

（1）能够根据定义知道配制一定物质的量浓度的溶液的基本原理，能根据不同的精确度要求选择相应的仪器。

（2）能辨认容量瓶，了解容量瓶的构造及使用方法。

（3）能独立完成配制一定物质的量浓度的溶液的实验。

（4）能紧扣实验原理对定量实验进行误差分析。

（5）通过独立阅读文字及图片，提取有效信息，初步了解实验步骤，体会实验意图。

（6）通过实验仪器的选择、定量实验的精确度控制和操作中的误差分析等过程，感受定量实验操作的严谨性。

## 二、内容和学法分析

本节内容源于化学计量在实验中的应用，主要是物质的量在化学实验中的应用，原理相对比较简单，关键是掌握配制一定物质的量浓度溶液的基本方法和基本操作，培养学生的实验能力和基本技能，让学生感受定量实验操作的严谨性。通过具体的实验操作，培养学生的宏观辨识、证据推理等化学核心素养。

## 三、学情分析

学生在掌握了物质的量、物质的质量、物质的微粒数以及物质的量浓度之间关系的基础上，进一步运用所学知识和原理掌握配制一定物质的量浓度溶液的方法，可以说是顺水推舟、得心应手的事情了。但学生往往缺乏基本知识的积累和各物理量之间的相互转换的能力，以及缺乏准确配制一定物质的量浓度溶液的实验技能，需要通过课堂演示和微课实验演示来帮助学生熟练掌握化学实验的基本操作和基本技能，培养学生创新思维的能力。

## 四、认知障碍分析

由于本节课采用了翻转课堂的教学模式，因此要求学生在课前完成实验方案的设计：①配制100 mL 0.1 mol·$L^{-1}$的NaCl溶液；②配制100 mL 1.0 mol·$L^{-1}$的NaCl溶液。从学生设计的方案中发现，不少学生对仪器精确度的要求不高，并且与初中学过的配制溶质的质量分数溶液的实验相混淆，而且各个步骤的先后顺序也没有依据反应原理来设计。

## 五、教学过程

**教学过程概览**

| 学习环节 | 师生互动 | 评价活动 | 设计意图及素养要求 |
|---|---|---|---|
| 环节一：概念生成 | 情境创设1：<br>（1）食盐是生活中必备的调味品。喝汤感觉咸淡不适合（过咸或者过淡）时通常你是怎么处理的？<br>（2）你最近体检了吗？是否留意过体检报告中血液化验单的数据和单位？数据的高低对身体有什么危害？<br>回顾初中表示溶液组成的方法——浓度。<br>质量分数：单位质量溶液中所含溶质的质量。<br>学习任务1：理解物质的量浓度概念。<br>物质的量浓度概念：单位体积溶液所含溶质的物质的量。<br>符号表征：_____ | 咸：加水；淡：加盐 | 由真实情境引入，使学生明确溶液是由溶质和溶剂组成的，浓度可以通过溶质和溶液的量来表征，并体会浓度的价值，引出物质的量浓度的概念，通过符号表征掌握配制一定物质的量浓度溶液的基本原理 |

| 学习环节 | 师生互动 | 评价活动 | 设计意图及素养要求 |
|---|---|---|---|
| 环节二：实验方案设计 | 学习任务2：请同学们设计实验方案：<br>（1）配制100 mL 0.1 mol·$L^{-1}$的NaCl溶液。<br>（2）配制100 mL 1.0 mol·$L^{-1}$的NaCl溶液。<br>方案点评：展示学生设计的方案，让学生找出不妥之处并纠正和完善实验方案。<br>提出问题：<br>（1）要配制该溶液，你觉得需要确定哪些物理量？<br>（2）根据物质的量浓度的公式$c=n/V$，在实验中$n$如何量取？<br>（3）根据物质的量浓度的公式$c=n/V$，在实验中$V$如何量取？<br>小组讨论：如何准确量取物质的量、溶液的体积，如何选择仪器？<br>计算：将0.1 mol的NaCl转换为质量为5.85 g≈5.8 g的NaCl。<br>学生：<br>待定的物理量：一定质量的药品和溶液体积。<br>本实验需要确定溶液的体积而不是溶剂的体积 | 学习评价1：<br>要配制物质的量浓度约为2 mol·$L^{-1}$ NaOH 溶液 100 mL，下面的操作正确的是（　　）。<br>A. 称取 8 g NaOH 固体，放入 250 mL 烧杯中，用 100 mL 的量筒取 100 mL 蒸馏水，加入烧杯中，同时不断搅拌至固体溶解<br>B. 称取8 g NaOH 固体，放入 100 mL 的量筒中，边搅拌边慢慢加入蒸馏水，待固体完全溶解后用蒸馏水稀释至100 mL<br>C. 称取8 g NaOH 固体，放入 100 mL 的容量瓶中，加入适量蒸馏水，振荡容量瓶使固体溶解，再加入水到刻度线，盖好瓶塞，反复摇匀<br>D. 用100 mL 的量筒取 40 mL 5 mol·$L^{-1}$的NaOH溶液，倒入 250 mL 的烧杯中，再用同一量筒取 60 mL 蒸馏水，在不断搅拌下，慢慢倒入烧杯中 | 能够根据基本原理和不同的精确度要求选择相应的仪器。<br>明确配制物质的量浓度，尽管涉及溶质的物质的量，但需要转化成宏观中的质量才能进行实验。托盘天平只能精确到0.1 g。通过讨论，加强学生对公式中的$V$是溶液体积的认识，引出容量瓶。<br>素养要求：科学探究与创新意识 |
|  | 情境创设2：<br>要准确确定溶液的体积，需要用到一种容器：既有烧瓶般大的容量，小试管般细的颈，又有量筒一样的刻度，且在一定温度下精确度高。试想，是否可以从中得到启发，依据烧瓶改进得到该容器？<br>介绍容量瓶的规格、构造、使用方法及注意事项（微课） | 瓶颈拉长刻上刻度 → 加盖 → | 追溯前人的思维过程。<br>素养要求：科学态度与社会责任 |
| 环节三：操作示范 | 学生活动：<br>请你完善配制方案（包括操作步骤、所用仪器、注意事项）。<br><br>| 实验步骤 | 所用仪器 | 实验注意事项 |<br>\|---\|---\|---\|<br>\|  \|  \|  \| | 学生完善配制方案（填写表格）<br>学习评价2：<br>实验室需480 mL的0.1 mol·$L^{-1}$的 $CuSO_4$ 溶液，现在选用 500 mL 的容量瓶进行配制，以下操作正确的是（　　）。<br>A. 称取7.86 g $CuSO_4$，加入500 mL水 | 在讨论设计方案的过程中，促进学生形成定量实验设计的基本思路，并初步认识到溶液的浓度（组成）由溶质和溶液的量共同决定。 |

续 表

| 学习环节 | 师生互动 | 评价活动 | 设计意图及素养要求 |
|---|---|---|---|
| 环节三：操作示范 | 点评、修正、优化学生的实验方案。<br>观看配制一定物质的量浓度溶液的规范操作微课录像 | B. 称取12.0 g CuSO₄·5H₂O，配成500 mL的溶液<br>C. 称取8.0 g CuSO₄，配成500 mL的溶液<br>D. 称取12.5 g CuSO₄·5H₂O，配成500 mL的溶液 | 通过规范操作，给学生以正确的引导，配合讨论，加深学生对实验的理解 |
| 环节四：实践体验1 | 根据优化后的实验方案完成溶液配制。<br>学生实验：分组进行实验。<br>教师拍照：分组实验中存在的典型错误操作。<br>相片展示：投影展示学生实验过程中规范的和不规范的操作 | 动手实验 | 真实体验溶液的配制过程，掌握实验基本技能。<br>素养要求：科学探究与创新意识 |
| 环节四：实践体验1 | 问题提出：<br>（1）若将刚才配制好的溶液分装在几个试剂瓶中，跟原溶液相比什么变了，什么没变？<br>（2）若给这些试剂瓶贴标签，标签上应该如何表示该溶液的组成？（讨论） | 变：溶液体积、溶质的物质的量。<br>不变：溶液组成（浓度）<br>1.0 mol·L⁻¹的NaCl | 通过对溶液组成的表示方法的思考和讨论，使学生认识到"同一浓度的溶液，可以有不同的溶质和体积"，深化学生对溶液组成的定量认识，初步形成定量认识方式 |
| 环节五：反思 | 反思实验过程，深化对物质的量浓度的理解并懂得进行误差分析。<br>反思与讨论：<br>（1）实验过程中哪些操作把握得比较好？存在哪些典型错误操作？这些错误操作对实验结果会造成什么影响？有补救的方法吗？能和同学分享你的想法吗？<br>（2）配制一定物质的量浓度溶液的实验中，你认为确保物质的量浓度准确的根本原则是什么？<br>（3）误差分析的核心知识是什么？如何分析？ | 学习评价3：下列操作对溶液浓度造成的误差是偏高、偏低还是无影响？你在实验过程中是否有以下类似情况？<br>（1）天平的砝码上有其他物质或已锈蚀。（　　）<br>（2）试剂与砝码的左右位置搞错。（　　）<br>（3）定容时俯视刻度线。（　　）<br>（4）所配溶液未冷却至室温即转入容量瓶定容。（　　）<br>（5）转移溶液时不洗涤烧杯与玻璃棒或未将洗涤液转入容量瓶。（　　）<br>（6）溶解、转移、洗涤时有溶液流出容器外。（　　） | 通过实验后的反思深化学生对物质的量浓度概念的理解，发展学生对溶液组成的定量认识，使学生建立定量认识方式的认识角度和认识思路 |

续 表

| 学习环节 | 师生互动 | 评价活动 | 设计意图及素养要求 |
|---|---|---|---|
| 环节五：反思 | 互相讨论，初步交流误差的结果（不一定准确）、经验（成功或失败的经验）。<br>独自思考完成各个误差分析，并进行交流 | （7）容量瓶在使用前，用蒸馏水洗净，在瓶内有少量水残留。（　　）<br>（8）定容摇匀后，静止时发现液面低于刻度线，再加水到刻度线。（　　）<br>（9）定容时加水过量超过刻度线，又取出部分溶液，液面降至刻度线。（　　） | |
| 实践体验2 | 学以致用：化学反应通常是以物质的量来衡量，比如要使0.001 mol的$AgNO_3$溶液完全沉淀，需要NaCl的物质的量是多少？在只有托盘天平和量筒的条件下，你如何完成这个实验？ | 学习评价4：若实验室需要2 mol·$L^{-1}$的硫酸溶液450 mL，配制时所需的主要仪器有烧杯、玻璃棒、量筒、＿＿＿、＿＿＿，如用质量分数为98%、密度为1.84 g/$cm^3$的浓硫酸进行稀释，所需浓硫酸的体积为＿＿＿mL（计算结果保留一位小数） | 从试题的角度看，实践性地解决误差分析问题；培养学生独立思考的能力和分享学习成果的学习习惯 |
| 归纳整理 | （1）物质的量浓度的概念。<br>（2）配制一定物质的量浓度的溶液：<br>①配制原理；<br>②实验仪器；<br>③实验步骤；<br>④误差分析 | 归纳、整理 | 回顾一节课的内容，形成完整的认知 |
| 总结提升 | 表示溶液组成的方法有多种，尝试归纳。你对溶液的组成有了哪些新的认识？ | 质量分数、体积分数、物质的量浓度 | 进一步发展学生对溶液组成的定量认识 |

## 六、板书设计

《物质的量在化学实验中的应用》板书设计

### 1. 物质的量浓度

（1）物质的量浓度概念：单位体积溶液所含溶质的物质的量。

（2）符号表征：$c=n/V$。

（3）单位：mol·$L^{-1}$。

### 2. 配制一定物质的量浓度的溶液

配制100 mL 1.0 mol·L$^{-1}$的NaCl溶液：

（1）配制原理：$c=n/V$。

（2）实验仪器：托盘天平、小烧杯、玻璃棒、100 mL容量瓶、胶头滴管。

（3）实验步骤：计算→称量→溶解→转移溶液→洗涤→定容→装瓶→贴标签。

（4）误差分析：依据核心公式$c=n/V$分析。

## 七、课后评价

1. 使用容量瓶配制溶液时，由于操作不当，会引起误差，下列情况会使所配溶液浓度偏低的是（　　）。

① 用天平（使用游码）称量时，被称量物与砝码的位置放颠倒了

② 溶液转移到容量瓶后，烧杯及玻璃棒未用蒸馏水洗涤

③ 转移溶液前容量瓶内有少量蒸馏水

④ 定容时，仰视容量瓶的刻度线

⑤ 定容后摇匀，发现液面降低，又补加少量水，重新达到刻度线

A. ②④⑤　　　　　B. ②③④⑤　　　　　C. ②③④　　　　　D. 全部

2. 20℃时，NaCl溶解于水的实验数据如下表所示。

| 实验序号 | 水的质量 / g | 加入的NaCl的质量 / g | 未溶的NaCl的质量 / g |
|---|---|---|---|
| ① | 10 | 2 | 0 |
| ② | 10 | 3 | 0 |
| ③ | 10 | 4 | 0.4 |

下列叙述正确的是（　　）。

A. 实验①所得的溶液为饱和溶液

B. 实验②所得的溶液为饱和溶液

C. 20℃时NaCl的溶解度为30 g

D. 实验①所得溶液的溶质质量分数为16.7%

3. 某同学进行实验研究时，欲配制1.0 mol·L$^{-1}$的Ba（OH）$_2$溶液，但只找到在空气中暴露已久的Ba（OH）$_2$·8H$_2$O试剂（相对分子质量：315）。该同学查得Ba（OH）$_2$·8H$_2$O在283K、293K和303K时的溶解度（g/100 gH$_2$O）分别为2.5、3.9和5.6。室温下，_____（填"能"或"不能"）配制1.0 mol·L$^{-1}$Ba（OH）$_2$溶液。

4. 用$Na_2CO_3$固体配制$1\ mol\cdot L^{-1}$的$Na_2CO_3$溶液100 mL。

（1）实验所用的玻璃仪器有_____。

（2）应称取$Na_2CO_3$的质量为_____。

（3）进行溶液配制的基本步骤是：

① 往_____中注入一定量的蒸馏水，检查是否漏水；

② 根据计算，用托盘天平称取一定质量的$Na_2CO_3$；

③ 将$Na_2CO_3$晶体在_____中溶解，并不断用玻璃棒_____；

④ 将已冷却的$Na_2CO_3$溶液沿玻璃棒注入已检查不漏水的容量瓶中；

⑤ _____；

⑥ 继续往容量瓶中小心地加蒸馏水，使液面距刻度线在1～2cm处；

⑦ 用_____滴加蒸馏水，使溶液凹面最低点恰好与刻度线相切；

⑧ 盖上容量瓶塞子，振荡，摇匀。

（4）试分析下列操作对所配溶液的浓度有何影响。（填"偏高""偏低"或"无影响"）

① 摇匀后，液面低于刻度线，没有再加水。_____。② 移液过程中，不小心溅出少量溶液；_____。

5. 实验室配制500 mL 0.2 mol·L$^{-1}$的$FeSO_4$溶液，实际操作有：①在天平上称量一定量的$FeSO_4\cdot 7H_2O$，放入烧杯中加水溶解；②把制得的溶液小心地注入500 mL的容量瓶中；③继续向容量瓶中加水，到离刻度线1～2cm处时改用胶头滴管加水至刻度线；④将烧杯和玻璃棒洗涤2～3次，并将每次的洗涤液也转入容量瓶中；⑤将容量瓶的塞子塞紧，摇匀。

填空：

（1）称量$FeSO_4\cdot 7H_2O$的质量是_____。

（2）正确的操作顺序是_____。

（3）定容时，若俯视液面，会使溶液浓度_____。

（4）本实验用到的基本仪器有_____。

（5）若没有操作④，结果会使溶液浓度_____。

（6）若在进行操作②时，不慎将液体溅出，则处理的方法是_____。

**参考答案：**

学习评价1：AD。

学习评价2：CD。

学习评价3：（1）偏高；（2）偏低或无影响；（3）偏高；（4）偏高；（5）偏低；（6）偏低；（7）无影响；（8）偏低；（9）偏低。

学习评价4：500 mL容量瓶；胶头滴管；54.3 mL。

学以致用：0.001 mol（0.0585 g）NaCl扩大10倍，即0.01 mol（0.585≈0.6 g）NaCl溶于水配成10 mL溶液，取出其中1/10加入其中即可。[从配制一定浓度的溶液，精确到0.001 mol（0.0585 g）NaCl]

**课后评价参考答案：**

1. A。

2. D。

3. 不能。

4.（1）烧杯、100 mL容量瓶、玻璃棒、胶头滴管。

（2）10.6 g。

（3）容量瓶；烧杯；搅拌；用少量蒸馏水洗涤烧杯内壁和玻璃棒2～3次且洗涤液也注入容量瓶，胶头滴管。

（4）无影响，偏低。

5.（1）27.8 g。

（2）①②④③⑤。

（3）偏高。

（4）托盘天平、500 mL容量瓶、烧杯、胶头滴管、玻璃棒。

（5）偏低。

（6）重新做实验。

## 八、教学反思

本节课是面对全市150多位高中化学骨干教师的示范课，主要是展示学生设计的实验方案和把握准确配制一定物质的量浓度溶液的操作方法、操作步骤及操作要领，并能根据配制过程中的一些失误操作进行误差分析，培养学生独立实验的能力，使学生明确配制溶液的注意事项。课堂教学程序非常流畅，学生对操作把握得很到位，对操作要领也掌握得比较好。然而美中不足的是留给学生实际配制的时间还是短了一些，以至于个别学生可能匆匆结束，没能很好领悟配制的要领及进行详细的误差分析，也就是没能充分让学生最后展示操作不当所引起的误差，有待在以后的教学中修正。

**参考文献:**

［1］中华人民共和国教育部.普通高中化学课程标准（2017年版）［M］.北京：人民教育出版社，2018.

［2］王磊，支瑶，徐敏.基于促进学生认识发展的"物质的量浓度"教学设计研究［J］.化学教育，2010（1）.

# 《富集在海水中的元素——氯》教学设计

广东省苏洁芳名师工作室　茂名市第一中学　苏洁芳

氯及其化合物是高中化学必修1的核心内容之一，是高一学生学习的重点内容。氯元素是典型的非金属元素，氯气及其化合物在生活、生产中有广泛的应用。该内容计划安排两个课时。学生通过学习，可以建立基于物质类别、元素价态和原子结构，预测和检验物质性质的认知模型，发展物质性质和物质用途关联、化学物质及其变化的社会价值的认识水平，提高解决问题的能力。

## 一、教学目标

（1）通过阅读《氯气的发现》，掌握氯气的制备方法，明确发展学生科学探究与创新意识、科学态度与社会责任素养的重要性。

（2）通过实验探究氯气的主要化学性质，初步建立基于物质类别、元素价态和原子结构对物质性质进行预测和检验的认知模型，发展学生的证据推理与模型认知素养。

（3）依据探究目的设计实验方案，通过实验验证假设，发展学生的科学探究与创新意识的素养。

（4）通过对含氯物质及其转化关系的认识，建立物质性质与物质用途的关联。

（5）通过设计氯气泄漏处理方案、自制家用含氯消毒剂等活动，让学生感受化学物质及其变化的价值，进一步增强合理使用化学品的意识。

（6）通过观察氯气的溶解性实验现象探究氯气和水反应的产物及进一步对氯水成分进行探究，培养学生宏观辨识和微观探析、科学探究与创新意识的素养。

（7）通过氯气和水反应的原理认识漂白粉的制作原理及其应用，进一步感受化学物质及其变化的价值。让学生通过实验探究获取知识，从而感受到合作和学习的乐趣；培养学生的环保观念，增强环保意识。

## 二、内容和学法分析

本节内容源于富集在海水中的元素——氯，通过对生活和环境中的氯的认识以及氯气的发现，理解和掌握氯气的制法和性质，从而更好地使用氯并且减少环境污染。氯及其化合物是高考重点考查的元素化合物内容之一，因此要求学生通过对氯及其化合物的学习掌握非金属元素及其化合物的学习方法。本节内容安排两个课时，主要学习氯气的制法和氯的非金属性和氧化性、还原性。通过基于物质类别判断氯的非金属性，推测出氯可以与氢气和金属（钠、铁、铜）反应；基于化合价态观点（价态观）判断处于中间价态的氯既有氧化性，又有还原性，从而猜测氯既可以与强氧化剂反应，又可以与强还原剂反应。第2课时通过探究氯气和水反应的产物设计实验方案并进行验证，从而掌握新制氯水的成分；从氧化还原的角度理解氯水的消毒和漂白原理；培养学生宏观辨识和微观探析、证据推理与模型认知、科学探究和创新意识等核心素养，并在学习过程中渗透过程性评价和课后评价，实现教学评一体化。

## 三、学情分析

学生已掌握了金属元素及其化合物的学习方法以及氧化还原反应的相关理论知识，有了基于物质类别和氧化还原观的视觉判断物质的性质，并通过设计实验进行验证的基本思维方法和基本技能，因此在此基础上学习非金属元素及其化合物的相关性质就顺水推舟了。但学生缺乏基本知识的积累以及基本的实验技能，需要通过课堂教学培养学生学会基本知识的积累、熟练掌握基本技能以及基本方法的运用和创新思维。

## 四、认知障碍分析

由于本节课采用了翻转课堂的教学模式，要求学生在课前完成氯气性质的猜想和实验现象的预判，依据证据推理进行模型构建。一方面，从学生的学案了解到还有相当一部分学生没能很好地完成这一任务，欠缺自主学习的能力；另一方面，当实验方案理顺后进行创新实验设计时，发现学生的创新思维和创新能力仍然非常缺失，需要教师花更多的时间和精力慢慢引导，多提供实践机会。

## 五、教学过程

教学过程概览

| 第1课时 | | | |
|---|---|---|---|
| 学习环节 | 师生互动 | 评价活动 | 设计意图及素养要求 |
| 环节一：课前学习与交流 | 学习任务1：课前通过阅读《氯气的发现》，掌握氯气的制备方法。完成以下任务：<br>活动1：课前查看学习资源：<br>（1）氯气的制备。<br>（2）氯的转化及应用。<br>（3）氯的安全知识。<br>学习评价1：氯气是一种____色，____毒，____溶于水，____液化，密度比空气____的气体，闻氯气的正确方法是：____。<br>学习评价2：通过阅读史料可知，从氯气的发现到确认氯是一种新的元素，时间长达30多年。你从这一史实中得到什么启示？<br>学习评价3：氯气的实验室制法：<br>（1）反应原理（制备氯气的反应方程式）：____。<br>（2）装置：固+液（加热）。<br>（3）净化（除杂）：____。<br>（4）收集方法：____。<br>（5）尾气处理：____。<br>尝试画出制备纯净氯气的装置图。<br>学习评价4：在日常生活中，你认识的含氯物质有哪些？尝试画出它们与氯气的相互关系。<br>活动2：依据原子结构特点预测氯气的性质，并设计实验方案验证。 | 汇报与交流：<br>学习评价1：学生回答和示范闻氯气的方法。<br>学习评价2：<br>启示1：科学研究需要有正确的理论做指导。<br>启示2：科学研究需要以大量事实为依据。<br>启示3：科学研究需要有热爱科学的思想和奉献科学的精神。<br>学习评价3：<br>$MnO_2+4HCl（浓）\xrightarrow{\Delta}MnCl_2+2H_2O+Cl_2\uparrow$<br><br>浓盐酸·MnO₂ / 饱和食盐水 / 浓硫酸 / NaOH溶液<br>除HCl气体 除H₂O（g）吸收多余氯气<br>发生装置 净化装置 收集装置 尾气吸收装置<br><br>学习评价4：学生在教师指导下整理完善。<br><br>生活中的氯：HClO 自来水消毒、Ca（ClO）₂ 自来水消毒、84消毒液、漂白粉（精）、NaClO 消毒灵、HCl 洁厕灵、食盐 生理盐水<br>Cl₂<br>环境中的氯、杀虫剂、农药<br>MgCl₂、CaCl₂、海水、盐卤（卤水）<br>自然界中的氯 | （制作成微课，交流后展示）<br>提供联系实际的资料（视频、图片、文字等），支持学生完成学习任务，丰富学生对含氯物质的认识，明确知识和应用的关系。<br>探索发现，关注化学与生活、化学与环境的关系。<br>培养科学探究与创新意识的素养。<br><br>引导学生基于经验和类别观、氧化还原反应观完成学习任务，为课堂学习做充分准备，初步诊断学生认识物质、实验探究的已有水平。 |
| 环节二：预测与假设，设计实验方案（课前） | 学习任务2：<br>（1）画出氯原子的原子结构示意图，分析其特点，可知氯元素是典型的____元素，氯元素的最高正价是____，最低负价是____，因此可知氯气既有____性，又有____性。 | | |

| 第1课时 | | | |
|---|---|---|---|
| 学习环节 | 师生互动 | 评价活动 | 设计意图及素养要求 |
| 预测与假设，设计实验方案（课前） | （2）基于物质类别、元素价态和原子结构对物质性质进行预测并设计实验方案验证。<br>① 活泼的非金属单质能与大多数金属化合；<br>② ＿＿＿＿＿＿＿＿＿＿＿＿＿；<br>③ ＿＿＿＿＿＿＿＿＿＿＿＿＿；<br>④ ＿＿＿＿＿＿＿＿＿＿＿＿＿ | 活动2：<br>实验方案：<br><br>$Cl_2$<br>化合价 → 氧化性、还原性<br>类别 → 非金属单质<br>预测：与还原性物质反应 → 通过实验验证 → 与$FeCl_2$溶液反应、与KI淀粉试纸反应、与Na₂S溶液反应<br>预测：与非金属反应 → 通过实验验证 → 与氢气反应（预测产物 HCl）<br>预测：与金属反应 → 通过实验验证 → 与铜反应（预测产物 $CuCl_2$）、与铁反应（预测产物 $FeCl_3$）、与钠反应（预测产物 $NaCl$）<br>（KSCN）反应 → 血红色 → 生成 $Fe^{3+}$；蓝色 → 原理生成 $I_2$；浅黄色等沉淀 → 原理生成 S | 培养证据推理与模型认知素养 |
| 环节二：研讨改进与实施 | 学习任务3：汇报、改进和实施实验方案。<br>1. 探究氯气的单质活动性<br>提供试剂及仪器：高锰酸钾固体、浓盐酸、钠、铁丝、铜丝、集气瓶、玻璃片、燃烧钥匙、坩埚钳、酒精灯、火柴。<br>提示：$2KMnO_4+16HCl（浓）=2MnCl_2+2KCl+5Cl_2\uparrow+8H_2O$<br>（1）钠在氯气中燃烧。<br>（2）铜在氯气中燃烧。<br>（3）铁在氯气中燃烧。<br>（4）氢气在氯气中燃烧（视频）。<br>2. 探究氯气的强氧化性<br>提供试剂及仪器：高锰酸钾固体、浓盐酸、KI淀粉试纸、硫化钠溶液、KSCN溶液、新制硫酸亚铁溶液、氢氧化钠溶液、集气瓶、玻璃片、镊子、滤纸、蓝色石蕊试纸、品红试纸。 | 学习评价1：学生自我完成。<br><br>| 试剂 | 现象 | 反应方程式 |<br>|---|---|---|<br>| 钠在氯气中燃烧 | | |<br>| 铁丝在氯气中燃烧 | | |<br>| 铜丝在氯气中燃烧 | | |<br>| 氢气在氯气中燃烧 | | | | 依据类别、氧化还原反应思路设计方案；依据实验方案完善实验步骤；依据实验步骤完成实验探究。<br>培养证据推理与模型认知、宏观辨识与微观探析、科学探究与创新意识等素养。<br><br>水平1<br>水平2 |

| 第1课时 | | | |
|---|---|---|---|
| 学习环节 | 师生互动 | 评价活动 | 设计意图及素养要求 |
| 环节二：研讨改进与实施 | 交流研讨1：就自己预测的性质及设计的实验方案提出问题及解释，完善以上实验方案。<br>实验步骤1：<br>（1）把少量高锰酸钾固体分别放进3个集气瓶中，滴加少量浓盐酸，迅速盖上玻璃瓶，以制得少量氯气。<br>（2）分别将加热熔成小球的金属钠、红热的铜丝和铁丝分别放进盛有氯气的集气瓶中观察现象。<br>实验步骤2：<br>（1）用胶头滴管将硫化钠溶液、新制硫酸亚铁溶液（KSCN溶液）分别滴加在两张滤纸上，用镊子分别夹住以上滤纸和湿润的KI淀粉试纸放进有氯气的集气瓶中，观察现象。<br>（2）注意观察干燥和湿润的蓝色石蕊试纸及干燥和湿润的品红试纸发生的变化。<br>（3）实验结束后，往集气瓶中加入约10 mL氢氧化钠溶液（吸收多余的氯气） | 学习评价2：学生自我完成。<br><br>| 试剂 | 现象 | 离子方程式 |<br>|---|---|---|<br>| $Cl_2$与$Na_2S$ | 试纸变浅黄色 | |<br>| $Cl_2$与湿润的KI淀粉试纸 | 试纸变蓝 | |<br>| $Cl_2$与$FeSO_4$（KSCN） | 变红 | |<br>| 氯气与干燥的蓝色石蕊试纸 | 无现象 | |<br>| 氯气与湿润的蓝色石蕊试纸 | 先变红后褪色 | |<br>| 氯气与干燥的品红试纸 | 不褪色 | |<br>| 氯气与湿润的品红试纸 | 褪色 | | | 水平3<br>水平4 |
| 环节三：问题解决与展示 | 学习任务4：真实问题解决方案的设计和交流。<br>设计罐车侧翻造成的氯气泄漏处理方案（处理措施和指挥现场人员疏散） | 要求学生将解决问题的方案写成报告 | 能依据原理提出解决真实问题的方案，体现化学的价值。<br>培养科学精神、社会责任素养 |
| 环节四：反思与总结 | 透过实验现象，你有了哪些新的思考？ | | 培养宏观辨识与微观探析素养和创新思维能力 |

| 第2课时 | | | |
|---|---|---|---|
| 学习环节 | 教师活动 | 学生活动 | 设计意图及素养要求 |
| 环节一：回顾与交流 | 学习任务1：回顾实验。<br>通过观察氯气分别与干燥和湿润的蓝色石蕊试纸及干燥和湿润的品红试纸发生的变化，你有哪些发现？有哪些新的思考？<br><br>学习任务2：氯气的溶解性实验。<br>仪器及试剂：水槽（装有水）、注射器（装满氯气）。<br>要求：<br>（1）学生自我设计实验步骤并完成实验，观察现象并解释。<br>（2）氯气是单纯溶解还是与水发生反应？引出对氯水成分的探究 | 新的发现：<br>（1）干燥氯气无漂白作用。<br>（2）潮湿的氯气有漂白作用。<br>新的思考：<br>（1）氯气和水发生了反应。<br>（2）氯气和水反应的生成物有酸性和漂白性。<br>（3）进一步探究。<br>步骤：<br>（1）用注射器吸入少量蒸馏水，并拿掉针头倒扣在水槽中，观察现象。<br>（2）当水停止上升后，将注射器口堵住拿起，翻转并塞好针头（备用）（提醒学生注意安全）。<br>描述现象：<br>（1）少量水上升到注射器。<br>（2）注射器内的黄绿色气体变浅，注射器内的溶液变成黄绿色。<br>结论及解释：<br>（1）注射器内还有气体说明氯气部分溶于水。<br>（2）氯气的水溶液呈黄绿色说明溶液中有氯气 | 巩固所学的知识，温故知新。<br>通过创设真实的生活情境提出问题—猜想—实验探究—形成结论。<br>培养证据推理与模型认知、宏观辨识与微观探析、科学探究与创新意识等素养 |
| 环节二：预测与假设，设计实验方案 | 学习任务3：氯水成分探究。<br>（1）预测：氯气溶于水是单纯溶解还是与水发生反应？提出可能的假设。<br>（2）通过氯气溶于水的实验现象证明假设。<br>（3）预测氯气和水反应的产物。<br>（4）设计实验方案证明预测。<br>提供试剂及仪器：新制氯水（上述氯气溶解实验所得）、硝酸银溶液、稀硝酸、饱和的碳酸氢钠溶液、金属镁、蓝色石蕊试纸、集满干燥氯气的集气瓶（2瓶）、稀盐酸、干燥红纸（干燥的有色布条）、胶头滴管。 | 预测：<br>（1）<br><br>表格见下：<br><br>（2）从氯气水溶液为黄绿色可以知道假设3不成立。<br>（3）根据原子的结合方式和原子守恒猜想：$Cl_2+H_2O\!=\!=\!HCl+HClO$ | 通过预测设计实验方案，验证假设 |

预测（1）表格：

| 假设 | 微粒成分 |
|---|---|
| 假设1：单纯溶解 | $Cl_2$、$H_2O$ |
| 假设2：溶解和反应 | $Cl_2$、$H_2O$ 和新微粒 |
| 假设3：单纯反应 | $H_2O$ 和新微粒 |

| 第2课时 | | | |
|---|---|---|---|
| 学习环节 | 教师活动 | 学生活动 | 设计意图及素养要求 |
| 环节二：预测与假设，设计实验方案 | <table><tr><td>序号</td><td>实验操作</td><td>实验现象</td><td>实验结论</td></tr><tr><td>1</td><td></td><td></td><td></td></tr><tr><td>2</td><td></td><td></td><td></td></tr><tr><td>3</td><td></td><td></td><td></td></tr></table>（5）实验探究验证：实验改进：在点滴板上分别装有稀硝酸和硝酸银、镁条、碳酸氢钠溶液、蓝色石蕊试纸，用注射器向其中注入少量氯水，观察现象 | （4）方案汇总：<table><tr><td>序号</td><td>实验内容</td><td>实验现象</td><td>结论及解释</td></tr><tr><td>1</td><td>将少量氯水加入稀硝酸溶液和硝酸银溶液</td><td>白色沉淀</td><td>含$Cl^-$<br>$Ag^++Cl^-$＝$AgCl\downarrow$</td></tr><tr><td>2</td><td>将少量氯水加入镁条中</td><td>气泡</td><td>含$H^+$<br>$Mg+2H^+$＝$Mg^{2+}+H_2\uparrow$</td></tr><tr><td>3</td><td>将少量氯水加入饱和$NaHCO_3$溶液</td><td>气泡</td><td>含$H^+$<br>$HCO_3^-+H^+$＝$CO_2\uparrow+H_2O$</td></tr><tr><td>4</td><td>往蓝色石蕊试纸上注入少量氯水</td><td>先变红后褪色</td><td>含$H^+$<br>生成物中有漂白性物质生成</td></tr></table>结论：产物含有盐酸 | 培养证据推理与模型认知、宏观辨识与微观探析、科学探究与创新意识等素养 |
| 环节三：科学探究与创新意识 | 追问：在观察蓝色石蕊试纸变红时有什么意外发现？说明了什么？<br>继续追问：这种漂白性物质是什么？氯气？盐酸？HClO？<br>实验探究：设计实验方案进行探究 | 意外发现：试纸变红后褪色，说明产物中有漂白性物质生成。<br>实验探究：<br>（1）在点滴板中放置一小块红纸，滴加少量盐酸，观察是否褪色。<br>（2）分别将干燥和润湿的红纸放进两瓶干燥的氯气中观察现象。<br>实验现象：<br>（1）红纸遇盐酸不褪色。<br>（2）干燥的红纸不褪色，润湿的红纸褪色。<br>结论：<br>（1）氯气和盐酸无漂白性。<br>（2）氯气和水反应生成的次氯酸（HClO）有漂白作用，证明上述猜想$Cl_2+H_2O$＝$HCl+HClO$正确。由于氯水呈黄绿色，说明该反应为可逆反应。<br>结论：<br>氯水微粒成分：$Cl_2$、$H_2O$、$HClO$、$H^+$、$Cl^-$、$ClO^-$、$OH^-$ | 通过探究真实问题得出结论，培养证据推理与模型认知、宏观辨识与微观探析、科学探究与创新意识等素养 |

续　表

<table>
<tr><td colspan="4" align="center">第2课时</td></tr>
<tr><td>学习<br>环节</td><td align="center">教师活动</td><td align="center">学生活动</td><td>设计意图及<br>素养要求</td></tr>
<tr>
<td>环节<br>四：<br>知识<br>迁移</td>
<td>学习任务4：知识迁移。<br>根据氯气和水反应的原理，推断氯气和NaOH、Ca（OH）$_2$反应的产物，完成化学方程式。<br>平时用的漂白粉（剂）、漂粉精、84消毒液的主要成分是什么？<br>演示：将少量NaOH溶液滴在点滴板中，然后滴几滴酚酞，观察现象；再用注射器注入少量新制的氯水，观察现象。<br>思考：将新制氯水滴入含酚酞的NaOH溶液中红色消失，褪色原因是什么？请设计实验验证</td>
<td>实验现象：红色褪去。<br>质疑：溶液褪色有可能是因氯水的漂白性，也有可能是因酸碱性。<br>实验验证：往褪色的溶液中再滴加NaOH溶液，若出现红色，说明是酸碱性原因；如果不变红则说明是氯水的漂白性</td>
<td>学以致用，培养科学探究与创新意识等素养。<br>体现化学价值和倡导社会责任</td>
</tr>
<tr>
<td>环节<br>五：<br>氯水<br>性质<br>探究</td>
<td>观察注射器中的新制氯水和久置氯水（提前一周准备）的颜色。<br>用pH试纸测新制氯水和久置氯水的pH值</td>
<td>实验现象：<br>（1）新制氯水为黄绿色，而久置氯水无色。<br>（2）久置氯水的pH值降低。<br>结论及解释：次氯酸不稳定，见光易分解，证明次氯酸的不稳定性。<br>$2HClO \stackrel{}{=\!=\!=} 2HCl + O_2$<br>归纳整理：<br>次氯酸的性质：<br>（1）漂白性。<br>（2）不稳定性。<br>（3）弱酸性</td>
<td></td>
</tr>
<tr>
<td>环节<br>六：<br>学以<br>致用</td>
<td>如何利用电解饱和食盐水制作家用消毒液？<br>提示：<br>$2NaCl + 2H_2O \xrightarrow{\text{通电}} 2NaOH + H_2\uparrow + Cl_2\uparrow$</td>
<td></td>
<td>学以致用<br>体现化学价值</td>
</tr>
</table>

## 六、板书设计

《富集在海水中的元素——氯》板书设计
第1课时

**1. 氯气的物理性质**

氯气是一种黄绿色，有毒，微溶于水，易液化，密度比空气大，有刺激性气味的气体。

**2. 氯气的实验室制法**

（1）反应原理（制备氯气的反应方程式）：$MnO_2 + 4HCl（浓）\xlongequal{\triangle} MnCl_2 + 2H_2O + Cl_2\uparrow$

（2）装置：固+液（加热）。

（3）净化（除杂）：饱和食盐水除氯化氢，浓硫酸除水。

（4）收集方法：排饱和食盐水法，向上排空气法。

（5）尾气处理：NaOH溶液吸收多余的氯气。

**3. 氯气的化学性质**

（1）氯气单质的活动性。

| 试剂 | 现象 | 反应方程式 |
|---|---|---|
| 钠在氯气中燃烧 | | |
| 铁丝在氯气中燃烧 | | |
| 铜丝在氯气中燃烧 | | |
| 氢气在氯气中燃烧 | | |

（2）氯气的强氧化性。

| 试剂 | 现象 | 离子方程式 |
|---|---|---|
| $Cl_2$与$Na_2S$ | 试纸变浅黄色 | |
| $Cl_2$与湿润的KI淀粉试纸 | 试纸变蓝 | |
| $Cl_2$与$FeSO_4$（KSCN） | 变红 | |

第2课时

**3. 氯气的化学性质**

（1）氯气单质的活动性。

（2）氯气的强氧化性。

（3）氯气和水反应：$Cl_2 + H_2O = HCl + HClO$

（4）氯水的性质探究。

| 序号 | 实验内容 | 实验现象 | 结论及解释 |
|---|---|---|---|
| 1 | 将少量氯水加入稀硝酸溶液和硝酸银溶液中 | 白色沉淀 | 含$Cl^-$<br>$Ag^+ + Cl^- == AgCl\downarrow$ |
| 2 | 将少量氯水加入镁条中 | 气泡 | 含$H^+$<br>$Mg + 2H^+ == Mg^{2+} + H_2\uparrow$ |
| 3 | 将少量氯水加入饱和的$NaHCO_3$溶液中 | 气泡 | 含$H^+$<br>$HCO_3^- + H^+ == CO_2\uparrow + H_2O$ |
| 4 | 往蓝色石蕊试纸注入少量氯水 | 先变红后褪色 | 含$H^+$<br>生成物中有漂白性物质生成 |

（5）氯气和碱反应。

① 84消毒液的制法：$Cl_2 + 2NaOH == NaCl + NaClO + H_2O$

② 漂白粉的制法：$Cl_2 + 2Ca(OH)_2 == CaCl_2 + Ca(ClO)_2 + 2H_2O$

## 七、课后评价

1. 下列氯化物中，既能由金属和氯气直接反应得到，又能由金属和盐酸反应制得的是（　　）。

A. $FeCl_2$ 　　　　　　　　　　　　　B. $AlCl_3$

C. $FeCl_3$ 　　　　　　　　　　　　　D. $CuCl_2$

2. 把氯气通入下列各溶液中，阴离子和阳离子都能被氧化的是（　　）。

A. $NaOH$ 　　　　　　　　　　　　　B. $Na_2SO_3$

C. $FeBr_2$ 　　　　　　　　　　　　　D. $FeSO_4$

3. 经氯气消毒的自来水，若用于配制以下溶液：①$NaOH$；②$AgNO_3$；③$Na_2CO_3$；④$FeSO_4$；⑤$KI$；⑥$Na_2S$；⑦$Na_2SO_3$会使配制的溶液变质的是（　　）。

A. 全部 　　　　　　　　　　　　　B. ②④⑤⑥

C. ②⑤ 　　　　　　　　　　　　　D. ④⑥

4. 在盛有溴水的三支试管中分别加入少量苯、四氯化碳和酒精，振荡后静置，出现下列现象，正确的顺序是（　　）。

A. ①加$CCl_4$ ②加苯 ③加酒精 　　　　B. ①加酒精 ②加$CCl_4$ ③加苯

C. ①加苯 ②加$CCl_4$ ③加酒精 　　　　D. ①加苯 ②加酒精 ③加$CCl_4$

5. 某校化学实验兴趣小组为了探究在实验室制备$Cl_2$的过程中有水蒸气和HCl挥发出来，同时证明氯气的某些性质，甲同学设计了如下图所示的实验装置（支撑用的铁架台省略），按要求回答问题。

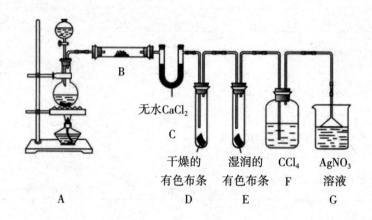

（1）下列方法中，可制得氯气的正确组合是（　　　）。

①$MnO_2$和浓盐酸混合共热；②$KMnO_4$和浓盐酸混合；③次氯酸钠和浓盐酸混合；④$K_2Cr_2O_7$和浓盐酸混合；⑤$KClO_3$和浓盐酸混合。

A. ①②⑤　　　　　　　　　　　　　B. ②④⑤

C. ①②④　　　　　　　　　　　　　D. 全部可以

（2）若用含有0.2 mol HCl的浓盐酸与足量的$MnO_2$反应制取$Cl_2$，制得的$Cl_2$体积（标准状况下）总是小于1.12L的原因是＿＿＿＿＿＿＿＿＿＿＿＿＿＿＿＿＿＿＿＿＿＿＿＿＿＿。

（3）① 装置B的作用是＿＿＿＿＿＿＿＿＿，现象是＿＿＿＿＿＿＿＿＿＿＿＿＿＿＿＿＿＿。

② 装置D和E出现的不同现象说明的问题是＿＿＿＿＿＿＿＿＿＿＿＿＿＿＿＿＿＿＿＿＿。

③ 装置F的作用是＿＿＿＿＿＿＿＿＿＿＿＿＿＿＿＿＿＿＿＿＿＿＿＿＿＿＿＿＿＿＿。

④ 写出装置G中发生反应的离子方程式：＿＿＿＿＿＿＿＿＿＿＿＿＿＿＿＿＿＿＿＿＿。

（4）乙同学认为甲同学的实验有缺陷，不能确保最终通入$AgNO_3$溶液中的气体只有一种。为了确保实验结论的可靠性，证明最终通入$AgNO_3$溶液的气体只有一种，乙同学提出在某两个装置之间再加一个装置。你认为装置应加在＿＿＿＿＿＿与＿＿＿＿＿＿之间（填装置字母序号），装置中应放＿＿＿＿＿＿＿＿＿＿＿＿＿＿＿＿＿＿＿＿（试剂）。

**参考答案：**

1. B。

2. C。

3. A。

4. C。

5. （1）D。

（2）浓盐酸随着反应的进行浓度逐渐降低，最终变为稀盐酸，反应不再产生氯气。

（3）①证明有水蒸气产生，白色固体变蓝色。②氯气无漂白性，次氯酸有漂白性；③吸收氯气；④$Ag^+ + Cl^- \rightleftharpoons AgCl\downarrow$。

（4）F，G，湿润的淀粉KI试纸（或湿润的有色布条）。

## 八、教学反思

本节课是在常规教学的基础上，通过创新化学实验的教学，培养学生的创新思维能力和实验设计能力，进而培养学生的证据推理与模型认知、宏观辨识与微观探析、科学探究与创新意识等素养；在教学过程中，学生的这些素养能力都得到锻炼和体验，达到了预设的教学效果。但感觉学生课前准备还不够充分，实验设计方案还不够完善，导致课堂教学没有发挥得淋漓尽致。比如，学生在完成氯气的性质预测的实验中，未能很好地完成建模板块，实验创新设计也未能想到最佳的方案。以后要加大力度让学生课前做好充分的准备，充分发挥课堂作用。

**参考文献：**

［1］中华人民共和国教育部.普通高中化学课程标准（2017年版）［M］.北京：人民教育出版社，2018.

［2］赵鑫，谢天华.基于化学学科核心素养中"证据推理"素养的培养［J］.化学教与学，2018（10）：12-14.

# 《铁的重要化合物——铁盐和亚铁盐》教学设计

## （第2课时）

广东省苏洁芳名师工作室　茂名市第一中学　苏洁芳

铁及其化合物是高中化学必修1的核心内容之一，是高一学生学习的重点内容。铁元素是学习了钠、镁、铝之后的又一种典型金属元素，铁及其化合物在生活、生产中有广泛的应用。该内容计划安排2个课时的教学设计，学生通过学习，可以建立基于物质类别、元素价态和原子结构，预测和检验物质性质的认知模型，发展物质性质和物质用途关联、化学物质及其变化的社会价值的认识水平，提高解决问题的能力。

## 一、教学目标

（1）通过类比分析归纳研究无机物性质的一般思路和方法，引导学生学会将知识结构化。

（2）通过分析铁盐和亚铁盐的化合价，并根据物质类别和化合价预测铁盐和亚铁盐可能具有的性质和可能发生的变化，初步建立基于物质类别、元素价态和原子结构对物质性质进行预测和检验的认知模型，发展学生的证据推理与模型认知素养。

（3）依据探究目的，设计实验方案，动手实验验证，观察分析实验现象并书写发生反应的离子方程式，发展学生的宏观辨识与微观探析、科学探究、科学态度等化学核心素养。

（4）通过对铁及其化合物的转化关系的认识，建立物质性质与物质用途的关联。

## 二、内容和学法分析

本节内容源于铁及其重要化合物，是高考重点考查的元素化合物内容之一，要求学生能通过对铁及其化合物的学习掌握金属元素及其化合物的学习方法。本节内容安排2个课时，本课时主要学习铁盐和亚铁盐的性质、检验以及用途。通过基于物质类别判断铁盐具有盐的通性；基于化合价态观点（价态观）判断处于中间价态的亚铁盐既有氧化性又有还原性，从而猜测亚铁盐既可以与强氧化剂反应，又可以与强还原剂反应，铁盐处于最高价态只具有氧化性。通过探究铁盐和亚铁盐的性质设计实验方案并进行验证，培养学生的宏观辨识和微观探析、证据推理与模型认知、科学探究与创新意识等核心素养。

## 三、学情分析

学生已掌握了金属元素及其化合物的学习方法以及氧化还原反应的相关理论知识，有了基于物质类别和氧化还原观的视角判断物质的性质，并通过设计实验进行验证的基本思维方法和基本技能，因此在此基础上学习铁盐和亚铁盐的相关性质就比较符合学生的认知程序。但很多学生还没有形成元素观、微粒观、类别观以及氧化还原观等化学观点，缺乏基本知识的积累以及基本的实验技能，需要通过课堂教学培养学生学会将知识结构化和熟练掌握基本技能以及基本方法的运用等创新思维。

## 四、认知障碍分析

由于本节课主要是基于物质类别和价态观引导学生大胆猜想，进而设计实验方案，小心求证，要求学生对铁盐和亚铁盐的性质进行大胆猜想并对实验现象进行预判，依据证据推理进行模型构建。一方面从学生的学案了解到，还有相当一部分学生没能很好地完成这一任务，欠缺自主学习的能力。另一方面，当实验方案理顺后进行创新实验设计时，发现学生的创新思维和创新能力仍然非常缺失，需要教师花更多的时间和精力慢慢引导，多提供实践机会。

## 五、教学过程

教学过程概览

| 学习环节 | 师生互动 | 评价活动 | 设计意图及素养要求 |
|---|---|---|---|
| 环节一：研究无机物性质的一般思路和方法 | 课前预习：<br>（1）类别—类别通性<br>（2）价态—组成—性质 | 学习评价1：完成铁及其化合物的价类二维图。<br><br>化合价 ↑ 氧化性 还原性<br>→ 类别通性 物质类别 | 建立基于物质类别、元素价态和原子结构对物质性质进行预测的认知模型，发展学生的证据推理与模型认知素养 |
| 环节二：预测铁盐和亚铁盐的化学性质 | 学习任务1：预测铁盐和亚铁盐的化学性质。<br>活动1：观察硫酸亚铁、氯化亚铁和硫酸铁、氯化铁等样品的颜色、状态：①尝试分类，用符号表征该类物质及其变化；②分析铁盐和亚铁盐的化合价，根据物质类别和化合价预测铁盐和亚铁盐可能具有的性质和可能发生的变化。<br>活动2：根据你学过的性质，如何区分$Fe^{2+}$和$Fe^{3+}$溶液？提出合理猜想，并尝试通过实验验证你的猜想。<br>供选择的试剂：酸性$KMnO_4$溶液、NaOH溶液、KI溶液（具有强还原性）、淀粉溶液（提示碘单质遇淀粉变蓝）。<br><br>| 检验试剂／方法 | $Fe^{2+}$ | $Fe^{3+}$ |<br>|---|---|---|<br>| | | |<br>| | | |<br>| | | |<br>| | | | | 学习评价2：<br>分类：<br>铁盐（$Fe^{3+}$）：硫酸铁、氯化铁等；<br>亚铁盐（$Fe^{2+}$）：硫酸亚铁、氯化亚铁等。<br>性质：<br>铁盐：<br>（1）具有盐的通性（类别通性）。<br>（2）化合价为+3价，处于高价态，预测具有氧化性。<br>亚铁盐：<br>（1）具有盐的通性（类别通性）。<br>（2）化合价为+2价，处于中间价态，预测既有氧化性又有还原性。<br><br>（1）观察颜色：$Fe^{2+}$→浅绿色，$Fe^{3+}$→棕黄色。<br>（2）能和碱（NaOH）反应：$Fe^{2+}$，白色→灰绿色→红褐色；$Fe^{3+}$，红褐色。<br>（3）亚铁盐能和氧化剂（酸性$KMnO_4$）反应：$Fe^{2+}$，紫色退去；$Fe^{3+}$，紫色不退。<br>（4）铁盐能和还原剂（KI淀粉溶液）反应：$Fe^{2+}$，不变蓝；$Fe^{3+}$，变蓝。 | 基于物质类别和化合价预测物质的性质，培养学生的证据推理和模型认知素养。通过观察铁盐和亚铁盐的颜色及其变化，发展学生宏观辨识与微观探析的素养 |

| 学习环节 | 师生互动 | 评价活动 | 设计意图及素养要求 |
|---|---|---|---|
| 环节三：验证铁盐和亚铁盐的化学性质 | 学习任务2：验证猜想。<br>实验探究1：<br><table><tr><td>实验步骤</td><td>现象与结论</td><td>反应的离子方程式</td></tr><tr><td>（1）分别取少量 $FeSO_4$ 溶液和 $FeCl_3$ 溶液于两支试管中，滴几滴酸性 $KMnO_4$ 溶液</td><td></td><td></td></tr><tr><td>（2）分别取少量 $FeSO_4$ 溶液和 $FeCl_3$ 溶液于两支试管中，加入过量 KI 溶液，再加入几滴淀粉溶液，充分振荡</td><td></td><td></td></tr></table> | 预测 → 理论依据 → 预判<br>→ 实验验证 →<br>实验结果与以上猜想和预判一致<br>结论<br>亚铁盐具有还原性，铁盐具有氧化性，两者都能与盐反应<br><br>学习评价3：学生分组探究，验证猜想，完成相关反应的离子方程式 | 发展学生宏观辨识与微观探析、科学探究与创新意识、科学态度等化学核心素养 |
| 环节四：亚铁盐的特征检验 | 学习任务3：$Fe^{3+}$ 的特征检验。<br>实验探究2：分别向 $FeCl_3$ 溶液和 $FeCl_2$ 溶液中滴加几滴KSCN溶液，观察现象 | $FeCl_3 \xrightarrow{KSCN}$ 血红色<br>$FeCl_2 \xrightarrow{KSCN}$ 无明显变化<br>结论：通过该实验探究学生发现可以直接用KSCN溶液检验是否生成了 $Fe^{3+}$，也就是 $Fe^{3+}$ 的特征检验 | 发展学生证据推理与模型认知、宏观辨识与微观探析的化学核心素养 |
| 环节五：拓展应用 | 学习任务4：$Fe^{2+}$ 和 $Fe^{3+}$ 的相互转化。<br>活动3：根据刚才的猜想和验证，想想是否还有其他方法？尝试通过实验验证写出相关反应的离子方程式。<br>实验探究3：实验桌上有如下试剂，即 $0.1\ mol \cdot L^{-1}$ 的 $FeCl_3$ 溶液、$0.1\ mol \cdot L^{-1}$ 的 $FeSO_4$ 溶液、铁粉、KSCN溶液、过氧化氢溶液。<br><table><tr><td>实验操作</td><td>实验现象及结论</td><td>反应的离子方程式</td></tr><tr><td>（1）分别取少量 $FeCl_3$ 溶液于试管中，加入少量铁粉后充分振荡，然后滴几滴KSCN溶液</td><td></td><td></td></tr><tr><td>（2）分别取少量 $FeSO_4$ 溶液于试管中，加入少量过氧化氢溶液，然后滴几滴KSCN溶液</td><td></td><td></td></tr></table> | 学习评价4：你是怎么猜想还有其他方法的？依据是什么？<br><br>学习评价5：学生分组完成实验探究，分析现象，并用相关反应的离子方程式解释。 | 发展学生证据推理与模型认知、宏观辨识与微观探析的化学核心素养 |

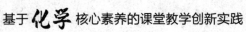

| 学习环节 | 师生互动 | 评价活动 | 设计意图及素养要求 |
|---|---|---|---|
| 环节五：拓展应用 | 归纳与整理：根据学过的氧化还原反应的基本原理，你能归纳出能使$Fe^{2+}$和$Fe^{3+}$相互转化的条件吗？中学常见的氧化剂和还原剂有哪些？<br><br>$$Fe^{2+} \xrightarrow[\text{还原剂}]{\text{氧化剂}} Fe^{3+}$$<br><br>常见氧化剂：$Cl_2$、$Br_2$、$O_2$、$H_2O_2$、$HNO_3$、浓$H_2SO_4$、$KMnO_4$（$H^+$）、$KClO_3$、$K_2Cr_2O_7$（$H^+$）。<br>常见还原剂：金属单质，如$Zn$、$Fe$、$Cu$、$H_2S$（$S^{2-}$）、$HI$（$I^-$）、$SO_2$（$H_2SO_3$、$SO_3^{2-}$）等 | 学习评价6：某溶液可能只含$Fe^{2+}$或只含$Fe^{3+}$，或同时含有$Fe^{2+}$、$Fe^{3+}$，尝试设计实验方案验证三种可能，写出简单的流程。<br><br>（1）某溶液 —KSCN→ 无明显现象 —$H_2O_2$→ 溶液变红 —结论→ 只含$Fe^{2+}$<br><br>（2）某溶液 —KSCN→ 溶液变红 —结论→ 含$Fe^{3+}$<br><br>（3）另取某溶液 —$KMnO_4$（$H^+$）→ 紫色褪去 —结合（2）→ 同时含$Fe^{2+}$、$Fe^{3+}$；紫色不褪去 —结合（2）→ 只含$Fe^{3+}$ | |
| 环节六：总结规律，推广应用 | 通过本节课的学习你有何收获？学习元素化合物应该有哪些思路和方法？尝试小结这节课主要学习了哪些知识，是否有新的思考，对铁及铁的化合物是否有更完善的归纳与整理。（该部分放到课后以心得体会的形式让学生对该节课进行反馈，让学生进行总结并学会独自归纳整理） | 从学生的反思总结中发现大多数学生基本上对课堂有自己的理解和反馈，有以下清晰的思路：理论依据→预判→设计实验方案→实验验证→结论→形成规律→拓展应用 | |

## 六、板书设计

**《铁的重要化合物——铁盐和亚铁盐》板书设计**

**1. 铁盐的性质**

（1）具有盐的通性（类别通性）。

（2）具有氧化性。

**2. 亚铁盐的性质**

（1）具有盐的通性（类别通性）。

（2）既有氧化性又有还原性。

**3. 验证猜想**

（1）$FeSO_4$溶液能使酸性$KMnO_4$溶液褪色。

（2）$FeCl_3$溶液遇KI淀粉溶液变蓝。

（3）$FeCl_3$溶液遇KSCN溶液变红。

（4）$FeCl_3$溶液加铁粉充分振荡后遇KSCN溶液不变红。

（5）$FeSO_4$溶液加过氧化氢溶液充分振荡后遇KSCN溶液变红。

# 七、课后评价

归纳与整理：

1. 补充完善铁及铁的化合物的相互转化关系，完成相关反应的化学方程式（如果是离子反应则写离子方程式）。

2. 昨天配制的氯化亚铁溶液变成了浅黄色，原因是（用离子方程式解释）：

_____。

（1）应该如何处理这瓶变黄的氯化亚铁溶液呢？倒掉吗？（用离子方程式解释）

（2）你能告诉老师如何配制氯化亚铁溶液和氯化铁溶液吗？

3. 用$FeCl_3$溶液可以腐蚀铜板制印刷线路板，请解释其原因并写出相关的离子方程式。

4. 能用加热蒸发$FeCl_3$溶液的方法获得$FeCl_3$固体吗？$Fe_2(SO_4)_3$呢？

5. $Fe^{3+}$与$HCO_3^-$、$CO_3^{2-}$、$S^{2-}$能共存吗？

6. 现有一铁的氧化物固体样品（测知不含$Fe_3O_4$），为了探究其组成（铁元素化合价的存在形式），请你对固体氧化物进行实验和探究，利用实验室常用仪器、用品和以下限选试剂完成验证和探究过程。

限选实验试剂：$3 \ mol \cdot L^{-1} \ H_2SO_4$溶液、$3 \ mol \cdot L^{-1} \ NaOH$溶液、$0.01 \ mol \cdot L^{-1} \ KMnO_4$溶液、20%KSCN溶液、$3\%H_2O_2$、蒸馏水。

固体产物中铁元素存在形式的探究：

（1）提出合理假设。

假设1：只有FeO；假设2：_____；假设3：_____。

（2）设计实验方案证明你的假设。（不要在答题卡上作答）

（3）实验过程。

根据（2）中的方案进行实验。在答题卡上按下表的格式写出实验步骤、预期现象与结论。

| 实验步骤 | 预期现象与结论 |
| --- | --- |
|  |  |
|  |  |
|  |  |

**参考答案：**

1. 略。

2. $4Fe^{2+}+O_2+4H^+ \mathop{=\!=\!=} 4Fe^{3+}+2H_2O$

（1）加少量铁粉：$2Fe^{3+}+Fe \mathop{=\!=\!=} 3Fe^{2+}$

（2）将氯化亚铁固体溶于稀盐酸并加入少量铁粉即可得到氯化亚铁溶液；将氯化铁固体溶于稀盐酸即可得到氯化铁溶液。

3. 氯化铁中的Fe元素为+3价，是强氧化性的，所以会和铜发生反应变成+2价的亚铁。$2Fe^{3+}+Cu \mathop{=\!=\!=} 2Fe^{2+}+Cu^{2+}$

4. $FeCl_3+3H_2O \rightleftharpoons Fe（OH）_3+3HCl$

$Fe_2（SO_4）_3+6H_2O_2 \rightleftharpoons Fe（OH）_3+3H_2SO_4$

由于盐酸易挥发，加热蒸发$FeCl_3$溶液最终得到的是$Fe_2O_3$而不是$FeCl_3$固体；而硫酸不易挥发，加热蒸发$Fe_2(SO_4)_3$溶液最终得到$Fe_2(SO_4)_3$固体。

5. $Fe^{3+}$在酸性环境中存在，$CO_3^{2-}$和$S^{2-}$在碱性环境中存在，而$HCO_3^-$在酸性和碱性环境中都不能存在，因此$Fe^{3+}$与$HCO_3^-$、$CO_3^{2-}$、$S^{2-}$不能共存。

6.（1）假设2：只有FeO；假设3：同时有FeO和$Fe_2O_3$。

（2）略。

（3）验证假设实验记录表。

| 实验步骤 | 预期现象与结论 |
| --- | --- |
| 1. 取少量固体样品于试管中，加入适量$3\ mol \cdot L^{-1}H_2SO_4$溶液使固体完全溶解 | 1. 溶液呈黄色、浅绿色或者黄绿色 |
| 2. 取少量1所得溶液，滴几滴20%KSCN溶液，观察颜色变化 | 2. ①若溶液变红，说明含$Fe^{3+}$；②若溶液不变红，说明不含$Fe^{3+}$ |
| 3. 另取少量1所得溶液，滴加少量$0.01\ mol \cdot L^{-1}KMnO_4$溶液，观察颜色变化 | 3. 若紫色不褪，结合2中的结论①，可知溶液只含$Fe^{3+}$，说明原固体产物是$Fe_2O_3$；若紫色褪去，结合2中的结论①，可知溶液同时含$Fe^{2+}$和$Fe^{3+}$，说明原固体产物是FeO和$Fe_2O_3$；若紫色褪去，结合2中的结论②，可知溶液只含$Fe^{2+}$，说明原固体产物是FeO |

## 八、教学反思

从学生心得体会中发现这节课对学生的触动还是很大的，学生亲身体会了自主学习和被动学习的区别和效率，兴趣和积极性都不一样，80%的学生都渴望以后能经常这样上课，可以充分调动自己的主观能动性，一节课下来有所为也有所不为，有收获、有发现、有反思，也有思维的碰撞和动手的实践过程，这样的课可以实实在在地落实基础，培养能力，基本的化学素养可以在课堂中慢慢养成。从学生的反思总结中还发现，大多数学生基本上有自己对课堂的理解和反馈，有以下清晰的思路：理论依据→预判→设计实验方案→实验验证→结论→形成规律→拓展应用。这对以后学习元素化合物有很大的帮助。但是遗憾的是，由于受场地、仪器和教师精力等条件的制约，不可能每节课都这样上，只能尽可能多地提供学生实践的机会，引导学生慢慢养成这样的学习和思维习惯。

**参考文献：**

［1］中华人民共和国教育部.普通高中化学课程标准（2017年版）［M］.北京：人民教育出版社，2018.

［2］王星乔，滕瑛巧，汪纪苗，等.基于化学核心素养的教学设计——以"铁及其合物的应用"为例［J］.聚焦课堂，2017（5）：51.

# 《二氧化硅和硅酸》教学设计

## （第1课时）

广东省苏洁芳名师工作室　茂名市第一中学　万雪

## 一、教学目标

（1）了解硅在自然界中的含量、存在及硅在元素周期表中的位置。

（2）了解二氧化硅的存在，掌握二氧化硅的化学性质。

（3）自主学习，培养学生的自学能力。活动探究，通过硅与碳、二氧化硅与二氧化碳的比较，让学生学会运用对比的方法来认识物质的共性和个性，拥有对新旧知识进行归纳比较的能力。

（4）通过实验训练学生的操作技能，让学生体会实验是认识和研究物质性质的重要形式，培养学生求实创新的良好品质。

（5）学生学会学习元素化合物的正确方法：结构决定性质，性质决定用途。

（6）学生了解硅和二氧化硅在日常生活、生产中的应用，感受化学的实用性，增强学习的积极性。

## 二、教学重难点

### 1. 教学重点

二氧化硅的化学性质和硅酸的制备。

### 2. 教学难点

二氧化硅的化学性质、硅酸与碳酸的酸性强弱比较的实验设计。

### 三、内容和学法分析

硅是亲氧元素，在自然界中主要以二氧化硅和硅酸盐的形式存在。本节课主要通过类比二氧化碳的性质，根据酸性氧化物的通性来学习二氧化硅的性质，注重培养学生的类比学习能力，使学生在主动参与、主动探究中学习知识，学会关于元素化合物的学习方法。对硅酸的制备及硅酸与碳酸酸性强弱的探究，重在培养学生的实验设计及探究能力。本节课以二氧化硅的化学性质和硅酸的制备为学习重点，有利于学生掌握更多的知识，有利于扩大学生的知识面，最终达到提高科学素养的目的。具体做法如下：

（1）学习并掌握二氧化硅的化学性质。

（2）回顾碳酸的制备，先学习硅酸的制备，然后设计实验探究碳酸与硅酸酸性强弱的比较。

### 四、教学准备

（1）多媒体、投影仪、相关实验器材及药品。

（2）学生预习学案。

### 五、教学过程

教学过程概览

| 学习环节 | 师生互动 | 评价活动 | 设计意图 |
|---|---|---|---|
| 环节一：由生活情境导入新课 | 引言：通过前面一章的学习，我们了解了地壳中含量最多的元素是氧元素，氧元素初中我们就已经学习过了，排名第二的是谁呢？<br><br>硅元素（silicon）在地壳中的含量<br><br>氧48.60%　硅26.3%<br>钾2.47%　铝7.73%<br>镁2.00%　铁4.75%<br>氢0.76%　钙3.45%<br>其他1.20%　钠2.74% | 了解硅的存在以及结构（水平1） | 认识硅的结构 |

| 学习环节 | 师生互动 | 评价活动 | 设计意图 |
|---|---|---|---|
| 环节一：由生活情境导入新课 | 学生：硅。<br>教师：硅的化合物占地壳质量的90%，所以硅是无机非金属材料的主角。比如现在的太阳能路灯就用到了硅板。那么硅是什么元素呢？现在请同学们翻到课本最后一页的元素周期表找到硅，写出硅的原子结构示意图。<br>找一名学生上黑板书写。<br>板书：Si +14 2 8 4 | | |
| 环节二：类比学习 | 教师：硅的结构与我们所熟悉的哪种元素的原子结构非常相像呢？<br>学生：碳。<br>板书：C +6 2 4<br>硅原子和碳原子的最外电子层均有4个电子，其原子既不易失去电子，也不易得到电子，主要形成四价的化合物。<br>碳的化合物主要有二氧化碳、碳酸、碳酸盐。<br>那么我们可以类推硅的化合物主要有二氧化硅、硅酸、硅酸盐。<br>多媒体投影：<br>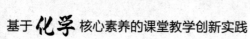<br>研究无机物质的一般思路<br>这就是我们学习元素的主要思路。根据构成物质的类别，找到通性，推测其具有的性质，用实验来进行验证，最后得到结论。<br>那么本节课我们主要学习二氧化硅。<br>提出问题：<br>（1）$CO_2$属于什么类型的氧化物？能与哪些物质反应呢？用化学方程式表示其化学性质。<br>学生：酸性氧化物。<br>与水反应生成碳酸：$CO_2+H_2O=H_2CO_3$<br>与碱反应生成盐和水：$CO_2+2NaOH=Na_2CO_3+H_2O$<br>与碱性氧化物反应生成盐：$CO_2+CaO=CaCO_3$<br>教师：二氧化硅也属于酸性氧化物吗？<br>学生：是。 | 对比碳的结构认识硅，了解学习非金属及其化合物的方法。<br><br>（1）回顾所学相关知识。 | 对比学习，形成学习线索。<br><br>对比已有知识——二氧化碳的性质，学习二氧化硅的性质。 |

| 学习环节 | 师生互动 | 评价活动 | 设计意图 |
|---|---|---|---|
| 环节二：<br>类比学习 | （2）你能类比$CO_2$的化学性质，写出能与$SiO_2$反应的物质与$SiO_2$反应的化学方程式吗？<br>学生：与水不反应。<br>与碱反应生成盐和水：$SiO_2+2NaOH=Na_2SiO_3+H_2O$<br>补充：硅酸钠具有黏性，玻璃中含有二氧化硅，所以装有NaOH溶液的试剂瓶是用橡胶塞塞住的，而不是用磨口玻璃塞塞住的，其他强碱性溶液的试剂瓶塞也是同样的道理。<br>与碱性氧化物反应生成盐：$SiO_2+CaO=CaSiO_3$<br>多媒体展示图片：用氢氟酸刻蚀出来的玻璃（含$SiO_2$）工艺品。<br>问：同学们知道其中的原理吗？能否用化学知识解释呢？<br>答：$SiO_2$可以与HF酸反应，有气体生成：<br>$SiO_2+4HF=SiF_4\uparrow+2H_2O$<br>所以，实验室中的氢氟酸用塑料瓶存放的 | （2）类比学习二氧化硅 | |
| 环节三：<br>硅酸 | 教师：$SiO_2$对应的水化物叫硅酸，硅酸难溶于水。$SiO_2$不能直接与水反应生成相应的硅酸，如何制取硅酸？<br>提示：<br>回顾酸的制备方法：比如碳酸是如何制备的？<br>**碳酸钙+盐酸→二氧化碳+水+氯化钙**<br>总结：盐+酸→新盐+新酸（反应物的酸比生成物的酸酸性强，强酸制备弱酸）<br>那你会制备硅酸了吗？<br>P76，实验4-1。<br>请学生上讲台进行演示实验。 | 设计实验，制备硅酸。<br>（素养4，水平3、水平4） | 对比碳酸，学习硅酸的性质 |

| 实验操作 | 实验现象 | 结论 |
|---|---|---|
| 酚酞溶液 稀盐酸<br>饱和$Na_2SiO_3$溶液 | 滴入酚酞，溶液呈红色<br>滴入盐酸，<u>红色逐渐褪去，有白色胶状物质产生</u> | 酸性：HCl><br>$H_2SiO_3$ |

硅酸难溶于水。
学生书写方程式：$Na_2SiO_3+2HCl=H_2SiO_3$（胶体）$+2NaCl$
问：硅酸是难溶酸，属于弱酸，那么和碳酸比较谁更弱？你能设计实验进行验证吗？请根据所给的实验试剂和仪器设计实验，画出实验装置图，并对预期实验现象进行描述，写出对应的化学反应方程式。
药品：稀盐酸、大理石、$Na_2SiO_3$溶液、饱和$NaHCO_3$溶液。
主要仪器：分液漏斗、试管、导气管、双孔橡胶塞。

| 学习环节 | 师生互动 | 评价活动 | 设计意图 |
|---|---|---|---|
| | 提示：碳酸没有现成的，可以制备成二氧化碳通入溶液中。<br>学生作品：<br>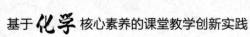<br>稀盐酸<br>硅酸钠溶液<br>大理石<br><br>问：请同学们思考，这个实验严谨吗？缺了什么？<br>答：除杂。<br>盐酸具有挥发性，有可能是盐酸与硅酸钠的反应，需要想办法将盐酸除去。那可以用什么试剂除去呢？ | | |

| 环节三：硅酸 | 实验装置图 | 实验步骤 | 现象 | 结论 |
|---|---|---|---|---|
| | 稀盐酸<br>大理石<br>饱和 NaHCO_3 溶液<br>$Na_2SiO_3$ 溶液 | ① 如图所示，组装好装置，并检查其气密性。<br>② 装好药品，打开分液漏斗上口的玻璃塞，再拧开下面的活塞，缓慢滴加稀盐酸，观察现象 | 有白色胶状物质产生 | 酸性：<br>$H_2CO_3>$<br>$H_2SiO_3$ |

酸性：$HCl>H_2CO_3>H_2SiO_3$

反应方程式：$Na_2SiO_3+H_2O+CO_2 = H_2SiO_3（胶体）+Na_2CO_3$

问：如果二氧化碳过量，生成的是什么？

答：碳酸氢钠。

总结实验：播放微课视频《如何设计实验比较物质的酸性》

---

环节四：总结收获

我们一起回顾总结本节课的收获：课后阅读课本及查阅资料，把表格中二氧化硅的物理性质填好。

1. 酸性氧化物

二氧化硅

| 性质及用途 | | 具体性质 | $CO_2$ | $SiO_2$ |
|---|---|---|---|---|
| 物理性质 | | 状态 | | |
| | | 熔沸点硬度 | | |
| 化学性质 | | 水溶性 | | |
| | | 与水反应 | | |
| | | 与碱反应 | | |
| | | 与碱性氧化物反应 | | |
| | | 与酸反应 | | $SiO_2+4HF=SiF_4\uparrow+2H_2O$<br>特性 |
| 用途 | | | | |

评价活动：归纳总结（水平3）

设计意图：总结归纳本节课所学习的内容，掌握学习非金属化合物的规律

续 表

| 学习环节 | 师生互动 | 评价活动 | 设计意图 |
|---|---|---|---|
| 环节四：<br>总结收获 | 2. 硅酸的制备<br>$Na_2SiO_3+2HCl=H_2SiO_3$（胶体）$+2NaCl$ | | |

## 六、板书设计

### 《二氧化硅和硅酸》板书设计

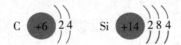

碳：二氧化碳、碳酸、碳酸盐。硅：二氧化硅、硅酸、硅酸盐。

酸性氧化物：

**二氧化碳：**                              **二氧化硅：**

与水反应：$CO_2+H_2O\Longrightarrow H_2CO_3$         与水不反应

与碱反应：$CO_2+2NaOH\Longrightarrow Na_2CO_3+H_2O$    $SiO_2+2NaOH\Longrightarrow Na_2SiO_3+H_2O$

                                              （有黏性）

与碱性氧化物反应：$CO_2+CaO\Longrightarrow CaCO_3$      $SiO_2+CaO\xrightarrow{\text{高温}}CaSiO_3$

与酸不反应                                   $SiO_2+4HF\Longrightarrow SiF_4\uparrow+2H_2O$（特性）

**硅酸：**

制备：$Na_2SiO_3+2HCl\Longrightarrow H_2SiO_3$（胶体）$+2NaCl$

酸性比较：$CaCO_3+2HCl\Longrightarrow H_2O+CaCl_2+CO_2\uparrow$

             $Na_2SiO_3+H_2O+CO_2\Longrightarrow H_2SiO_3$（胶体）$+Na_2CO_3$

酸性：$HCl>H_2CO_3>H_2SiO_3$

## 七、课后评价

1. 科学家提出硅是"21世纪的能源"，这主要是由于作为半导体材料的硅在太阳能发电过程中具有重要的作用。下列关于硅的说法中正确的是（      ）。

A. 地壳中硅的含量稀少              B. 自然界中存在大量单质硅

C. 高纯度的硅被用于制作计算机芯片      D. 光导纤维的主要成分是硅

2. 用多种方法鉴别碳酸钠和二氧化硅两种白色粉末。（能写方程式的写出化学方程式）

3. 要除去下列混合物中的杂质（括号内为杂质），请写出合适的试剂和操作方法。

（1）$SiO_2$（$CaCO_3$）_____；

（2）$SiO_2$（$Si$）_____；

（3）$NaCl$（$SiO_2$）_____。

4. 在半导体工业中有这样一句行话："从沙滩到用户。"请课后查阅相关资料，了解如何从$SiO_2$中制取硅单质。

 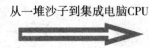 

从一堆沙子到集成电脑CPU

**参考答案：**

1. C。

2. 分别滴加盐酸，有气体产生的是碳酸钠：$Na_2CO_3+2HCl=H_2O+2NaCl+CO_2\uparrow$

分别滴加氢氧化钠，能溶解的是二氧化硅：$SiO_2+2NaOH=Na_2SiO_3+H_2O$

3.（1）加入盐酸，碳酸钙溶解：$CaCO_3+2HCl=H_2O+CaCl_2+CO_2\uparrow$

（2）加入氢氧化钠溶液，二氧化硅溶解：$SiO_2+2NaOH=Na_2SiO_3+H_2O$

（3）加水氯化钠溶解，二氧化硅不溶，过滤，将滤液蒸发结晶得到纯净的氯化钠。

4. 参考课本81页课后习题9。

# 八、教学反思

课堂主要教学内容为二氧化硅的化学性质、硅酸的制备和碳酸、硅酸的酸性比较实验设计。学生的学习过程如下：

（1）对比思考的过程。二氧化硅的化学性质主要通过与学生已熟悉的二氧化碳进行类比学习，体会元素化合物的学习方法。制备硅酸时应提前准备好实验试剂和仪器。

（2）亲身体验化学实验。在课堂上由学生进行实验，可以让学生亲身体验学到的知识，或许这节课上，学生印象最深的就是硅酸胶体的制备了。

（3）步步引导思考。关于碳酸与硅酸的酸性强弱比较，课前非常担心学生储备的知识有限，难以设计。因此在课堂上做了比较多的引导，先从酸的制备原理出发，再到实验所需的仪器、试剂以及所需的注意事项，层层引导，一节课在愉快而又有点紧张的氛围里结束。

有真实的实验感受，有设计探究的思考过程，相信这节课对于学生来说应该是有所收获的。

**参考文献：**

[1]中华人民共和国教育部.普通高中化学课程标准（2017年版）[M].北京：人民教育出版社，2018.

[2]李发顺."强电解质与弱电解质"的教学与反思[J].化学教学，2012（12）.

[3]周玉明.情境教学有效策略研究[J].化学教学，2015（1）.

[4]王宝忠，王亚敏.基于高中化学核心素养的课堂教学设计——以"二氧化硅和硅酸"教学为例[J].新课程研究，2017（5）.

[5]黄毓展，钱扬义，蔡立媚.关于高中化学"二氧化硅和硅酸"三个教学难点的研究述评——基于文献研究和开放式问卷调查的双重视角[J].化学教与学，2017（8）.

# 《分散系及其分类》教学设计

## （第2课时）

广东省苏洁芳名师工作室　高州市第二中学　江秋淼

## 一、教学目标

（1）通过联系生活实际，知道生活中的丁达尔现象，培养学生的宏观辨识素养。

（2）通过演示实验，掌握氢氧化铁胶体的制备，培养学生的科学探究素养。

（3）通过了解丁达尔现象形成的原因，理解丁达尔现象是物质的聚集状态所表现出来的特殊性质，培养学生的微观探析素养。

（4）通过实例构建物质的分散系的概念，能判断分散系中的分散质和分散剂。

（5）通过探究溶液、胶体、浊液粒子直径的大小，培养学生基于证据进行推理的科学思维和科学探究与创新意识素养。

（6）通过不同标准对分散系进行分类，体会分类法在化学学科中的重要性。

（7）通过实验探究胶体的重要性质和应用，培养学生的科学精神与社会责任素养。

## 二、教学重难点

### 1. 教学重点

胶体区别于其他分散系的本质特征；胶体的特性——丁达尔效应。

### 2. 教学难点

胶体区别于其他分散系的本质特征；胶体的用途。

## 三、内容和学法分析

**1. 知识结构分析**

《普通高中化学课程标准（2017年版）》对物质分散系的内容要求为：根据物质的组成和性质可以对物质进行分类，认识胶体是一种常见的分散系。

教师从学生已有的经验出发，实现"生活化、情境化"的教学理念。

**2. 认识功能价值分析**

学生已经了解到化学物质可以从不同的角度进行分类，并以纯净物的分类为例介绍了一些简单的分类方法。本节内容在此基础上以混合物的分类为例，继续深入学习物质的分类方法。此外，胶体不是某种物质所特有的性质，而是物质聚集状态所表现出来的性质，使学生认识到物质的性质不仅与物质的结构有关，还与其存在状态有关，从而开阔学生的视野。

**3. 素养价值分析**

本节知识通过相关的探究实验，学习胶体的性质，培养学生宏观辨识与微观探析、证据推理与模型认知、科学探究与创新思维的素养；同时，通过生活中的胶体的用途，培养学生的科学精神与社会责任素养。

**4. 学法分析**

本节课学生主要采用实验探究法、讨论法、练习法进行学习，在学习过程中渗透过程性评价和课后评价，实现教学评一体化。

## 四、学情分析

在此之前，学生已经掌握了分类法，能从不同角度对纯净物进行分类。本节是对混合物进行分类，并且学生能够在情境材料分析中联系生产和生活的实际，能够基于证据进行推理的科学思维设计探究实验，从而了解胶体的性质和重要应用。

## 五、认知障碍分析

胶体的知识研究对学生而言是一个较为陌生的领域，并且胶体的性质是物质的聚集状态所表现出来，这就要求掌握分散系的概念，从粒子直径的角度去分析。

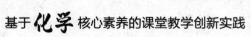

## 六、教学过程

**教学过程概览**

| 学习环节 | 师生互动 | 评价活动 | 设计意图 |
|---|---|---|---|
| （一）创设问题情境，感受化学的奇妙 | 图片展示：讨论森林里的丁达尔现象。太阳初升的时候，当你走在山间的林荫小道上，你见过这种美轮美奂的景象吗？一缕缕金色的阳光透过树叶的缝隙，形成一道道光柱，铺洒在地面上。<br>思考与交流：这种现象我们称为丁达尔效应。你们知道这种美丽的景象是如何形成的吗？<br>演示实验：将烧杯中的蒸馏水加热至沸腾，向沸水中加入5～6滴$FeCl_3$饱和溶液，继续煮沸至溶液呈红褐色后停止加热。观察制得的液体，并用激光笔照射 | 认识生活中的丁达尔效应。（水平1）<br><br>能用粒子水平的知识分析丁达尔效应。（水平3）<br><br>观察实验，记录实验现象。（水平1）<br>小组讨论：如果用多只激光笔平行照射这只小烧杯，大家想象一下有何情境出现（水平2） | 实现"生活化、情境化"的教学理念，培养学生的宏观辨识与微观探析素养 |
| （二）巧设实验探究，剖析现象本质 | 演示实验：用激光笔照射盛有硫酸铜溶液的小烧杯和盛有泥沙水的小烧杯。<br>讨论：<br>（1）很明显，之前制得的红褐色液体与我们熟悉的$CuSO_4$溶液和泥沙水在性质上有着明显的区别，那么请大家猜猜这种红褐色液体是什么物质。<br>（2）无论是$Fe(OH)_3$胶体、$CuSO_4$溶液还是泥沙水，这三种物质都具有某些共同的特征，这种特征是什么呢？<br>（3）下面请同学们结合实物，总结得出分散系的概念。<br>思考：<br>（1）假设将$Fe(OH)_3$胶体、泥沙水两种物质混在一起，如何将其中的分散质分离呢？如何进一步证明$Fe(OH)_3$胶体能透过滤纸呢？<br>（2）假设将淀粉胶体和食盐溶液两种分散系混在一起，又如何将其中的分散质分离？请根据实验试剂设计实验方案，并进行实验验证。 | 观察实验，记录实验现象。（水平1）<br><br>总结分散系、分散质和分散剂的概念，并找出$Fe(OH)_3$胶体、$CuSO_4$溶液和泥沙水对应的分散质和分散剂。（水平1）<br><br>分组讨论，并设计方案，完成实验。（水平3）<br><br>分组讨论，设计实验并进行实验验证，分享实验成果。（水平3） | 培养学生宏观辨识与微观探析的化学学科素养。<br><br>培养学生基于证据进行推理的科学思维。<br>设计探究实验。 |

| 学习环节 | 师生互动 | 评价活动 | 设计意图 |
|---|---|---|---|
| （二）巧设实验探究，剖析现象本质 | 实验试剂：淀粉和食盐溶液、碘水、$AgNO_3$溶液、蒸馏水、鸡蛋壳制作的半透膜。已知：半透膜是一种可以让小分子（或离子）透过，而大分子物质不能透过的多孔性薄膜。<br>小结：通过上述两组实验，从微粒大小的角度，你可以得出什么结论呢？<br><br>思考与交流：胶体不是某种物质所特有的性质，而是物质的聚集状态所表现出来的特殊性质。我们按照分散质粒子直径的大小可以将分散系分为三类：溶液、胶体和浊液。如果按照分散剂和分散质的状态进行分类，可以将分散系分为几类呢？请举出例子 | 完成表格：<br><br>完成下表：<br><br>（水平2）<br>小组讨论：胶体具有丁达尔效应，而溶液没有，浊液有丁达尔效应但不明显，其根本原因是什么呢？（水平4）<br>根据分散质和分散剂的状态对分散系进行分类（水平1） | 通过实验掌握溶液、胶体和浊液的本质区别 |
| （三）升华认识内涵，知识照亮生活 | 幻灯片展示生活中的胶体。<br>播放视频：根据史书记载，远在秦朝时，西湖还是一个和钱塘江相连的海湾。由于钱塘江携带泥沙而形成的胶体不断聚沉，日积月累，使得浅海湾日益变小变浅，逐渐形成了沙洲，把海湾和钱塘江分隔开来，使得原来的海湾变成了一个内湖，美不胜收的西湖由此诞生了。<br>胶体因其特殊的性质而存在着广泛的应用前景，比如利用胶体的特殊性质，可以用来净化自来水 | 思考与交流：在生活中你们见过的与胶体有关的丁达尔效应有哪些？你们知道生活中哪些物质是胶体吗？（水平3）<br><br>分组实验：$Fe（OH）_3$胶体净水实验，探究胶体净水原理（水平3） | 了解胶体的重要性质和应用，培养学生的科学精神与社会责任素养 |

表格（评价活动列）：

| 分散系 | 溶液 | 胶体 | 浊液 |
|---|---|---|---|
| 例子 | $CuSO_4$溶液 | $Fe（OH）_3$胶体 | 泥沙水 |
| 外观 | | | |
| 能否透过滤纸 | | | |
| 能否透过半透薄 | | | |
| 分散质粒子直径大小 | | | |

## 七、板书设计

### 《分散系及其分类》板书设计

1. 丁达尔效应。

2. 氢氧化铁胶体的制备。

3. 分散系：分散质和分散剂。

4. 溶液、胶体、浊液的本质区别。

5. 胶体的应用。

## 八、课后评价

1.（水平2）现在频频出现大雾天气，致使高速公路关闭，航班停飞。雾中小水滴直径的范围是（    ）。

A. 小于0.1 nm                           B. 大于100 nm

C. 1～100 nm                            D. 小于1 nm

2.（水平1）当光束通过豆浆时，可观察到丁达尔效应，表明豆浆是（    ）。

A. 胶体              B. 溶液              C. 悬浊液              D. 乳浊液

3.（水平2）胶体区别于其他分散系的本质特征是（    ）。

A. 胶体的分散质能通过滤纸空隙，而浊液的分散质不能

B. 胶体能产生丁达尔效应

C. 胶体分散质粒子的直径为1～100 nm

D. 胶体在一定条件下能稳定存在

4.（水平3）下列现象与胶体知识无关的是（    ）。

A. 夏日的傍晚常常看到万丈霞光穿云而过，美不胜收

B. 过滤除去氯化钠溶液中的泥沙

C. 食品加工厂在豆浆中加入盐卤做豆腐

D. 化工厂利用静电除尘技术去除废气中的固体悬浮物

5.（水平4）向饱和$FeCl_3$溶液滴入沸水时，液体变为红褐色，得到的是$Fe(OH)_3$胶体。用此分散系进行实验：

（1）将其装入U形管内，用石墨做电极，接通直流电源，通电一段时间后发现阴极附近的颜色逐渐变深，这表明_____，这种现象称为_____。

（2）向其中加入饱和$(NH_4)_2SO_4$溶液，发生的现象是：_____

_____；

原因是：_____。

（3）向其中逐滴加入过量稀硫酸，现象是：_____；

原因是：_____。

（4）提纯此分散系的方法叫_____。

参考答案：

1. C。

2. A。

3. C。

4. B。

5.（1）Fe（OH）$_3$胶粒带正电荷；电泳。

（2）形成红褐色沉淀；电解质（NH$_4$）$_2$SO$_4$电离出的SO$_4^{2-}$中和了胶体粒子所带电荷，使Fe（OH）$_3$胶体聚沉。

（3）先出现红褐色沉淀，之后沉淀溶解形成黄色溶液；电解质H$_2$SO$_4$使Fe（OH）$_3$胶体聚沉，随着H$_2$SO$_4$的加入，H$_2$SO$_4$与Fe（OH）$_3$发生反应（2Fe（OH）$_3$+3H$_2$SO$_4$══ Fe$_2$（SO$_4$）$_3$+6H$_2$O），使沉淀溶解。

（4）渗析。

## 九、教学反思

这节课注重引导学生在贴近生活的情境中体验概念的形成过程，让学生真切地感受到化学是一门与生活紧密联系的、有用的学科，提升了学生学习化学的兴趣。课堂上学生思维活跃，表现出极大的学习热情和浓厚的学习兴趣。反思这节课，主要有以下两个特点：①突破了化学教科书的限制，合理地整合和处理了教材。以往教师在讲授溶液、胶体、浊液三种分散系的分散质粒子直径大小时，往往是直接将知识呈现给学生，要求学生记住三种分散系的分散质是否能透过滤纸和半透膜。这节课通过引入过滤实验和渗析实验，让学生亲身感受到三种分散质粒子直径之间的关系，印象深刻。②精心准备，巧妙地设计实验。因为受到条件的限制，实验室很少有制作半透膜袋的材料，于是利用鸡蛋壳制作半透膜。在制备的过程中，原以为很快能制作成功，但是发现无论用食醋还是盐酸，反应都不迅速。究其原因，是因醋酸酸性不够强，而盐酸与蛋壳反应产生的大量气泡附着在蛋壳的表面，阻碍了反应。因此，需将鸡蛋壳取出轻轻冲洗，半透膜制备很快成功。

**参考文献：**

[1] 中华人民共和国教育部.普通高中化学课程标准（2017年版）[M].北京：人民教育出版社，2018.

[2] 王后雄."问题链"的类型及教学功能[J].教育科学研究，2010（5）.

［3］李南萍.以分类观为核心构建元素化合物知识体系［J］.中学化学教学参考，2011（3）.

［4］江敏.让学生体验与自然的交流——从"胶体"的教学实践谈对学科教学的思考（下）［J］.中学化学教学参考，2013（9）.

［5］王长龙，周学良.素养为本的"分散系及其分类"教学设计（上）［J］.中学化学教学参考，2019（4）.

# 《离子反应方程式的书写》教学设计

*广东省苏洁芳名师工作室 茂名市第一中学 李冬晓*

## 一、教学目标

基于对教材的理解和分析，以及《普通高中化学课程标准（2017年版）》和本校高一学生的实际情况，确定本节课的教学目标为：

（1）理解离子反应的概念及其发生的本质。

（2）掌握复分解型离子反应发生的条件。

（3）熟练掌握离子反应方程式书写的方法。

（4）培养学生对比实验的设计、实验操作能力和利用实验分析解决问题的能力。

（5）通过组织学生实验和分组实验，汇总实验现象，培养学生对比、归纳、总结的能力。

（6）学生通过分析离子反应发生的本质，学会通过现象看本质，培养实事求是的精神和脚踏实地的作风。

（7）通过设计实验、动手实验、归纳现象、总结方法，培养学生求真务实的实验精神。

## 二、教学重难点

### 1. 教学重点

（1）离子反应发生的条件的归纳。

（2）离子反应方程式书写的方法归纳。

**2. 教学难点**

离子反应方程式书写方法的归纳和提炼。

## 三、内容和学法分析

《离子反应》是人教版普通高中课程标准实验教科书必修1第二章第二节的内容。化学课程标准中明确指出,学生要能通过实验认识离子反应及其发生的条件,了解常见离子的检验方法。《离子反应》在中学阶段基本概念基础理论知识中占有极其重要的地位,不仅是本章的重点,也是整个中学化学学习的重点和难点之一,更是历年高考的热点。在中学化学的学习中,许多重要元素及其化合物的知识和电化学的部分内容,都涉及离子反应及其方程式的书写。

## 四、学情分析

学生在初中阶段已经学习了四大基本类型的反应,具备了一定的化学反应分类的认知,同时,第二章第一节《物质的分类》的学习也让学生对于化学物质的分类有了一定的知识储备,了解了单质与化合物,难溶性、易溶性物质的区别。此外,在第二章第二节的第1课时,讲授了电解质与非电解质等概念,再结合学生对复分解型反应的基本认识,以前面所学习的系列知识作为储备,使学生基本具备了学习离子反应的知识基础。

学生认知障碍分析:对于微粒观还没有深刻的认识,这对切入离子方程式书写有一定的难度。

## 五、教学过程

**教学过程概览**

| 学习环节 | 师生互动 | 评价活动 | 设计意图 |
|---|---|---|---|
| 创设情境导入新课 | 讲述"哑泉至哑,安乐泉解毒"的故事引入新课。话说三国时期,诸葛亮七擒孟获的过程中,蜀军由于误饮哑泉水个个不能言语,生命危在旦夕。这时巧遇一老叟,指点迷津——饮用万安溪安乐泉水,终于转危为安,渡过难关。哑泉水为何能致哑?万安溪安乐泉水又是什么灵丹妙药呢? | 聆听、思考。<br>原来哑泉水中含有较多的硫酸铜,人喝了含铜盐较多的水就会中毒。而万安溪安乐泉水中含有较多的碱,铜离子遇氢氧根离子发生离子反应生成沉淀而失去了毒性 | 以历史典故作为情境引入的载体,把矛盾的解决权交给学生,激发学生的学习兴趣,增强其求知欲 |

| 学习环节 | 师生互动 | 评价活动 | 设计意图 |
|---|---|---|---|
| 复习回顾，了解离子反应的实质 | 现有$Na_2SO_4$溶液、KCl溶液、$BaCl_2$溶液。<br>（1）它们的溶液中除了水分子外，还含有什么粒子？<br>（2）将以上三种溶液相互混合，共有几种组合？各种组合中溶液混合前后的离子会怎样变化？<br>（3）请你设计实验方案验证你的推测。<br>（4）试用离子符号将实验2的反应事实表示出来。<br>（5）从上述反应式中你能否找出电解质在溶液中反应的实质？结合动画揭示离子反应的本质 | （1）$Na^+$、$SO_4^{2-}$、$K^+$、$Ba^{2+}$、$Cl^-$。<br>（2）三种组合。<br>（3）实验方案<br><br>**实验**<br>1. 取少量$Na_2SO_4$溶液于试管中，缓慢滴入KCl溶液<br>2. 取少量$Na_2SO_4$溶液于试管中，缓慢滴入$BaCl_2$溶液<br>3. 取少量$BaCl_2$溶液于试管中，缓慢滴入KCl溶液<br><br>$Na_2SO_4$与$BaCl_2$反应的实质：<br>$Ba^{2+}+SO_4^{2-}=BaSO_4\downarrow$<br><br> | 层层递进，由浅入深。通过实验方案的设计及实验操作的描述，培养学生动手实验的能力。<br>引导学生从微观角度探究离子反应的本质，并引出离子反应的概念和离子反应方程式书写的方法 |
| 活动：分组实验，探究离子反应发生的条件 | 若以下溶液浓度都是$0.1\ mol\cdot L^{-1}$，则混合液中是否发生离子反应？离子是怎样变化的？<br><br>① 2 mL $Na_2CO_3$+2 mL $CaCl_2$<br>② 2 mL $NaHCO_3$+2 mL $H_2SO_4$<br>③ 2 mL NaOH+酚酞+2 mL HCl<br>④ 2 mL KCl+2 mL $Ba(OH)_2$<br><br>追问1：$CH_3OONa$（aq）与HCl（aq）能反应吗？是离子反应吗？你的判断依据是什么？<br>追问2：以上反应没有生成沉淀、气体、水，但又属于离子反应，是否与刚刚总结的离子反应发生的条件冲突呢？刚刚的总结该如何调整？ | 分组实验，观察并记录现象。归纳生成物的特征，并尝试归纳复分解型离子反应发生的条件。<br><br>| 产生白色沉淀 | 生成沉淀 |<br>| 有大量气泡产生 | 生成气体 |<br>| 碱溶液的红色褪去 | 生成水 |<br>| 无明显变化 | — |<br><br>追问1：$CH_3OONa$（aq）与HCl（aq）能反应，是离子反应，因为符合离子反应的概念：有离子参与。<br>追问2：将复分解型离子反应发生的条件调整为：<br>（1）生成沉淀（难溶物质）。<br>（2）生成气体（挥发性物质）。<br>（3）生成水（弱电解质） | 培养学生动手、观察、分析、总结的能力及合作学习的意识。通过自己参与实验归纳出离子反应发生的条件，并对复分解型离子反应发生的条件由初中的概念过渡到高中知识点的理解，这是一个概念理解的提升，使学生对复分解型离子反应发生的条件更加明确 |
| 学会书写离子方程式 | （1）请你再用离子符号将探究活动2中的溶液反应事实表示出来。 | （1）<br><br>① $CO_3^{2-}+Ca^{2+}=CaCO_3\downarrow$<br>② $HCO_3^-+H^+=CO_2\uparrow+H_2O$<br>③ $OH^-+H^+=H_2O$<br>④ 无反应 | 突破传统的离子方程式书写的四部曲"写、拆、删、查"，引导学生从本质上去 |

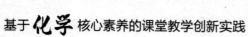

续 表

| 学习环节 | 师生互动 | 评价活动 | 设计意图 |
|---|---|---|---|
| 学会书写离子反应方程式 | （2）你能从刚才的离子方程式的书写过程中总结出书写的规律了吗？有什么要注意的？<br>（3）你能否归纳出书写离子反应方程式时要拆写和保留化学式的物质？ | （2）书写规律：<br>①写反应物；<br>②拆、留；<br>③写实际反应产物；<br>④得离子方程式；<br>⑤循质量守恒、电荷守恒。<br>注意要点：注意书写过程中要拆的物质和要保留的物质。<br>要拆的物质有：强酸、强碱、可溶性盐。<br>要保留化学式的物质有单质、氧化物、气体、难溶性物质、弱电解质等 | 分析和书写复分解型离子方程式，真正做到透过现象看本质，由本质表示过程，避免复杂的拆写过程，书写离子方程式一步到位，节约时间的同时提高学生的分析能力 |
| 分层练习，巩固知识，提升能力 | 写出下列离子反应方程式：<br>（1）$AgNO_3$溶液+NaCl溶液。<br>（2）$CaCO_3$中加入稀盐酸。<br>（3）Zn投入稀$H_2SO_4$ | 学生练习 | 通过练习巩固，让学生掌握离子方程式的书写方法 |
| 联系生活，学以致用 | （1）安乐泉为何能解毒？你能否用离子方程式表示？<br>（2）某工厂排放的污水里有$Ag^+$、$Ba$、$NO_3^-$，相邻工厂的污水里有$Na^+$、$Cl^-$、$CO_3^{2-}$。如果你是一名环境工程师，你有何好的解决方案？说说你的理由 | （1）$2OH^-+Cu^{2+}=Cu（OH）_2↓$<br><br>（2）两个工厂的污水混合后再排放，可使重金属沉淀，从而减少污染 | 学以致用，以治理工厂污水的情境作为课后思考的载体，让学生利用本节课所学习的方法和规律，提出解决问题的方案，感受学习的用处和乐趣，让学生了解化学在生活中的实际用途，热爱化学 |
| 课堂总结 | （1）师生共同回顾本节课的知识脉络，巩固所学，突出重点。<br>（2）课后作业：完成书本P34的习题，并复习酸碱盐的溶解性 | 回忆、总结、归纳 | 知识巩固，为下一节课的内容做铺垫 |

## 六、板书设计

### 《离子反应方程式的书写》板书设计

一、定义：有离子参加的反应

二、特点：有离子浓度变化

三、发生反应的条件（复分解型）

1. 生成沉淀（难溶物质）。

2. 生成气体（挥发性物质）。

3. 生成水（弱电解质）。

四、离子反应方程式

1. 定义。

2. 书写方法。

3.（1）拆：强酸、强碱、可溶性盐。

（2）留：单质、氧化物、气体、难溶性物质、弱电解质等。

板书是教学内容的提示与概括，是教学内容的精华，因此板书要条理清晰，力求简练。

# 七、课后评价

1.（水平1）下列反应的离子方程式书写错误的是（　　　）。

A. 硫酸氢钠溶液和碳酸氢钠溶液混合：$H^+ + HCO_3^- = H_2O + CO_2\uparrow$

B. 碳酸钡加入稀盐酸：$BaCO_3 + 2H^+ = Ba^{2+} + CO_2\uparrow + H_2O$

C. 氧化铁和稀硫酸：$Fe_2O_3 + 6H^+ = 2Fe^{2+} + 3H_2O$

D. 醋酸和氢氧化钾溶液：$CH_3COOH + OH^- = CH_3COO^- + H_2O$

2.（水平1）下列反应的离子方程式书写错误的是（　　　）。

A. 硫酸氢钠和烧碱溶液：$H^+ + OH^- = H_2O$

B. 锌和盐酸反应：$Zn + 2H^+ = Zn^{2+} + H_2\uparrow$

C. 石灰石和稀盐酸反应：$2H^+ + CaCO_3 = H_2O + CO_2\uparrow$

D. 氢氧化钡溶液和硫酸溶液：$Ba(OH)_2 + SO_4^{2-} = BaSO_4\downarrow + 2OH^-$

3.（水平2）写出下列反应的离子方程式：

（1）氧化铜溶于稀硫酸。

（2）稀盐酸与碳酸钠溶液。

（3）铁片与硫酸铜溶液。

（4）氯化镁溶液和氢氧化钠溶液。

（5）氢氧化钡溶液和硫酸铜溶液。

参考答案：

1. C。解释：C选项中的产物应该是$Fe^{3+}$。

2. D。解释：D选项漏了$H^+$与$OH^-$的反应。

3.（1）$CuO+2H^+=Cu^{2+}+H_2O$

（2）$CO_3^{2-}+2H^+=CO_2\uparrow+H_2O$

（3）$Fe+Cu^{2+}=Fe^{2+}+Cu$

（4）$Mg^{2+}+2OH^-=Mg(OH)_2\downarrow$

（5）$Ba^{2+}+2OH^-+Cu^{2+}+SO_4^{2-}=BaSO_4\downarrow+Cu(OH)_2\downarrow$

## 八、教学反思

本课的教学充分发挥了学生在教学中的主体作用，教师不是一味地讲知识，而是引导学生合作探索新知，教师只起一个引导促进的作用，鼓励学生不断尝试操作、总结规律，掌握教学重难点，同时侧重学生自主探究能力、小组协作能力及知识迁移能力的培养。本节课的教学效果预测如下：

（1）通过本堂课的学习，让学生掌握离子反应的概念及其本质，掌握复分解型离子反应发生的条件，熟悉并掌握离子反应方程式书写的方法。

（2）通过学生自主探究获得知识，让学生体验科学知识的形成过程；体会科学研究成功的乐趣；培养学生透过现象看本质的辩证唯物主义观；让学生找出事物变化的规律，认识到事物变化的过程既有普遍性又有特殊性。

**参考文献：**

［1］中华人民共和国教育部.普通高中化学课程标准（2017年版）［M］.北京：人民教育出版社，2018.

［2］杨梓生.对高中化学学科核心素养的认识［J］.中学化学教学参考，2016（8）.

［3］饶慧伶，王峰，胡志刚.对我国化学学科核心素养研究的梳理与浅析［J］.中小学教师培训，2017（11）.

# 《硝酸的性质》教学设计

*广东省苏洁芳名师工作室　广东信宜中学　李江*

## 一、教学目标

（1）从物质的类别、核心元素化合价的角度，依据复分解反应和氧化还原反应的原理，预测硝酸的化学性质，培养学生证据推理与模型认知的核心素养。

（2）通过改进铜与浓硝酸反应的实验进行微型化、绿色化的改进，培养学生的科学探究与创新意识、"绿色化学"观念、社会责任等核心素养。

（3）通过描述实验现象写出化学方程式和离子方程式，培养学生有序描述实验现象的能力，加强元素化合物中"宏观现象—微观本质—符号表征"的"三重表征"教学模式渗透，发展学生宏观辨识与微观探析、证据推理的学科核心素养。

（4）通过了解浓硝酸的不稳定性，认识硝酸的保存方法，培养学生证据推理的核心素养。

（5）从冷的浓硝酸与铁、铝的钝化作用，了解浓硝酸的运输方法，培养学生的科学态度与社会责任素养。

## 二、教学重难点

### 1. 教学重点

（1）利用二维图尝试预测硝酸具有哪些化学性质。

（2）浓、稀硝酸和铜在实验现象、反应方程式中的异同。

**2. 教学难点**

利用物质类别、氧化还原反应的知识预测$HNO_3$的性质。

## 三、课程内容与学法分析

本节课是硫酸和硝酸的氧化性的第2课时，在新课程标准中属于主题2"常见的无机物及其应用"中的内容。学生在学习此节内容前对于氮的化合物有了初步的了解，硝酸的物理性质和酸性在初中也已有所涉及，本节是在这两方面基础上继续学习硝酸的性质。教材简单呈现了硝酸的酸性和强氧化性两个方面的性质。至本节课为止，基本完善了高中必修阶段无机物的知识体系，因此在教学过程中要帮助学生构建并运用学习元素化合物的方法模型。

《普通高中化学课程标准（2017年版）》在"课程内容"中提出必修课程的5个主题，其中主题2"常见的无机物及其应用"的"非金属及其化合物"中提出"结合真实情境中的应用实例或通过实验探究，了解氯、氮、硫及其重要化合物的主要性质，认识这些物质在生产中的应用和对生态环境的影响"。

本节课建议从物质类别、元素价态的角度，依据复分解反应和氧化还原反应的原理，预测物质的化学性质和变化，设计实验进行初步验证，并分析、解释有关实验现象。

## 四、学情分析

硝酸是高一化学中最后一种元素化合物，经过对Na、Al、Fe、Si、Cl、S等元素化合物的学习，学生已经能够较为熟练地从物质类别、化合价的角度去预测元素化合物的性质。因此，本课的主要任务是创设真实情境，让学生结合已有知识预测硝酸的化学性质、浓硝酸与铜反应可能的化学方程式，然后动手实验验证，再根据实验现象写出化学方程式和离子方程式，并根据实验现象判断物质性质的强弱，最终实现元素化合物中"宏观现象—微观本质—符号表征"的"三重表征"教学模式的渗透。

学生在本课之前刚学习了浓硫酸的性质，因此学生能通过类比浓、稀硫酸与铜的反应情况来预测浓硝酸与铜反应可能的化学方程式及稀硝酸是否能与铜反应；能通过类比浓硫酸能与非金属C反应，写出浓硝酸与C反应的化学方程式。

## 五、教学思路

本课利用二维图和已经建立的学习元素化合物的思路模型（从物质类别、核心元素化合价的角度，依据复分解反应和氧化还原反应的原理学习元素化合物性质的方法），根据已有知识预测硝酸的化学性质和浓硝酸与铜反应可能的化学方程式，以及稀硝酸是否能与铜反应（类比浓硫酸和稀硫酸与铜反应的情况），从而培养学生证据推理和运用认知模型的能力；精心设计实验探究活动，通过对实验进行微型化、绿色化的改进，培养学生的"绿色化学"观念；通过学生动手实验、收集实验证据，基于实验现象分析得出结论，培养学生的科学探究意识、操作技能、观察能力和分析解释能力；再根据实验现象写出化学方程式和离子方程式，并判断物质性质的强弱，最终实现元素化合物中"宏观现象—微观本质—符号表征"的"三重表征"教学模式的渗透，发展学生宏观辨识与微观探析的学科核心素养；同时采用对比教学法，比较浓、稀硝酸和铜在实验现象、反应方程式中的异同，强化学生对硝酸氧化性的认识及其反应产物的认识，同时也解释了初中学习实验室制氢气不选用硝酸的问题。根据铁的性质比铜活泼思考铁能否被硝酸溶解，通过演示实验讲授冷的浓硝酸与铁、铝的钝化作用；采用类比教学法，类比浓硫酸能与非金属C反应，并写出浓硝酸与C反应的化学方程式；从硝酸的保存方法讲授硝酸的特性——不稳定性。

## 六、认知障碍分析

（1）对浓硝酸和稀硝酸的强氧化性的区别以及对应还原产物的不同的理解有一定的困难，因此在教学过程中应采用对比的方法，比较浓、稀硝酸和铜在实验现象、反应方程式中的异同。

（2）浓硝酸与C反应的化学方程式书写比较难，教学过程中可以参考类比浓硫酸能与非金属C的反应。

## 七、教学过程

**教学过程概览**

| 学习环节 | 师生互动 | 评价活动 | 设计意图 |
|---|---|---|---|
| （一）认识硝酸和了解硝酸的用途 | 图片素材：硝酸的用途 | 介绍硝酸的用途 | 引导学生形成对硝酸的客观认识，并归纳硝酸的用途 |
| | 实物展示浓硝酸 | 归纳硝酸的物理性质 | 培养学生有序描述物质常见物理性质的能力和根据某些现象进行推演的能力 |
| （二）预测硝酸的化学性质 | 结合已学知识，你会从哪些角度预测硝酸会有哪些化学性质？说出你的依据 | （1）请列举体现硝酸酸性的反应，并从类别的角度进行归纳。 | （1）强化学生应用物质分类、氧化还原等已有知识预测物质性质的能力。 |

基于化学核心素养的课堂教学创新实践

续 表

| 学习环节 | 师生互动 | 评价活动 | 设计意图 |
|---|---|---|---|
| （二）预测硝酸的化学性质 | | （2）既然硝酸和金属反应不能生成$H_2$，请根据已有知识，猜测浓硝酸和铜发生反应可能的化学方程式。<br>（3）根据已有知识，你认为稀硝酸和铜能发生反应吗？ | （2）根据氧化还原、溶液电中性的知识，预测可能的反应产物。<br>（3）类比浓、稀硫酸与铜的反应情况，预测浓硝酸与铜反应可能的化学方程式；预测稀硝酸能否与铜反应，强化类比学习 |
| （三）实验探究：探究浓、稀硝酸和铜的反应；归纳整理：硝酸的强氧化性 | （1）提供实验用品，共同设计实验方案。<br>实验步骤：<br>① 最大程度捏扁乳胶头，伸入盛有浓硝酸的试剂瓶，松开乳胶头，吸取浓硝酸，再将滴管迅速插到装有10 mL稀硝酸的滴瓶上，仔细观察现象。<br>解释：<br>② 待滴管内的液面第二次下降至完全离开尖嘴时，拿起胶头滴管，连续捏扁乳胶头2次，观察滴管中的气体的颜色变化，然后立即将其插入装有NaOH溶液的滴瓶中，反复挤压乳胶头，使滴管内的气体充分排出，记录现象并解释现象产生的原因 | 完成实验探究：<br>（1）请有序描述实验现象。<br>（2）（微课）写出反应的化学方程式。<br>（3）体现了浓、稀硝酸的哪些性质？<br>（4）浓、稀硝酸氧化性哪个更强？请说出你的依据。<br>小结：硝酸的化学性质——强氧化性。<br>$Cu+4HNO_3$（浓）$=$<br>$Cu(NO_3)_2+2NO_2\uparrow+2H_2O$<br>反应很剧烈，铜丝溶解，溶液变蓝色，产生红棕色气体……<br>$3Cu+8HNO_3$（稀）$=$<br>$3Cu(NO_3)_2+2NO\uparrow+4H_2O$<br>反应较剧烈，铜丝溶解，溶液变蓝色，产生无色气体…… | （1）培养学生的科学探究意识、操作技能、观察能力和分析解释能力。<br>（2）加强学生从"固—液—气"三方面有序描述实验现象的能力。<br>（3）巩固书写离子方程式的方法。<br>（4）强化"宏观现象—微观本质—符号表征"的"三重表征"学习模式的渗透，发展宏观辨识与微观探析、证据推理的学科核心素养。<br>（5）培养学生的科学探究与创新意识、"绿色化学"观念、社会责任等核心素养 |
| | （2）讨论问题：硝酸的氧化性有多强？ | 你认为浓硝酸能否和金属铁反应并将其溶解？该性质的应用：可以用铁槽运输浓硝酸 | 了解"钝化"现象，应用科学知识，培养社会责任 |
| （四）硝酸的不稳定性 | 展示一瓶已经变成黄色（变质）的浓硝酸 | 浓硝酸为何要保存在棕色试剂瓶中？久置硝酸为何变黄？请根据氧化还原反应的知识写出化学方程式 | 强化学生根据现象推出部分产物，再通过氧化还原反应知识写出化学方程式并配平的能力 |
| （五）课堂小结 | 从哪些角度学习了硝酸的哪些性质？ | 总结硝酸的性质 | 强化学生从物质类别、核心元素化合价、物质特性等角度梳理元素化合物性质的能力 |

## 八、板书设计

### 《硝酸的性质》板书设计

1. 用途。

2. 物理性质。

3. 化学性质。

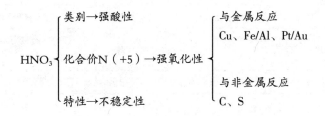

## 九、学习评价

1.（水平1）下列关于硝酸的叙述正确的是（　　　）。

A. 硝酸与硫酸一样，是一种难挥发的液体混合物

B. 稀硝酸与活泼金属反应主要放出氢气

C. 浓硝酸和稀硝酸都是强氧化剂

D. 浓硝酸很稳定，无须保存在棕色瓶中

2.（水平2）下列反应中硝酸既表现出酸性，又表现出氧化性的是（　　　）。

A. 使石蕊溶液变红

B. 与铜反应释放出NO气体，生成$Cu(NO_3)_2$

C. 与$Na_2CO_3$反应释放出$CO_2$气体，生成$NaNO_3$

D. 与S单质混合共热时生成$H_2SO_4$和$NO_2$

3.（水平2）将铜粉放入稀$H_2SO_4$中无明显现象，当加入下列一种物质后，铜粉的质量减少，溶液呈蓝色，同时有气体溢出，该物质是（　　　）。

A. $Fe_2(SO_4)_3$　　　　　B. $Na_2SO_4$　　　　　C. $KNO_3$　　　　　D. $FeSO_4$

4.（水平3）工业上用洗净的废铜屑做原料来制备$Cu(NO_3)_2$。下面是三位同学提出的三个方案：

甲：铜 $\xrightarrow{\text{浓硝酸}}$ $Cu(NO_3)_2$

乙：铜 $\xrightarrow{\text{稀硝酸}}$ $Cu(NO_3)_2$

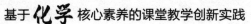

丙：铜 $\xrightarrow[\triangle]{空气}$ CuO $\xrightarrow{硝酸}$ Cu（NO$_3$）$_2$

哪种方案最好？为什么？

5.（水平3）下列有关实验操作、现象和解释或结论都正确的是（　　　　）。

| 选项 | 实验操作 | 现象 | 解释或结论 |
|---|---|---|---|
| A | 过量的铁粉中加入稀HNO$_3$，充分反应后，滴入KSCN溶液 | 溶液呈红色 | 稀HNO$_3$将Fe氧化为Fe$^{3+}$ |
| B | 常温下，Fe、Al放入浓HNO$_3$或浓H$_2$SO$_4$ | 无明显现象 | Fe、Al与浓HNO$_3$或浓H$_2$SO$_4$发生钝化 |
| C | 铝箔插入稀HNO$_3$ | 无现象 | 铝箔表面被HNO$_3$氧化，形成致密的氧化膜 |
| D | 用玻璃棒蘸取浓HNO$_3$点到红色石蕊试纸上 | 试纸变蓝 | 浓HNO$_3$具有酸性 |

参考答案：

1. C。

2. B。

3. C。

4. 丙；原料利用率高，无污染。

5. B。

## 十、教学反思

本节课的重点是硝酸的化学性质，关键是硝酸的强氧化性。学生已学习过卤族单质及其化合物的性质，具有一定的分析问题的能力和类比学习的能力。为了培养学生利用已有的知识来解决新问题，获取新知识的能力，本节课采用"启发—探究"式的教学方法。

通过展示硝酸实物，让学生观察并归纳出其物理性质；根据硝酸的类别、元素价态，引导学生对硝酸的化学性质进行证据推理，通过设计实验并验证的方式来引导学生得出结论。在实验的过程中，以问题探究为主要方式进行合作与交流，强化"宏观现象—微观本质—符号表征"的"三重表征"学习模式的渗透，发展学生宏观辨识与微观探析、证据推理的学科核心素养，培养学生的科学探究与创新意识、"绿色化学"观念、社会责任等核心素养。

**参考文献：**

［1］中华人民共和国教育部.普通高中化学课程标准（2017年版）［M］.北京：人民教育出版社，2018.

［2］周启宇.硝酸的性质及相关计算［J］.同行，2016（15）.

［3］胡志军.我对硝酸的性质教学案例的设计［J］.考试周刊，2013（86）.

［4］陈仙华.高中化学"绿色"教学问题的探讨［N］.学知报，2010.

［5］琚洪芳.例谈高中化学实验的改进与反思——以《硝酸的性质》实验教学为例
［J］.中学生数理化（学研版），2013（2）.

# 《二氧化硫性质的探究》教学设计

*广东省苏洁芳名师工作室　广东信宜中学　吴卫东*

## 一、教学目标

（1）通过回顾酸性氧化物的通性，引出新知识，进一步巩固学习一类物质的思维模式。

（2）通过观察和动手实验了解二氧化硫的物理性质，掌握二氧化硫与水的反应、还原性、氧化性和漂白性，培养学生宏观辨识的素养。

（3）通过观察二氧化硫的溶解实验，体会二氧化硫的溶解性；通过类比的方法，递推二氧化硫作为酸性氧化物的通性；通过小组实验，探究二氧化硫的还原性、氧化性和漂白性等性质，提高学生的实验设计能力、观察能力、分析能力、探究能力和合作学习能力。

（4）通过类比预测、实验探究、理论分析、实际应用来探究二氧化硫的溶解性、还原性、漂白性等性质，体验科学探究的过程和科学思维方法，提高学生分析、解决问题的能力。

（5）通过自主探究、分工合作，初步养成团结协作、勤于思考、乐于实践的科学品质，在实验过程中，增强安全意识，逐步树立环境保护、合理使用化学物质的观念。

## 二、教学重难点

### 1. 教学重点
二氧化硫的化学性质。

**2. 教学难点**

探究二氧化硫性质的实验设计。

## 三、内容和学法分析

本节内容是典型的元素化合物知识，主要是二氧化硫的性质。教材意图在研究了硅、氯单质及其化合物的基础上，继续学习硫及其氧化物，也是为后面硫酸的学习做准备。因此本节内容除本身内容的重要性外，在这一章的学习中还起着承上启下的作用。由于硫元素有非金属元素的多种变价，性质上有很多的特殊性，学好本节内容，学生可以进一步熟悉学习非金属单质及其化合物性质的一般方法和规律，对掌握元素及其化合物的性质极其重要。在学法上，以学生为主体，让学生充分参与教学环节；以实验探究为主线，让学生分组动手做实验；通过在学习过程中构建探究模型，帮助学生通过实验探究学习化学；通过层层递进的问题，不断激发学生的猜想与假设，并通过小组实验进行验证，让学生在亲身体验实验设计的过程中，感悟科学探究的一般过程，掌握科学探究的一般方法。

## 四、学情分析

由于本节课的实验设计和操作的难度不大，适合学生采用探究的方式开展学习。而且学生在初三已初步拥有了元素化合物的知识，如酸性氧化物的通性，初步了解了有关二氧化硫与酸雨危害的知识，有一定的化学理论知识，如氧化还原反应规律等。同时，学生具备了一定的实验操作能力和观察分析能力，对化学实验兴趣浓厚，有强烈的探求欲、表现欲和成就欲。学生是在高中阶段接触元素化合物知识的，对元素化合物知识的系统学习方法还没有掌握，尚不能认识到物质性质的多样性：既有一般规律又有特殊性。学生的实验探究能力存在差异，在教学中教师要充分调动学生开展合作式学习，争取让每一位学生都能从课堂上获益。本节课主要通过设计实验，引导学生探究学习，让学生在"发现问题→分析问题→解决问题→归纳总结问题→再解决问题"的过程中体会科学探究的一般方法。

## 五、认知障碍分析

（1）同为酸性氧化物，$SO_2$能使品红溶液褪色而$CO_2$不能，学生的疑问是：$SO_2$使品红溶液、高锰酸钾溶液褪色的原理为什么不相同？这应从反应原理去分析，利用证据推理的方法去突破。

（2）从化合价的角度认识$SO_2$，为学习元素及其化合物开启了新的路径。$SO_2$既有氧化性又有还原性，学生的疑问是：为什么$CO_2$没有还原性？这就要从价态的高低模型进行对比，从而掌握化合价的微观探析。

## 六、教学过程

教学过程概览

| 学习环节 | 师生活动 | 评价活动 | 设计意图 |
|---|---|---|---|
| 新课导入 | 师：酸性氧化物具有什么样的性质呢？<br>学生回顾列举 | 书写以$CO_2$为代表的酸性氧化物通性的化学方程式 | 激发学生的学习愿望与学习兴趣 |
| 二氧化硫物理性质的探究 | 展示盛满二氧化硫的试剂瓶。师：你观察到二氧化硫具有什么样的物理性质呢？ | 说出二氧化硫的部分物理性质 | 培养学生的观察能力 |
| 探究一：二氧化硫能否溶于水 | 矿泉水瓶盛满二氧化硫，向其中加放蒸馏水，设计实验，验证二氧化硫能溶于水。<br>学生讨论实验方案，设计实验，预测现象，动手操作，最后得出结论 | 实验方案的设计 | 培养学生的逻辑思维能力和动手能力 |
| 探究二：二氧化硫与水反应 | 学生提出假设并设计实验<br>方案一：向矿泉水瓶中加蒸馏水，振荡，取液体加入石蕊试液。<br>方案二：利用pH计测溶液pH<br>二氧化硫能不能与水反应？为什么pH突然减小？ | 预测现象，动手操作，观察后得出结论。<br><br>观察实验 | 培养学生的综合思维及实验探究能力 |
| 探究三：二氧化硫的还原性 | 设计实验探究二氧化硫能与哪些氧化剂反应，酸性高锰酸钾溶液为何褪色，溴水为何褪色，怎样设计实验证明二氧化硫被氧化了？<br>学生根据限选试剂，讨论设计实验，观察后得出结论 | 写出反应的方程式，找出两种溶液褪色的原理。据限选试剂，设计实验，学会从价态的角度分析物质的氧化性和还原性 | 培养学生探究问题的能力及小组内同学团结协作的能力 |
| 探究四：二氧化硫的氧化性 | 播放二氧化硫与硫化氢反应的视频：<br>$SO_2+2H_2S=3S+2H_2O$<br>提问：你能用双线桥标出电子转移的方向和数目吗？<br>学生观看视频，观察实验现象 | 用双线桥标出电子转移的方向和数目 | 培养学生观察思考的能力 |
| 探究五：二氧化硫的漂白性 | （1）向装有少量二氧化硫水溶液的试管中滴加1 mL（约1滴管）品红溶液，套上气球，振荡，观察现象。<br>（2）用试管夹夹住试管，在酒精灯上加热至沸腾，分析溶液红色褪去的原因。<br>为何红色又恢复了？气球为什么鼓起来了？<br>学生进行实验并观察实验现象 | 得出结论：二氧化硫具有漂白性，是暂时性漂白 | 培养学生的实验探究能力和分析解决问题的能力 |

| 学习环节 | 师生活动 | 评价活动 | 设计意图 |
|---|---|---|---|
| 总结本节内容，方法升华，布置课后作业 | 如何区分$CO_2$、$SO_2$气体？请列举方法。引导学生自己总结归纳本节课所学知识 | 学以致用，回归生活 | 培养学生的社会责任感 |

## 七、板书设计

### 《二氧化硫的性质探究》板书设计

列表区分$CO_2$与$SO_2$性质的异同

| 物理性质：无色、有刺激性气味的气体，易溶于水，密度比空气大 | | | |
|---|---|---|---|
| 化学性质 | ① | 具有漂白性 | 能使品红溶液褪色 |
| | ② | 具有酸性氧化物的通性 | 与水反应生成对应的酸 与碱性氧化物反应生成对应的盐 与碱反应生成盐和水 |
| | ③ | 具有强还原性 | 能与$O_2$、$KMnO_4$、卤素单质（$Cl_2$、$Br_2$、$I_2$）等多种氧化剂发生反应 |
| | ④ | 具有弱氧化性 | 与氢硫酸发生归中反应 |

## 八、课后评价

1. 为了除去混入$CO_2$中的$SO_2$，最好将混合气体通入（    ）。

A. 饱和烧碱溶液                B. 饱和小苏打溶液

C. 饱和纯碱溶液                D. 浓硫酸

2. 下列溶液中，不能区别$SO_2$和$CO_2$气体的是（    ）。

①石灰水；②$H_2S$溶液；③$KMnO_4$溶液；④溴水；⑤酸化的$Ba(NO_3)_2$溶液；⑥品红溶液

A. ①②③⑤        B. ②③④⑤        C. ①          D. ①③

3. 高温下硫酸亚铁生成氧化铁、二氧化硫气体、三氧化硫气体，若将生成的气体通入氯化钡溶液，得到的沉淀物是（    ）。

A. $BaSO_3$和$BaSO_4$             B. $BaSO_3$

C. $BaSO_4$                  D. $BaS$

4. 下图是实验室制取$SO_2$并验证$SO_2$的某些性质的装置图。试回答：

（1）在⑥中发生的化学反应方程式为＿＿＿＿＿＿＿＿＿＿＿＿＿＿＿＿＿＿＿＿＿＿。

（2）①中的实验现象为石蕊试液_____，此实验证明$SO_2$是_____气体。

（3）②中的品红试液_____，证明$SO_2$有_____性。

（4）③中的实验现象是_____，证明$SO_2$有_____性。

（5）④中的实验现象是_____，证明$SO_2$有_____性。

（6）⑤的作用是_____，反应的化学方程式为_____。

（7）若将⑤中的溶液改为$BaCl_2$溶液，是否有沉淀生成？_____。反应的化学方程式为_____。

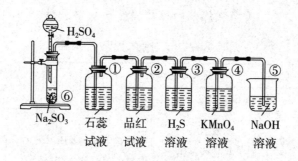

5. 在通常状况下，A为固态单质。根据下图转化关系，回答：

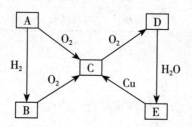

（1）写出A～E的化学式：

A _____；B _____；C _____；

D _____；E _____。

（2）写出下列反应的化学方程式：

① E→C _____。

② C→D _____。

**参考答案：**

1. B。

2. C。

3. C。

4.（1）$Na_2SO_3+H_2SO_4$（浓）$\xlongequal{\quad}Na_2SO_4+SO_2\uparrow+H_2O$

（2）变红；酸性。

（3）褪色；漂白性。

（4）有淡黄色沉淀生成；氧化。

（5）$KMnO_4$褪色；还原。

（6）吸收二氧化硫，防止二氧化硫污染环境；$SO_2+2NaOH\xlongequal{\quad}Na_2SO_3+H_2O$

（7）无沉淀生成；略。

5.（1）$S$；$H_2S$；$SO_2$；$SO_3$；$H_2SO_4$。

（2）$Cu+2H_2SO_4$（浓）$\xlongequal{\triangle}CuSO_4+SO_2\uparrow+2H_2O$；$2SO_2+O_2\underset{\triangle}{\overset{催化剂}{\rightleftharpoons}}2SO_3$

## 九、教学反思

本节课考虑到由于二氧化硫有毒，若在敞开的环境中做$SO_2$的性质实验，易造成$SO_2$扩散，污染教室环境，威胁师生健康。为了保护师生健康，培养学生的环保意识和"绿色化学"意识，同时考虑到操作简便、现象明显，对$SO_2$的性质实验做了改进：$SO_2$的水溶性探究改在矿泉水瓶里进行，然后用$SO_2$的水溶液来代替$SO_2$气体进行实验，保证整个实验的环保性。在教学流程上，回顾引入$CO_2$的物理性质，观察类推$SO_2$的物理性质，通过实验探究：①$SO_2$的水溶性，归纳$CO_2$与$SO_2$物理性质的同与异；②通过$SO_2$是否与水反应类比推导$SO_2$酸性氧化物通性，归纳化学性质相同的部分；③分组实验并验证$SO_2$的还原性；④$SO_2$的氧化性；⑤$SO_2$的漂白性，层层深入剖析，归纳出$CO_2$与$SO_2$化学性质的同与异，最后总结提升，学以致用。

**参考文献：**

［1］中华人民共和国教育部.普通高中化学课程标准（2017年版）［M］.北京：人民教育出版社，2018.

［2］王正兵."素养为本"的化学教学与评价设计——以"二氧化硫的性质和作用"为例［J］.中学化学教学参考，2019（7）.

［3］明正球，周泽宇.基于培养学生化学学科核心素养的教学实践——以"二氧化硫的性质与应用"为例［J］.教育实践与研究（B），2019（5）.

［4］柯丽明.指向学科核心素养的高中化学教学设计与反思——以"二氧化硫的性质与作用"为例［J］.福建教育学院学报，2018（11）.

［5］冯洁."二氧化硫的性质和作用"的教学设计［J］.实验教学与仪器，2018（3）.

# 《二氧化硅和硅酸》教学设计

## （第1课时）

广东省苏洁芳名师工作室　茂名市第一中学　陈敏健

## 一、教学目标

（1）了解二氧化硅的存在、结构、性质，认识用途，体验化学的实用性，激发学生学习化学的兴趣，培养学生宏观辨识与微观探析的素养。

（2）通过探究硅酸的制法与性质，培养学生的科学探究与创新意识素养。

（3）通过对比二氧化碳和二氧化硅的性质，提高知识迁移、归纳与类比的能力，培养学生证据推理的素养。

## 二、教学重难点

### 1. 教学重点

二氧化硅的化学性质及其用途。

### 2. 教学难点

二氧化硅的化学性质、硅酸的制法探究。

## 三、内容和学法分析

本课题主要讨论了硅及其化合物的性质，将其安排在物质的分类、离子反应等理论知识之后，是常见无机物及其性质等知识的继续，有利于发挥理论知识对元素化合物知识学习的指导作用。在第三章《金属及其化合物》的基础上，进一步介绍元素化合物的知识和研究方法，为元素周期律的学习积累感性材料。

从认知规律来看，硅的化合物知识相对比较简单，在非金属开篇学习该内容，学生的学习负担比较轻，有利于学习积极性的保护和培养。从知识体系来看，第一节由二氧化硅和硅酸、硅酸盐、硅单质三部分内容组成，并按这一顺序展开，由熟悉到陌生，符合学生的思维规律。总的来说，《二氧化硅和硅酸》这一课时的内容起着承上启下的重要作用。

## 四、学情分析

### 1. 知识储备

（1）在生活中对硅及其化合物已有一定的感性认识。

（2）初中学习过金刚石、$CO_2$、$H_2CO_3$的性质。

（3）高中学习了物质的分类、强酸制弱酸等理论知识。

### 2. 认识方式

在第三章《金属及其化合物》的学习中体验过元素化合物知识的学习方法——实验探究法和分析归纳法。

### 3. 风格特点

高一的学生求知欲强，对化学实验兴趣浓厚，但是实验设计与探究能力还比较薄弱，亟待提高，以适应高考的考查方式。

## 五、认知障碍分析

有关元素及其化合物的学习，知识点多，内容分散，学生在学习过程中总是以被动接收为主，主动参与较少，很难提起兴趣。为了增强学生的自主性和参与性，在教学过程中主要运用了以下教法与学法。

### 1. 教学方法

（1）情境激励法：创设情境，激活学生已有的感性认识，引发问题与思考。

（2）类比归纳法：运用图表对比$CO_2$和$SiO_2$的性质，增强学生对新知识的亲切感和参与度，加深理解和记忆，深化"结构决定性质"的学科思维，并初步了解元素周期律的知识。

（3）实验探究法：通过"教师设疑—学生分组讨论—学生设计方案—指导分析—学生实验"的探究式教学方法，增强学生的主体性和参与性。

（4）学案导学法：在课前印发导学案，引导学生预习新课，辅助课堂教学，探索新知。

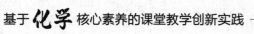

### 2. 学习方法

自主学习法、知识迁移法、实践操作法、总结讨论法。在教师的引导下，联系实际，主动参与，讨论交流，实践应用，达到"学会→会学→融会贯通"的目的。

## 六、教学过程

**教学过程概览**

| 学习环节 | 师生互动 | 评价活动 | 设计意图 |
|---|---|---|---|
| （一）创设情境，引入新课 | 展示学生熟悉的汽车装饰品"摇摆太阳花"、学生用的"CASIO计算器"、路边"太阳能灯箱"的图片 | 思考：太阳能电池的主要元素是什么？自然界中有无游离态的硅可直接利用？（水平1） | 以学生的生活经验为出发点，引导学生关注生活，激发其求知欲 |
| （二）$SiO_2$的存在形式、物理性质 | 带着以下两个问题阅读教材P74～P75的内容：（1）你见过$SiO_2$吗？$SiO_2$以什么形式存在，有什么用途？（2）请根据$SiO_2$的存在形态和用途分析$SiO_2$具有哪些物理性质 | 每个小组派代表分享自己所获取的信息，学生根据教材提供的信息不难归纳出"$SiO_2$有结晶形和无定形两种存在形式""$SiO_2$可用作装饰品、石英坩埚、光导纤维等"。同时教师利用多媒体展示水晶、玛瑙、沙子等图片，由此学生很自然地分析出$SiO_2$具有"熔点高、硬度大、不溶于水"的物理性质 | 培养学生自主学习的能力和获取、分析信息的能力，为教学奠定基础 |
| （三）类比学习$SiO_2$酸性氧化物的通性 | 从物质分类的角度分析$CO_2$和$SiO_2$属于哪类物质？回忆$CO_2$的性质，尝试推测$SiO_2$的性质 | （1）分别书写$CO_2$和$SiO_2$与水、碱、碱性氧化物反应的化学方程式（水平2）。（2）实验室盛放NaOH溶液的试剂瓶用橡皮塞而不用玻璃塞，你知道为什么吗？（水平3） | 全程把时间交给学生，教师负责引导与纠错，让学生从"类"的角度学习物质的性质，提高迁移应用知识的能力 |
| （四）创设情境，学习$SiO_2$的特性 | 实验室可用玻璃瓶装盐酸、硝酸和硫酸等强酸，却用塑料瓶装氢氟酸，展示图片，引发学生思考，自然引出$SiO_2$的特性反应：$SiO_2+4HF=SiF_4\uparrow+2H_2O$ | （1）玻璃窗上的花纹、量筒上的刻度是如何雕刻的？（水平3）（2）为什么$SiO_2$和$CO_2$的性质会有差异？简单介绍$SiO_2$的正四面体的空间网状结构（水平1） | 深化"结构决定性质，性质决定用途"的学科思维，先学习物质的共性，再学其个性 |
| （五）探究硅酸的制备方法 | 展示生活中的硅胶干燥剂，提出以下问题，并引导学生设计实验，进行验证：（1）硅酸能通过$SiO_2$与水反应制得吗？为什么？（2）能否通过可溶性硅盐（如$Na_2SiO_3$）与酸反应制取硅酸？ | （1）简述实验操作、实验现象与结论。（水平2）（2）书写相关的化学方程式、离子方程式（水平3） | 运用强酸制弱酸的原理进行猜想，使学生体验到将理论运用到实际中的成就感；学生设计、演示实验，激发学习兴趣 |

续　表

| 学习环节 | 师生互动 | 评价活动 | 设计意图 |
|---|---|---|---|
| （六）深入探索 | 引导学生观察并思考为什么久置于空气中的$Na_2SiO_3$溶液会变浑浊，顺利引出实验探究活动；学生设计实验，小组讨论，互评实验方案的可行性，最后分组实验并验证 | 提供以下药品与仪器，请设计实验，比较硅酸和碳酸的酸性强弱。药品：稀盐酸、大理石、$Na_2SiO_3$溶液、饱和$NaHCO_3$溶液。主要仪器：分液漏斗、试管、导气管、双孔橡胶塞。（画出实验装置图，简述实验步骤，预测实验现象、结论及相关方程式）（水平4） | 与高考的考查方式接轨，培养学生的实验设计与探究能力，为元素周期律的学习打下基础 |

## 七、板书设计

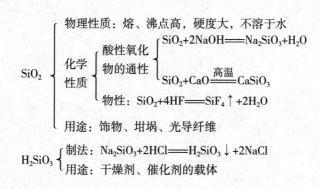

$$SiO_2 \begin{cases} \text{物理性质：熔、沸点高，硬度大，不溶于水} \\ \text{化学性质} \begin{cases} \text{酸性氧化物的通性} \begin{cases} SiO_2+2NaOH=\!=\!=Na_2SiO_3+H_2O \\ SiO_2+CaO \xrightarrow{\text{高温}} CaSiO_3 \end{cases} \\ \text{物性：} SiO_2+4HF=\!=\!=SiF_4\uparrow+2H_2O \end{cases} \\ \text{用途：饰物、坩埚、光导纤维} \end{cases}$$

$$H_2SiO_3 \begin{cases} \text{制法：} Na_2SiO_3+2HCl=\!=\!=H_2SiO_3\downarrow+2NaCl \\ \text{用途：干燥剂、催化剂的载体} \end{cases}$$

## 八、课后评价

1.（水平1）下列物质中能与$SiO_2$起化学反应的是（　　）。

①浓$H_2SO_4$　②$H_2O$　③盐酸　④HF　⑤KOH溶液　⑥氧化钙

A.①②⑥　　　　　　　　　　　　B.②④

C.④⑤⑥　　　　　　　　　　　　D.③④⑤⑥

2.（水平2）加热熔融烧碱时应使用下列哪种坩埚？（　　）

A.石英坩埚　　　　　　　　　　　B.普通玻璃坩埚

C.铁坩埚　　　　　　　　　　　　D.氧化铝坩埚

3.（水平2）能用带磨口玻璃塞的试剂瓶盛放的是（　　）。

A.浓硫酸　　　　　　　　　　　　B.氢氧化钾

C.氢氟酸　　　　　　　　　　　　D.烧碱

4.（水平3）下列说法正确的是（　　　　）。

A. $SiO_2$溶于水显酸性

B. 二氧化硅也叫硅酐

C. $SiO_2$是酸性氧化物，它不溶于任何酸

D. 因高温时$SiO_2$与$Na_2CO_3$反应放出$CO_2$，所以硅酸的酸性比碳酸强

5.（水平3）A是一种天然透明晶体，B是一种常见的无色无味的气体，可使澄清石灰水变浑浊。A不溶于强酸，但能溶于氢氟酸，并生成气体C，A和烧碱溶液反应生成D的水溶液，当气体B通入D的水溶液时，能生成白色胶状沉淀物E，E加热后重新生成A。

（1）写出化学式：A _____ 、B _____ 、C _____ 、D _____ 、E _____ 。

（2）写出有关反应的化学方程式。

**参考答案：**

1. C。

2. C。

3. A。

4. B。

5.（1）$SiO_2$；$CO_2$；$SiF_4$；$Na_2SiO_3$；$H_2SiO_3$。

（2）$SiO_2 + 4HF =\!\!= SiF_4\uparrow + 2H_2O$

$SiO_2 + 2NaOH =\!\!= Na_2SiO_3 + H_2O$

$Na_2SiO_3 + H_2O + CO_2 =\!\!= H_2SiO_3\downarrow + Na_2CO_3$

$H_2SiO_3 \xlongequal{\triangle} SiO_2 + H_2O$

## 九、教学反思

通过这节课的教学设计，再次体会到"兴趣是最大的老师"这句话的深刻含义，教师应该多结合学生已有的生活经验，努力为学生创设轻松愉悦的教学环境，让学生不知不觉喜欢上自己的课堂。

此外，学生的潜力是无限的，教师不需要过于担心学生的实验设计与探究能力薄弱而舍去探究与实践活动，要相信、激励学生，敢于放手让学生主动去获取知识，教师只需要在学生遇到瓶颈的时候稍加引导，真正做到"把课堂还给学生"！

**参考文献:**

[1] 中华人民共和国教育部.普通高中化学课程标准（2017年版）[M].北京：人民教育出版社，2018.

[2] 张艳艳."无机非金属材料的主角——硅"的教学设计及反思[J].中学化学教学参考，2015（1）.

[3] 谢意纯，张志欣，赖鹤鋆."无机非金属材料的主角——硅"的教学设计[J].中学化学教学参考，2015（3）.

[4] 黄毓展，钱扬义，蔡立媚.关于高中化学"二氧化硅和硅酸"三个教学难点的研究述评——基于文献研究和开放式问卷调查的双重视角[J].化学教与学，2017（8）.

# 《氯水的成分探究》教学设计

## （第2课时）

广东省苏洁芳名师工作室　化州市第三中学　黄文

## 一、教学目标

（1）通过掌握氯水的成分，从微观角度认识氯水中的粒子组成，培养学生宏观辨识和微观探析的素养。

（2）根据氯气与水的作用猜想氯水的成分和性质，并通过实验验证猜想，培养学生证据推理和科学探究的素养。

（3）通过掌握$HClO$的性质，掌握新制氯水和久置氯水的区别，培养学生的变化观念。

（4）掌握漂白粉和漂白液漂白作用的原理，了解它们在生产、生活中的应用，培养学生科学态度和社会责任的素养。

## 二、教学重难点

### 1. 教学重点

掌握氯水的成分和性质，$HClO$的性质，新制氯水和久置氯水的区别，漂白粉、漂白液漂白作用的原理。

### 2. 教学难点

探究实验方案的设计。

### 三、内容和学法分析

氯气与水、碱反应是《富集在海水中的元素——氯》一节中的重要内容，第2课时以学生自主探究为主，以教师对主要知识点重点讲解为引导进行教学。

学生根据提供的物品设计实验并进行验证——氯水的成分，证明了新制氯水中含有 $Cl_2$、$HClO$、$H_2O$、$H^+$、$Cl^-$、$ClO^-$、$OH^-$ 等粒子，并在证据推理下确定氯气与水反应的方程式。在探索实验的过程中又引发新的探索（如蓝色石蕊试纸为什么会变白），并让学生自主探究引起物质褪色的原因。以设计实验方案的形式从理论上探究并由学生自由表达自己的设计理念，彼此互相交流、互相质疑。此探究过程能使学生的实践能力和创新能力得到锻炼，使其逻辑思维更加严密。

本节课着重体现化学学习内容的应用性，让学生在旧知识的基础上，面对新问题时，能主动尝试着从化学的角度运用所学知识和方法，寻求解决问题的策略，从而培养学生对化学知识的应用意识。本节内容的设计突出氯水的成分探究，巩固氯离子的检验过程，同时让学生对氯气的氧化性等有更深入的理解。

### 四、学情分析

在本节课之前，学生已经学习了氯气和氯气的性质，初步认识了氯气，了解了氯气的性质，但对于氯气为什么可以用于自来水的消毒，漂白粉和漂白液漂白作用的原理是什么，$HClO$ 有什么性质等内容理解的还是不够深刻。另外，学生对探究实验方案的设计还不熟练，使用实验方法验证猜想的科学探究意识还未形成，也未建立起物质类别和元素价态的类价二维认知模型。但通过氯气性质的学习，学生知道了氯气单质在反应中有化合价降低的趋势，那么氯气单质在反应中有化合价升高的可能吗？这为本节课的学习做了思想铺垫。

### 五、认知障碍分析

学生对物质成分探究感到陌生，特别是对物质微观成分组成、性质等的学习很少接触，对组成复杂的物质的成分和它们之间的联系等有认知困难。

### 六、教学策略

自主学习、实验探究、学生展示、教师点拨、当堂训练。

## 七、教学过程

教学过程概览

| 学习环节 | 师生互动 | 评价活动 | 设计意图 |
|---|---|---|---|
| （一）创设真实的问题情境 | 以视频引入并提问：自来水厂是如何对自来水进行消毒的？生活中的漂白粉、漂白液的漂白作用的原理是怎样的？这与什么物质的性质有关？<br>学生思考问题，明确本节的学习任务 | | 让学生明确本节课的学习任务。通过视觉、听觉感受氯气在生产生活中的应用价值，从而激发学生的学习兴趣和学习的主动性 |
| （二）掌握新制氯水的成分和性质 | 教师：（展示实物）这是实验室我们制得的氯气，请仔细观察它的颜色和状态。<br>引导学生演练实验室闻物质气味的方法，让学生进行氯气的溶解性实验（向装有氯气的集气瓶中加入少量蒸馏水）。<br>学生活动1：学生观察、实验，并归纳整理，小组讨论新制氯水的成分：<br>（1）氯水外观：＿＿＿＿＿＿＿＿<br>＿＿＿＿＿＿＿＿＿＿＿＿＿＿＿＿。<br>（2）新制氯水中可能存在的分子有＿<br>＿＿＿＿＿＿＿＿＿＿＿＿＿＿＿。<br>（3）新制氯水中可能存在的离子有＿<br>＿＿＿＿＿＿＿＿＿＿＿＿＿＿＿。<br>学生活动2：设计实验验证氯水中含有哪些微粒。<br>实验：根据提供的物品，设计实验方案并进行实验。<br>新制氯水（针筒收集氯气）、硝酸银溶液、稀硝酸、饱和$NaHCO_3$溶液、金属镁、蓝色石蕊试纸、集满氯气的集气瓶、稀盐酸、干燥红纸（干燥的有色布条）。填写学案中的相关表格。<br>学生活动3：使试纸褪色的物质是什么？$H^+$、$Cl^-$、$Cl_2$、$HClO$？请设计实验方案并进行验证 | 学习评价1：总结新制氯水的成分和性质。<br>（1）新制氯水的成分（含有哪些离子和分子）。（水平1）<br>（2）新制氯水的性质有哪些？（水平2）<br>（3）设计实验方案（水平4） | 培养学生观察、实验等研究物质性质的能力，让学生体验科学问题探究的一般过程：发现问题—提出推测—实验验证—得出结论—提出新课题。<br><br>培养学生探究实验方案的设计能力、实验操作能力和观察实验现象的能力；小组探究学习、分析和解决问题的思维能力，归纳总结和语言表达能力；培养学生的证据推理与科学探究意识 |

续 表

| 学习环节 | 师生互动 | 评价活动 | 设计意图 |
|---|---|---|---|
| （三）掌握HClO的性质，以及新制氯水和久置氯水的区别 | 活动：通过阅读教材以及观察新制氯水、久置氯水的外观并对其成分进行实验验证，归纳HClO的性质、新制氯水和久置氯水的区别。<br>（1）HClO的性质是什么？<br>（2）新制氯水和久置氯水有什么区别? | 学习评价2：<br>（1）归纳HClO的性质。（水平1）<br>（2）新制氯水和久置氯水的区别是什么？（水平2）<br>（3）完成学案练习题 | 通过阅读教材，培养学生的自主学习能力；通过观察新制氯水、久置氯水的外观和对其成分的实验验证，培养学生的观察能力和总结归纳的能力 |
| （四）漂白粉和漂白液的漂白作用的原理 | 活动：已知$H_2CO_3$的酸性强于HClO，猜想漂白粉和漂白液在使用时漂白作用的原理是什么，写出相关方程式。思考漂白液（粉）的使用与保存方法，如果要加强它们的漂白作用，应如何操作？学生小组讨论并总结归纳 | 学习评价3：<br>（1）总结归纳漂白粉和漂白液的漂白作用的原理。（水平2）<br>（2）漂白液（粉）的使用与保存方法。（水平2）<br>（3）若要加强漂白粉和漂白液的漂白作用，应如何操作？（水平3） | 已知$H_2CO_3$的酸性强于HClO，漂白粉和漂白液与空气中的$CO_2$作用生成的HClO具有漂白作用，强化学生理解"由强制弱"的规律。用乙酸可以加强它们的漂白作用，培养学生由特殊到一般的思维方法，培养学生模型认知的学科核心素养 |
| （五）漂白粉和漂白液的应用 | 活动：通过学习，学生总结归纳生活中常用的漂白剂，对比漂白粉和漂白液的漂白作用有何异同？84消毒液能否与洁厕剂一起使用？ | | 使知识回归生活应用，加深学生对知识的理解和应用 |
| （六）概括提升 | 引导：以物质类别为横坐标，元素化合价为纵坐标，画出Cl元素的类价二维图。<br>学生先独立思考，组内讨论后归纳总结完成 | | 培养学生绘制图表的能力，使学生形成学习元素化合物的模型方法 |

# 八、板书设计

## 《氯水的成分探究》板书设计

一、将氯气通入水中，一部分以分子的形式存在，一部分与水反应

氯水中的微粒有$H_2O$、$Cl_2$、$H^+$、$Cl^-$、HClO，$OH^-$、$ClO^-$。

二、$Cl_2 + H_2O \rightleftharpoons HClO + HCl$

1. HClO是一种强氧化剂。

氯气可使湿润的紫色石蕊溶液先变红后褪色。

氯气可使湿润的有色布条褪色，不能使干燥的布条褪色。

2. HClO不稳定，易分解。$2HClO \xrightarrow{\text{光照}} 2HCl+O_2 \uparrow$

3. 久置氯水实质为盐酸，液氯是氯气的液体形式。

三、漂白粉和漂白液漂白作用的原理

# 九、课后评价

1. 将氯气用软管通入田鼠洞中，可用于消灭田鼠。这是利用了氯气下列性质中的（    ）。

①黄绿色　②密度比空气大　③有毒　④易液化　⑤溶于水

A.①②　　　　　　　B.②③　　　　　　　C.①②③　　　　　　　D.③④⑤

2. 当有大量$Cl_2$逸散到周围空间时，你认为以下措施合理的是（    ）。

① 迅速拨打求救电话

② 迅速撤离人员至地势较高处

③ 迅速撤离人员至下风口

④ 用浸有一定浓度的NaOH溶液的口罩或毛巾捂住鼻口

⑤ 用浸有一定浓度的$Na_2CO_3$溶液的口罩或毛巾捂住鼻口

⑥ 尽可能切断泄漏源（如堵住泄漏口、将其浸入碱液池等）

A.①②④⑥　　　　　　　　　　　　B.①②⑤⑥

C.①③⑤⑥　　　　　　　　　　　　D.①②④⑤⑥

3. 氯气是一种化学性质很活泼的非金属单质，它具有较强的氧化性，下列叙述中不正确的是（    ）。

A. 红热的铜丝在氯气中剧烈燃烧，生成棕色的烟

B. 通常情况下，干燥的氯气能与Fe反应

C. 纯净的$H_2$在$Cl_2$中安静地燃烧，发出苍白色火焰，集气瓶口呈现雾状；$H_2$和$Cl_2$的混合气体光照时，迅速化合而爆炸

D. 氯气能与水、碱反应

4. 制取氯水最好的方法是（    ）。

水
A.

水
B.

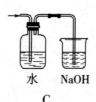
水　　NaOH
C.

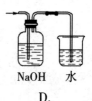
NaOH　　水
D.

5. 下列关于氯水的叙述，正确的是（　　　）。

A. 新制氯水中只含$Cl_2$和水分子

B. 新制氯水可使蓝色石蕊试纸先变红后褪色

C. 光照氯水有气泡冒出，该气体主要是氯气

D. 氯水放置数天后，因氯气逸出而酸性减弱

**参考答案：**

1. B。

2. B。

3. B。

4. C。

5. B。

## 十、教学反思

本节课设计的指导思想为"学为主体，教为主导"。通过任务牵引、问题驱动、活动支持、知识落实，多条线索并进，开展自主学习、合作学习、实践体验和学以致用。设计中突出"发现问题—提出推测—实验验证—得出结论—提出新课题"的实验探究科学思想，注重在真实的问题情境中设置学习探究的内容，使所学知识回归到生活应用中，培养学生的多种能力，使学生形成学习元素化合物的模型方法。教学过程充分体现了培养学生证据推理、科学探究和模型认知等核心素养的思想。

**参考文献：**

[1] 中华人民共和国教育部. 普通高中化学课程标准（2017年版）[M]. 北京：人民教育出版社，2018.

[2] 莘赞梅. 怎么教知识：从系统思考到认识进阶 [M]. 北京：北京教育出版社，2018.

[3] 王益群. 高中化学教·学·评一体化指导 [M]. 广州：广东高等教育出版社，2018.

[4] 杜淑贤. 中学化学真实情境研究与案例 [M]. 上海：上海教育出版社，2019.

# 《离子反应》教学设计

## （第2课时）

广东省苏洁芳名师工作室　信宜市第一中学　谢军雄

## 一、教学目标

（1）通过演示实验和补充实验，借助宏观现象，从微观层面分析了两种溶液混合前后离子的变化，让学生感受到复分解反应的实质就是离子之间的反应，培养学生证据推理、宏观辨识与微观探析的素养。

（2）通过分组实验，分析反应前后离子的变化，理解离子反应的实质，培养学生宏观辨识与微观探析、科学探究与创新意识的素养。

（3）通过阅读思考掌握书写离子方程式的一般步骤和方法，建立书写离子方程式的模型，培养学生模型认知的素养。

## 二、内容和学法分析

离子反应在中学阶段的基本概念和基础理论中占有很重要的地位，贯穿整个元素化合物知识的始终，是高中化学教学的重难点之一。学好这一内容，能正确理解溶液中化学反应的本质，为后面大量的元素化合物知识的学习奠定基础。另外，正确、熟练地书写离子方程式，是学生必须掌握的一项基本技能，也是高考的重要考点。本节课通过实验探究的方法推进课堂教学，使学生在学习的过程中提高科学探究的能力，激发学习化学的兴趣，进一步了解科学探究的意义。

### 三、学情分析

在本节课之前，学生掌握的元素化合物知识不多，对离子这个概念的认识还不够深入，一般都认为复分解反应中所有离子都参与了反应。经过上一节课的学习，学生初步掌握了酸、碱、盐等电解质在水溶液中的电离等知识，在这个基础上通过学生都喜欢的实验探究方式，引导学生通过观察分析实验现象，归纳总结离子反应的实质和离子反应发生的条件。

### 四、认知障碍分析

学生之前对化学反应的认识只停留在整个物质上，一般都认为复分解反应中所有离子都参与了反应。这节课通过几个教材实验和补充实验，使学生突破复分解反应中不一定所有离子都参加了反应这个思维难点。整节课的设计由宏观辨识过渡到微观探析，帮助学生打开了微观世界的大门，带领学生从微观的角度分析离子反应，培养了学生的化学核心素养。

### 五、教学设计

教学过程概览

| 学习环节 | 师生活动 | 评价活动 | 设计意图 |
|---|---|---|---|
| 环节一：探讨复分解反应的实质 ||||
| 演示实验1 | 任务1：同学们在初中已经学过了复分解反应，我们先一起来探讨一下复分解反应的实质是什么。<br>展示内容：<br>演示实验1：向盛有2 mL硫酸钠溶液的试管里加入2 mL氯化钾溶液。<br>教师做演示实验：<br>问：本实验有什么现象？（无明显现象）为什么会没有明显现象？ | 学生活动1：观察演示实验1，在学案上记录实验现象。<br>思考为什么演示实验1没有明显现象 | 演示实验1的主要作用是设疑，让学生思考为什么此实验没有现象，为理解离子反应的实质做铺垫 |
| 演示实验2和补充实验 | 展示内容：<br>演示实验2：向2 mL $CuSO_4$溶液中加入同浓度同体积的$BaCl_2$溶液，观察现象。<br>教师做演示实验：<br>任务2：<br>追问：$Cu^{2+}$、$Cl^-$有没有参加反应，如何证明？ | 观察演示实验2，在学案上记录实验现象。<br>学生活动2：思考老师提出的问题，在小组内讨论后与其他小组交流。 | 理解复分解反应的实质就是离子之间的反应，突破了复分解反应中所有离子都参与了反应这种思维的局限性。 |

续 表

<table>
<tr><th>学习环节</th><th>师生活动</th><th>评价活动</th><th>设计意图</th></tr>
<tr><td colspan="4">环节一：探讨复分解反应的实质</td></tr>
<tr><td>演示实验2和补充实验</td><td>补充实验：<br>（1）静置后分别取少量上层清液置于两支试管，向一支试管中滴加少量硝酸银溶液，观察有何现象。<br>（2）向另一支试管中加少量氢氧化钠溶液，观察有何现象。<br>通过以上实验，你认为是不是所有离子都参加了反应？反应后离子数量发生了什么变化？你认为这个反应的实质是什么？</td><td>观察补充实验的现象，继续完成学案中表格的内容</td><td>这个环节注重化学学科核心素养中证据推理、宏观辨识与微观探析、科学探究与创新意识的培养</td></tr>
<tr><td colspan="4">环节二：探究离子反应发生的条件</td></tr>
<tr><td>学生分组实验</td><td>任务3：<br>展示内容：<br>分组实验1：向盛有2 mL $Na_2SO_4$稀溶液的试管里加入2 mL $BaCl_2$稀溶液。<br>分组实验2：向盛有2 mL NaOH稀溶液的试管里滴加几滴酚酞溶液，再向试管里慢慢滴入稀盐酸，至溶液恰好变色为止。<br>分组实验3：向盛有2 mL $Na_2CO_3$溶液的试管里加入2 mL稀盐酸。
<table>
<tr><th>项目</th><th>分组实验1</th><th>分组实验2</th><th>分组实验3</th></tr>
<tr><td>实验现象</td><td></td><td></td><td></td></tr>
<tr><td>混合前两种溶液中的离子</td><td></td><td></td><td></td></tr>
<tr><td>混合后溶液中的离子</td><td></td><td></td><td></td></tr>
<tr><td>参加反应的离子</td><td></td><td></td><td></td></tr>
<tr><td>化学方程式</td><td></td><td></td><td></td></tr>
</table>
思考与交流：根据以上三个实验的现象和离子变化，总结出离子反应发生的条件。<br>宏观角度：生成沉淀、气体和水。<br>微观角度：离子浓度减小（数量减少）。<br>播放动画：分别播放三个Flash动画，将微观粒子之间的反应宏观化，加深理解</td><td>学生活动3：学生分组完成这三个实验并在学案上填写好表格内容。<br><br>思考、讨论表格内容的填写是否正确，对展示的问题，小组内讨论答案并与其他小组交流，最后总结归纳，做好笔记</td><td>根据补充实验，通过对表格内容的分析，引导学生理解电解质溶液反应的实质是离子间的反应，了解离子反应的定义，加深对离子反应实质的理解。<br><br>写化学方程式，为后面推出离子方程式做铺垫。<br><br>培养化学学科核心素养中的宏观辨识与微观探析、科学探究与创新意识素养</td></tr>
<tr><td colspan="4">环节三：离子方程式的书写方法与意义</td></tr>
<tr><td>分析得出离子方程式</td><td>问题：根据离子反应的实质，如何用化学用语来表达$Na_2SO_4$和$BaCl_2$溶液之间的反应？<br>$Na_2SO_4=2Na^++SO_4^{2-}$<br>$BaCl_2=Ba^{2+}+2Cl^-$<br>$Ba^{2+}+SO_4^{2-}=BaSO_4\downarrow$</td><td>学生根据上述表格内容思考并写出离子方程式</td><td>引导学生分析理解离子方程式的书写方法</td></tr>
</table>

续 表

| 学习环节 | 师生活动 | 评价活动 | 设计意图 |
|---|---|---|---|
| | 环节三：离子方程式的书写方法与意义 | | |
| 讲解离子方程式的书写步骤 建立书写模型 | 任务4：<br>问：书写离子方程式的一般步骤和方法是怎样的？<br>讲解：<br>（1）写：写出化学方程式。<br>（2）拆：把易溶于水、易电离的物质写成离子形式，难溶的物质、气体和水等仍用化学式表示。<br>（3）删：删去方程式两边不参加反应的离子。<br>（4）查：检查方程式两边各元素的原子个数和电荷总数是否相等，离子方程式两边的系数是否为最简比。<br>总结：直接用实际参加反应的离子表示反应的式子就叫离子方程式 | 学生活动4：阅读教材，结合教材介绍的四步法思考、记录，完成学案对应的练习，建立离子方程式书写的模型 | 离子方程式的书写是重难点，是学生必须掌握的一项基本技能。通过这个环节建立书写离子方程式的模型，强化模型认知素养 |
| 总结离子方程式的意义 | 任务5：<br>提问：通过学案我们可以发现这几个反应的反应物各不相同，但是它们的离子方程式一样。那么离子方程式所代表的意义是什么呢？<br>离子反应所代表的意义：<br>（1）表示一个具体的化学反应。<br>（2）表示同一类型的离子反应 | 学生活动5：从中我们可以总结出，离子方程式不仅可以表示一个具体的化学反应，而且还可以表示同一类型的离子反应 | 练习→观察→思考→讨论→归纳总结→得出结论 |
| | 环节四：归纳总结 | | |
| 总结 | 任务6：通过这节课的学习，你对以前所学的复分解反应有了哪些新的认识？以后如何分析离子反应？<br>（1）定义：有离子参加或有离子生成的反应。<br>（2）离子反应的本质：离子数目发生变化。<br>（3）复分解型离子反应发生的条件：<br>①有难溶物生成；<br>②有难电离物质生成；<br>③有挥发性物质生成 | 学生活动6：回想、思考、总结归纳、记录 | 进一步巩固本节课学习的重要知识，形成从微观角度去分析离子反应的思路，培养学生归纳、概括的能力 |

## 六、板书设计

### 《离子反应》板书设计

1. 定义：有离子参加或有离子生成的反应。

2. 离子反应的本质：离子数目发生变化。

3. 复分解型离子反应发生的条件：

①有难溶物生成；②有难电离物质生成；③有挥发性物质生成。

4. 离子方程式的书写。

5. 离子方程式的意义。

## 七、课后评价

1.（水平2）下列各组离子能在溶液中大量共存的是（　　　）。

A. $Na^+$、$Mg^{2+}$、$Cl^-$、$OH^-$ 　　　　　　　　B. $H^+$、$Ca^{2+}$、$CO_3^{2-}$、$NO_3^-$

C. $Cu^{2+}$、$K^+$、$SO_4^{2-}$、$NO_3^-$ 　　　　　　　D. $Na^+$、$HCO_3^-$、$K^+$、$H^+$

2.（水平2）下列离子方程式中正确的是（　　　）。

A. 稀$H_2SO_4$与$Ba(OH)_2$溶液反应：$Ba^{2+}+OH^-+H^++SO_4^{2-}=BaSO_4\downarrow+H_2O$

B. $CH_3COOH$溶液与$NaOH$溶液反应：$H^++OH^-=H_2O$

C. 铁与稀硫酸反应：$Fe+2H^+=Fe^{2+}+H_2\uparrow$

D. 稀硫酸与氢氧化铜溶液反应：$H^++OH^-=H_2O$

3.（水平3）对于下面四组物质，能发生反应的，写出发生反应的化学方程式；属于离子反应的，写出离子方程式；不能发生反应的，说明原因。

（1）硫酸铜溶液和氢氧化钡溶液。

（2）铝片与硫酸铜溶液。

（3）稀盐酸与碳酸钙。

（4）硝酸钠溶液与氯化钾溶液。

4.（水平2）分别写出一个符合下列离子方程式的化学方程式。

（1）$Ba^{2+}+SO_4^{2-}=BaSO_4\downarrow$

（2）$Ag^++Cl^-=AgCl\downarrow$

（3）$CO_3^{2-}+2H^+=CO_2\uparrow+H_2O$

5.（水平3）从稀盐酸、$Ba(OH)_2$溶液、$Zn$和$CuSO_4$溶液中选出适当的物质，写出能实现下列要求的反应的离子方程式。

（1）实验室制取$H_2$的反应。

（2）金属与盐的置换反应。

（3）酸与碱的中和反应。

（4）生成沉淀的复分解反应。

**参考答案：**

1. C。

2. C。

3. （1）$CuSO_4+Ba(OH)_2 = BaSO_4\downarrow +Cu(OH)_2\downarrow$

$Cu^{2+}+SO_4^{2-}+Ba^{2+}+2OH^- = BaSO_4\downarrow +Cu(OH)_2\downarrow$

（2）$2Al+3CuSO_4 = Al_2(SO)_3+3Cu$　　　$2Al+3Cu^{2+} = 2Al^{3+}+3Cu$

（3）$2HCl+CaCO_3 = CaCl_2+CO_2\uparrow +H_2O$　　$2H^++CaCO_3 = Ca^{2+}+CO_2\uparrow +H_2O$

（4）没有沉淀、气体、水等物质生成。

4. （1）$BaCl_2+Na_2SO_4 = BaSO_4\downarrow +2NaCl$

（2）$AgNO_3+NaCl = AgCl\downarrow +NaNO_3$

（3）$Na_2CO_3+2HCl = 2NaCl+CO_2\uparrow +H_2O$

5. （1）$Zn+2H^+ = Zn^{2+}+H_2\uparrow$

（2）$Zn+Cu^{2+} = Zn^{2+}+Cu$

（3）$H^++OH^- = H_2O$

（4）$Ba^{2+}+2OH^-+Cu^{2+}+SO_4^{2-} = BaSO_4\downarrow +Cu(OH)_2\downarrow$

## 八、教学反思

离子反应在高中化学中占有重要地位，这节课除了要落实知识目标外，还需要渗透化学学科核心素养，如证据推理、模型认知、宏观辨识与微观探析、科学探究与创新意识等，这些核心素养在这节课里面都有很好的素材可以落实，整节课的设计也充分考虑到这两大方面，教师在上课的时候必须思路清晰，时刻提醒自己要注意这两方面的内容。

上课过程中，因为有教师演示实验和学生分组实验，有学生讨论环节，有学生展示反馈环节，课堂时间不容易掌控。如果要掌控好课堂时间，在上课前必须做好各项准备工作，包括准备好实验物品，让学生做好充分的预习，填写好学案的相关内容。在讨论反馈环节，需要应对学生提出的各种问题并及时给出准确的指引。

因为课堂时间比较紧，课堂上的练习有限，课后还需要通过一定量的练习巩固所学知识，特别是如果要熟练地书写离子方程式，在往后的教学中还需要不断加强训练才能熟能生巧。

**参考文献：**

［1］中华人民共和国教育部.普通高中化学课程标准（2017年版）［M］.北京：人民教育出版社，2018.

［2］毕华林，万延岚.化学基本观念：内涵分析与教学建构［J］.课程·教材·教法，2014，34（4）.

［3］何彩霞.以化学观念为统领设计教学活动——对"弱电解质的电离"教学课例的再研究［J］.化学教育，2013（1）.

［4］何彩霞，张琦，王钦忠.促进学生认识角度转变的化学教学——以高中必修1"离子反应"教学为例［J］.教学仪器与实验，2014，30（1）.

# 《金属钠》教学设计

## （第1课时）

广东省苏洁芳名师工作室　茂名市第一中学　简云娟

## 一、教学目标

（1）通过类比其他金属和原子结构示意图的书写，尝试从类别认识的角度推断钠的化学性质，培养微观探析和变化观念的素养。

（2）通过钠的保存方法以及观察钠与氧气、水、硫酸铜溶液的反应的相关实验现象掌握钠的物理性质和化学性质，培养学生的证据推理和模型认知素养。

（3）通过用氧化还原反应、离子反应的观点解释钠的化学性质，并能用化学符号表征，培养学生的证据推理和模型认知素养。

（4）通过对钠与水反应的产物进行检验，培养学生的科学探究素养。

（5）通过对钠与硫酸铜溶液的反应现象的分析，形成钠与盐溶液反应的规律，培养学生的证据推理和模型认知素养。

## 二、教学重难点

### 1. 教学重点

理解钠的化学性质，能从氧化还原和离子反应的角度认识钠的化学性质，形成认知模型，做到举一反三。

### 2. 教学难点

掌握钠与氧气、水和硫酸铜溶液的微观表征和反应机理。

## 三、内容和学法分析

金属钠是高中化学必修课程中的核心内容之一，是高中一年级的重点内容，既是学生在初中所学金属知识的深化，又渗透了学生前面所学的氧化还原、离子反应等知识。新课程标准要求"根据生产生活中的应用实例或通过实验探究，掌握金属单质的性质是金属元素性质的反映，是了解金属化合物性质的基础。钠及其重要化合物是重点内容之一，通过对钠的性质及其重要化合物的学习，可以为学习其他几种重要金属单质及其化合物知识奠定理论基础和方法基础，故本知识点具有承上启下的作用"。

## 四、学情分析

学生在日常生活中经常使用和接触各种各样的金属，对金属的性质有初步的了解；会使用金属活动性顺序表分析、预见金属的性质；经历过研究物质的基本程序，具有初步的实验探究能力；感受过实验条件控制在化学研究中的作用，能够与同伴进行良好的合作，对科学探究活动充满兴趣。

## 五、认知障碍分析

（1）学生对钠的原子结构有了一定的认知，但还没有形成系统的认知模型，通过学习培养学生的宏观辨析与微观探析素养。

（2）在学习化学性质的过程中，认识、总结金属钠的物理性质，体现知识的生成性。

（3）对于在学习金属钠的化学性质时的小组合作实验、记录分析实验现象等学生还是很有兴趣的，也能普遍接受，学习难点在微观分析上，旨在复习离子反应和氧化还原知识，是能力的提升。

（4）钠与盐的反应的特殊性也是学生学习的一个难点。

## 六、教学过程

教学过程概览

| 学习环节 | 师生互动 | 评价活动 | 设计意图 |
|---|---|---|---|
| 学习任务1：温故知新，复习金属的化学性质 | （1）用化学方程式表征课本46页图3-2的化学反应。<br>（2）总结金属与哪些物质反应 | 完成方程式。（水平1）<br>从类别方面总结金属与哪些物质反应（水平2） | 引导学生学会知识迁移，运用分类思想学习物质的性质，形成类别观（宏观辨识） |

续 表

| 学习环节 | 师生互动 | 评价活动 | 设计意图 |
|---|---|---|---|
| 学习任务2：钠的结构 | （1）书写钠原子的结构示意图。<br>（2）猜想钠的化学性质 | （1）画出钠原子的结构示意图。<br>（2）根据结构和化合价预测钠的性质。（水平1）<br>结论：钠在反应中容易失去电子，常做还原剂 | 理解物质的结构和性质的关系，形成结构决定性质的学习方法（微观探析素养） |
| 学习任务3：钠的保存方法 | 展示一瓶金属钠：<br>钠如何保存，为什么？ | 说出金属钠保存在煤油中的原因，预想金属钠的化学性质 | 通过钠的保存方法使学生了解钠的部分物理性质，同时自然引出金属钠与氧气和水的反应 |
| 学习任务4：钠与氧气的反应 | 实验探究3-1、3-2：<br>（1）切割钠并观察钠切面的变化。<br>（2）观察钠与氧气在加热条件下的反应。<br>（3）氧化钠和过氧化钠中阳离子和阴离子的数目比是多少？ | （1）观察并记录实验现象。<br>（2）用化学符号表征化学反应，用单线桥标出电子转移的方向和数目。（水平3）<br>（3）认识过氧化钠的结构（水平1） | 分别从宏观和微观视角掌握金属钠与氧气的反应，培养学生宏观辨识素养和实验探究素养 |
| 学习任务5：钠与水的反应 | （1）钠与水反应生成什么？用什么方法证明？<br>（2）观察实验现象，分析产物，还有什么方法证明生成的气体？<br>实验探究：以小组为单位探究钠与水的反应，向一只盛有水的烧杯中滴加几滴酚酞试液，然后切一小块金属钠投入烧杯中，观察并记录实验现象。<br>（3）微课总结实验现象 | （1）用化学符号表征钠与水的化学反应。（水平2）<br>（2）把化学反应方程式改写成离子方程式。（水平2）<br>（3）用单线桥标出电子转移的方向和数目，写出还原剂和氧化剂（水平4） | 在学习新知识的同时对旧知识进行深入理解和巩固，通过实验现象的观察和产物的分析验证，培养学生证据推理和模型认知的素养 |
| 学习任务6：钠与酸的反应 | （1）预测一下钠与酸反应的现象。<br>（2）书写反应的方程式（以盐酸为例） | 直接和酸反应，酸不够再和水反应，书写反应的化学方程式 | 从微观分析 |
| 学习任务7：钠与硫酸铜溶液的反应 | 思考：<br>（1）铁与硫酸铜溶液的反应现象是什么？<br>（2）钠与硫酸铜溶液呢？<br>演示实验：钠与硫酸铜溶液反应 | （1）观察实验现象。<br>（2）用化学符号表征钠与硫酸铜溶液的化学反应 | （引出矛盾：很多学生会错误地认为钠会置换出铜，引发学生探究的欲望）关注实验现象出现的原因，培养学生实验探究和证据推理的能力，使学生形成认知模型 |

续 表

| 学习环节 | 师生互动 | 评价活动 | 设计意图 |
|---|---|---|---|
| 拓展 | 把钠放入氯化铁溶液中会有什么现象？发生什么反应？ | 通过知识迁移写出化学方程式 | 对认知模型应用的提升 |
| 学习任务8：钠的物理性质 | 钠的物理性质有哪些？ | 学生总结钠的物理性质（水平1） | 知识自然生成 |
| 学习任务9：课堂总结反思 | （1）让学生总结钠的有关知识结构、性质。<br>（2）微课总结钠的学习方法 | 学生总结（水平4） | 对元素化合物的知识形成结构—性质—结构认知模型 |

## 七、板书设计

《金属钠》板书设计

一、金属钠

1. 钠的结构。

2. 钠的保存方法。

3. 钠的化学性质：

（1）钠与氧气反应。

（2）钠与水反应。

（3）钠与酸反应。

（4）钠与盐溶液反应。

二、课堂小结

## 八、课后评价

1.（水平1）钠与水反应时产生的现象包括（　　　）。

①钠浮在水面上　②钠沉在水底　③钠熔成小球　④小球迅速游动逐渐减小，最后消失　⑤发出嘶嘶的声音　⑥滴入酚酞后溶液显红色

A.①②③④⑤　　　　　　　　　　　B.全部

C.①②③⑤⑥　　　　　　　　　　　D.①③④⑤⑥

2.（水平1）取一小块金属钠，放在燃烧匙里加热，下列实验现象描述正确的是（　　　）。

①金属钠先熔化　②在空气中燃烧，放出黄色火花　③燃烧后得到白色固体　④燃烧时火焰为黄色　⑤燃烧后生成浅黄色的固体物质

A.①② 　　　　　B.①②③ 　　　　C.①④⑤ 　　　　D.④⑤

3.（水平3）钠与水反应的离子方程式是（　　　　）。

A. $2Na+3H^+\!\!=\!\!\!=\!\!2Na^++H_2\uparrow$ 　　　　　B. $Na+H_2O\!\!=\!\!\!=\!\!Na^++OH^-+H_2\uparrow$

C. $2Na+2H_2O\!\!=\!\!\!=\!\!2Na^++2OH^-+H_2\uparrow$ 　　　　D. $2Na+2H_2O\!\!=\!\!\!=\!\!2Na^++O_2\uparrow+2H_2\uparrow$

4.（水平3）下列说法不正确的是（　　　　）。

A. 金属钠着火时，用细沙覆盖灭火

B. 钠的化学性质比镁活泼，故用Na与$MgCl_2$溶液反应制取金属镁

C. 金属钠与氧气反应，条件不同，产物不同

D. 9.2 g金属钠与足量水反应，反应过程中有0.4 mol电子转移

5.（水平2）下列金属单质中，能从$CuSO_4$溶液中置换出铜的是（　　　　）。

A. 汞 　　　　　B. 银 　　　　　C. 钠 　　　　　D.铁

参考答案：

1. D。

2. C。

3. C。

4. B。

5. D。

# 九、教学反思

本节课主要采用分组实验等多种教学方法进行教学，比较注重培养学生的化学核心素养，并在实验探究的过程中培养学生的科学探究能力和创新意识。整节课比较体现学生的主体地位和讲练结合的教学方法。同时要注意的是，钠的性质太活泼，为实验安全考虑，在实验准备中先将金属钠切成小块。

**参考文献：**

［1］中华人民共和国教育部.普通高中化学课程标准（2017年版）［M］.北京：人民教育出版社，2018.

［2］任美亚.探究化学实验教学的创新与策略［J］.中学化学教学参考，2018（1）.

［3］朱瑞瑾.化学实验下学生化学核心素养的培养策略探析［J］.中国校外教育，2017（10）.

［4］仇建."金属的化学性质"（第1课时）教学新设计［J］.中学课程资源，2014（7）：48-49.

# 《铝的重要化合物》教学设计

## （第1课时）

*广东省苏洁芳名师工作室　茂名市第一中学　林菁菁*

## 一、教学目标

（1）通过观察氧化铝及了解其用途，掌握氧化铝及氢氧化铝的主要物理性质，培养宏观辨识素养。

（2）实验探究氧化铝的化学性质及氢氧化铝的制备方法和化学性质，并能写出对应的化学方程式和离子方程式。

（3）通过氧化铝和氢氧化铝与酸、碱之间的反应，理解两性氧化物和两性氢氧化物的概念。

（4）利用已有知识对物质进行分类，培养学生的宏观辨识和微观探析能力，以及发展证据推理素养。

（5）通过设计实验方案，小组合作实验探究，验证猜想，培养实验探究与创新意识的素养。

（6）通过铝及其化合物思维导图的绘制，构建铝及其化合物之间转化的关系，发展认知，为其他元素化合物的学习提供思路，培养模型认知素养。

（7）通过问题情境的渗透及化合物在生活中的应用，提高科学态度与社会责任的学科核心素养。

## 二、教学重难点

### 1. 教学重点

氧化铝和氢氧化铝的化学性质。

### 2. 教学难点

绘制思维导图，构建铝及其化合物之间转化的关系。

## 三、内容和学法分析

铝及其化合物是元素化合物体系中的重要内容之一，通过对铝的化合物的学习，进一步巩固学生的物质分类思想，为以后的元素化合物的学习提供思维模式，并为元素周期律的学习奠定基础。为了更好地落实核心素养的培养，整节课由问题情境引发一系列问题，让学生利用已学的知识去解决问题，让学生在掌握知识的过程中发现新的问题，继续进行深层次的学习，从而获得新的知识和方法。本节内容的实验操作简单，但实验现象与学生原有的知识相冲突，有利于激发学生强烈的求知欲，分组合作的实验探究过程还有利于培养学生证据推理、科学探究与创新的能力。

## 四、学情分析

学生在初中已掌握金属氧化物、氢氧化物、盐等知识，同时经过前面的钠及其化合物的学习，学生初步掌握了学习元素化合物的方法，同时能对物质进行简单的分类，具有基本的探究实验能力。但学生实验探究的能力还有待提高，类比、预测、应用迁移能力不足。

## 五、认知障碍分析

在探究氢氧化铝的制备时，学生会疑惑：$Al^{3+}$和$OH^-$结合可形成$Al(OH)_3$，但是为什么不能用氢氧化钠制备氢氧化铝？为了解决问题，可引导学生进行实验探究，让学生在猜想、验证、类比、假设的过程中，理解氢氧化铝的两性，从两性氢氧化物的概念出发，使学生认识到它具有酸的性质，因此能与强碱反应。

## 六、教学过程

教学过程概览

| 学习环节 | | 师生互动 | 评价活动 | 设计意图 |
|---|---|---|---|---|
| | 1. 氧化铝的物理性质 | 观看关于氧化铝的微课视频 | 总结氧化铝的用途及物理性质（水平1） | 引导学生关注铝的化合物的社会价值，有利于学生提高科学态度与社会责任感 |
| （一）氧化铝的性质 | 2. 氧化铝的化学性质 | （1）回顾酸性氧化物和碱性氧化物的概念，并对 $CO_2$、$Na_2O$、$SO_2$、$Al_2O_3$ 进行分类。<br>（2）结合铝制餐具不宜长期盛放酸性或者碱性食物的生活情境对氧化铝的类别进行进一步的猜测 | 预测氧化铝的化学性质（水平2） | 利用生活情境导入新知，使学生对氧化铝的化学性质产生强烈的好奇心。同时从物质类别的角度预测氧化铝的化学性质，形成证据推理意识 |
| | | 小组合作设计实验方案，探究氧化铝分别与酸和碱反应的现象 | 由 $Al_2O_3$ 既能与酸反应又能与碱反应，总结氧化铝的化学性质，分别写出对应的化学方程式和离子方程式。（水平2）<br>总结两性氧化物的概念（水平2） | 根据实验探究验证猜想，有利于科学探究与创新素养的培养 |
| （二）氢氧化铝的制备 | | （1）交流讨论：碱性氧化物 $Na_2O$ 的水化物是碱；酸性氧化物 $CO_2$ 的水化物是酸，预测氧化铝的水化物氢氧化铝的酸碱性。<br>（2）从氢氧化铝作为氢氧化物出发，制定制备氢氧化铝的最佳实验方案 | 预测氢氧化铝的酸碱性。（水平2）<br>根据提供的药品，设计实验方案，并进行实验。（水平3）<br>根据实验现象，总结制备氢氧化铝的最佳方案。（水平2）<br>写出对应的化学方程式及离子方程式（水平2） | 实验探究环节有利于培养学生科学探究与创新意识的学科核心素养 |
| （三）氢氧化铝的性质 | 1. 氢氧化铝的物理性质 | 思考交流：根据制备的氢氧化铝，描述其物理性质 | 总结氢氧化铝的物理性质（水平1） | 通过对实物的观察，加深对氢氧化铝物理性质的认识 |
| | 2. 氢氧化铝的化学性质 | （1）交流讨论：氢氧化铝可以做胃药及根据制备氢氧化铝的实验，可以总结氢氧化铝的哪些化学性质。 | （1）总结氢氧化铝既可以与酸反应，还可以与强碱反应，并写出对应的化学方程式和离子方程式。（水平2） | 通过掌握氢氧化铝的化学性质，使学生理解两性氢氧化物的概念，完善物质分类体系，逐渐 |

续 表

| 学习环节 | | 师生互动 | 评价活动 | 设计意图 |
|---|---|---|---|---|
| （三）氢氧化铝的性质 | 2. 氢氧化铝的化学性质 | 拓展：写出硫酸铝和过量氢氧化钠反应的离子方程式及化学方程式。<br>（2）由氢氧化铝的用途推测其化学性质。<br>拓展：哪些金属氢氧化物热稳定性差？有何规律？ | （2）根据氢氧化铝的化学性质，引出两性氢氧化物的概念。（水平2）<br>写出化学方程式及离子方程式。（水平3）<br>（3）由氢氧化铝的化学性质总结氢氧化物受热易分解的规律（水平3） | 形成由特殊到一般的归纳方法并应用到化学的学习中 |
| （四）总结升华，巩固提高 | | 绘制体现铝及其重要化合物之间转化关系的思维导图 | 小组合作绘制并分享成果（水平3） | 思维导图的绘制可以清晰明了地呈现铝及其化合物之间的转化关系，小组合作交流，提高学习效率和合作意识 |

# 七、板书设计

## 《铝及其化合物》板书设计

一、氧化铝的物理性质

二、氧化铝的化学性质

1. 与酸反应：$Al_2O_3+6H^+\!=\!=\!2Al^{3+}+3H_2O$

2. 与碱反应：$Al_2O_3+2OH^-\!=\!=\!2AlO_2^-+H_2O$

三、氢氧化铝的化学性质

1. 制备方法：$Al^{3+}+3NH_3 \cdot H_2O\!=\!=\!Al（OH）_3\downarrow+3NH_4^+$

2. 与酸反应：$Al（OH）_3+3H^+\!=\!=\!2Al^{3+}+3H_2O$

3. 与碱反应：$Al（OH）_3+OH^-\!=\!=\!AlO_2^-+2H_2O$

4. 受热易分解：$2Al（OH）_3\overset{\triangle}{=\!=\!=}Al_2O_3+3H_2O$

四、铝及其化合物之间的转化

# 八、课后评价

1.（水平1）下列关于$Al_2O_3$的说法不正确的是（　　　）。

A. 可制耐火材料

B. 铝制品耐用的原因是表面被氧化为$Al_2O_3$

C. $Al_2O_3$易溶于氨水

D. $Al_2O_3$易溶于KOH溶液

2.（水平1）在实验室里要使$AlCl_3$溶液中的$Al^{3+}$全部沉淀出来，应选用下列试剂中的（      ）。

A. 石灰水　　　　　　B. 氢氧化钠溶液　　　　C. 硫酸　　　　　　D. 氨水

3.（水平2）下列既能跟盐酸反应，又能跟氢氧化钠溶液反应的物质是（      ）。

①$Al_2O_3$　②MgO　③$NaHCO_3$　④Al（OH）$_3$

A. ①②③　　　　　　B. ①②④　　　　　　C. ①③④　　　　　　D. ②③④

4.（水平2）向明矾水溶液中滴加过量氨水，现象是_____，反应的离子方程式为_____，再向其中加入过量NaOH溶液，反应现象是_____，反应的离子方程式为_____。

5.（水平3）已知X是某金属单质，X、A、B、C含同一种元素，可发生如下转化：

（1）写出下列物质的化学式：X:_____；A:_____；B:_____；C:_____。

（2）写出以下反应的离子方程式：

② _____；

④ _____。

**参考答案：**

1. C。

2. D。

3. C。

4. 生成白色胶状沉淀；$Al^{3+}+3NH_3·H_2O$══$Al（OH）_3↓+3NH_4^+$；白色胶状沉淀物溶解，溶液变澄清；$Al（OH）_3+OH^-$══$AlO_2^-+2H_2O$。

5.（1）Al；$Al_2O_3$；$NaAlO_2$；$AlCl_3$

（2）$2Al+2OH^-+2H_2O$══$2AlO_2^-+3H_2↑$；$Al_2O_3+2OH^-$══$2AlO_2^-+H_2O$

## 九、教学反思

本节内容主要是带领学生学习氧化铝和氢氧化铝的性质，其中氧化铝和氢氧化铝的性质是本节课的重点内容。为了突破重难点，主要以问题情境提出问题，学生根据已有知识以及物质分类思想进行猜想，小组合作交流制订计划、收集证据、解释结论、交流评价。教学过程中努力促进学生对化学学科价值的认同，侧重培养学生自主探究和自主体验意识，发展学生科学探究与创新意识的学科核心素养。从教学结果的反馈中发现以下问题：部分学生的离子反应的书写还有待提高；金属氧化物与碱性氧化物、非金属氧化物与酸性氧化物之间的概念容易混淆；学生在设计对比实验时，容易忽略控制变量法的应用；最后一个环节耗时较多，可以布置为作业让学生课后完成。

**参考文献：**

［1］中华人民共和国教育部.普通高中化学课程标准（2017年版）［M］.北京：人民教育出版社，2018.

［2］欧阳芬.课堂教学能力培养与提升［M］.北京：华龄出版社，2005.

［3］夏征农.辞海［M］.上海：上海教育出版社，2000.

［4］周业虹，王晶.素养为本的化学教学设计——以"铝及其化合物"为例［J］.化学教学，2018（12）.

［5］何彩霞.引导学生从元素视角认识物质及其转化——"以金属及其化合物"教学为例［J］.化学教学，2013（9）.

# 《化学反应速率及影响因素》教学设计

*广东省苏洁芳名师工作室　茂名市第一中学　邓金凤*

## 一、教学目标

本节课主要通过探究性的学习培养学生的科学探究能力和创新意识。

（1）结合生活实例引入新知（化学反应速率及影响因素），让学生能够结合生活实例得到简单的猜测（哪些因素会影响化学反应速率和规律），从生活中发现问题，学习化学知识，并能归纳结论。

（2）通过控制变量、对照实验的设计，实验探究各个因素（温度、浓度、催化剂）对化学反应速率的影响，培养学生科学探究与创新意识的学科素养。

（3）运用所学的知识解决相关的化学问题和解释生活现象，培养学生从生活中来，运用到生活和生产中去的科学态度和社会责任。

（4）面对实验中出现的"异常"现象，提出思考和改正，进一步提高学生的科学探究能力。

## 二、教学重难点

### 1. 教学重点

影响化学反应速率的因素；通过实验探究，培养学生的科学态度、科学探究能力与创新意识。

### 2. 教学难点

设计及进行实验，验证影响化学反应速率的因素；通过实验探究，培养学生的科学态度、科学探究能与创新意识。

## 三、教学分析

### 1. 教材分析

《化学反应速率和限度》是人教版高中化学必修2的教学内容，主要学习化学反应速率的概念、影响化学反应速率的因素，了解控制反应条件在生产、生活和科学研究中的作用。本节内容是对前两节内容的拓展和延伸。通过对本节内容的学习，让学生对化学反应特征的认识更深入、更全面，在头脑中建立起一个有关化学反应与能量的完整而又合理的知识体系。本节内容是之后学习化学反应限度概念的基础。而了解各因素对反应速率的影响对我们解决日常生活和生产中的问题具有重大意义。

### 2. 学情分析

学生经过初三和高一第一学期对化学的学习，有了一定的化学知识基础，而元素和元素周期表的学习涉及大量的实验设计、实验操作、实验现象描述，因此学生对探究式研究有一定的基础。本节课贴近生活，只要留意生活，就可以发现其中的某些因素对化学反应速率的影响。但是学生思考问题不够全面，设计一个实验及表征出来的能力还有欠缺，实验动手能力不足，都需要在课堂中进行引导和指正，但学生又对实验好奇，所以在课堂上需要提点和稍微约束一下学生。影响反应速率的因素很多，学生比较难想到控制变量法，还有在设计实验时怎样落实控制变量对于学生来说也是一个难点，需要引导学生，让学生根据例子模仿着表达出来。

## 四、内容和学法分析

本节课采用"化学实验科学探究模板"引导学生进行实验探究，通过情境创设、生活实例，提出问题，切入解决问题，将科学探究的方法设计成框架。以化学实验为切入点进行实践，使学生体验提出问题—猜想和假设—收集证据—验证假设—得到结论的科学探究过程。本课采用问题教学法，用层层递进的问题来启发学生的思维，驱动学生的学习进程。学生在学习过程中，运用小组讨论合作、对比实验、实验探究等方法提高自主学习和科学探究的能力。

## 五、教学过程

教学过程概览

| 学习环节 | | 师生互动 | 学生活动 | 评价活动 | 设计意图 |
|---|---|---|---|---|---|
| 目标（一）：化学反应速率的概念与计算 | 导入新课 | （1）展示日常知道的化学反应快慢的图片：炸弹爆炸、石钟乳形成、牛奶变质、钢铁生锈。化学反应有快也有慢，如何定量描述化学反应的快慢？ | 学生通过观察图片和物理知识，得到化学反应速率的公式等概念 | | 引入化学反应速率，从变量到定量进行描述 |
| | 推进新课 | （2）参考物理速率的表示，化学反应速率又可以如何描述呢？ | | | |
| | 从概念到应用 | 例1：在某一化学反应中，反应物B的浓度在5s内从2.0 mol·$L^{-1}$变成0.5 mol·$L^{-1}$，在这5s内B的化学反应速率为_____。<br>课堂练习：<br>例2：一个5L的容器中，盛入8.0 mol某气体反应物，5 min后，测得这种气体反应物还剩余6.8 mol，这种反应物的化学反应速率为_____。<br>例3：已知反应$3H_2+N_2 \rightleftharpoons 2NH_3$，向1L密闭容器中充入氮气和氢气各1 mol，2 min后，测定氨气有0.4 mol，求$v$（$H_2$）、$v$（$N_2$）、$v$（$NH_3$）及它们之间的关系。<br>结论：同一反应中，化学反应速率之比等于化学计量数之比 | 学生通过简单的计算，掌握反应速率的计算。<br><br>在计算中分析，得到反应速率之比等于化学计量数之比 | 从概念到应用，通过公式计算反应速率的大小。（水平1）<br><br>能通过定量的计算推出合理的结论（水平3） | 培养归纳总结的能力、运用知识解决问题的能力 |
| 目标（二）：影响化学反应速率的因素 | 情境导入 | （1）（看图片）牛角椰丝（面包、蛋糕）的保质期为3天、牛奶的保质期为8个月、碳酸氢钠注射液的保质期为2年。<br>提出问题：猜想一下这些保质期是如何测出来的？如何在更短的时间测出它们的保质期？<br>（2）根据生活现象和已有的知识，说说有哪些因素影响该化学反应的速率 | 学生通过图片和生活经历，猜想影响化学反应速率的因素：反应物本身的性质、温度、浓度、催化剂、接触表面积等 | 学生从宏观角度收集证据，依据证据分析问题，推出合理的结论（水平2） | 从生活中的现象入手，为解决生活中的问题学习化学知识 |
| | 实验模型设计及模仿 | （1）利用给出的仪器、药品设计实验，探究浓度对化学反应速率的影响。<br>30%$H_2O_2$溶液、15%$H_2O_2$溶液、5%$H_2O_2$溶液、常温水、热水、$MnO_2$粉末、$FeCl_3$溶液、铁块、铁粉、稀盐酸、试管、烧杯。<br>引导：①某一因素对反应速率产生影响时要注意什么？<br>②通过哪些实验现象能判断化学反应的快慢？ | 学生回答：看气泡冒出的速度、溶液颜色的变化、生成沉淀的速度、固体质量的变化等。 | 控制变量、对照实验的设计，实验探究浓度对化学反应速率的影响。（水平3） | 控制变量。<br>通过对照实验的设计，培养学生模仿设计实验的科学探究能力和创新意识 |

| 学习环节 | | 师生互动 | 学生活动 | 评价活动 | 设计意图 |
|---|---|---|---|---|---|
| 目标（二）：影响化学反应速率的因素 | 实验模型设计及模仿 | （2）根据上面的设计思路利用给出的仪器、药品设计实验，探究温度、接触表面积和催化剂对化学反应速率的影响。<br>30%$H_2O_2$溶液、15%$H_2O_2$溶液、5%$H_2O_2$溶液、常温水、热水、$MnO_2$粉末、$FeCl_3$溶液；铁块、铁粉、稀盐酸、试管、烧杯。<br>（教师针对学生不知如何表达设计的问题，与学生一起分析温度因素的实验设计和表达方式，让学生模仿。）<br>（对学生的设计实验方案进行点评，让学生更加完善自己的思维） | 学生根据给出的试剂设计实验。<br><br>模仿例子设计实验。<br><br>完善自己的实验方案 | 控制变量。通过对照实验的设计，实验探究温度、接触表面积和催化剂对化学反应速率的影响，并对在实验过程中的问题进行改进（水平4） | |
| | | 进行实验：提点学生规范实验操作 | 进行实验 | | |
| | 生活总结 | （3）在实验室进行化学反应的实验时，常常把一些固体物质溶于水配成溶液后再进行反应，为什么？<br>（4）实验室制取氢气时，是用粗锌快（有杂质）还是用纯锌快，为什么？ | 物质的状态<br><br>原电池 | 对实验现象做出解释，得到结论（水平2） | 通过更多的例子补充更多的影响反应速率的因素 |
| | 应用 | 回归问题：如何在更短的时间内测出它们的保质期？你有什么办法？ | | | |
| 课堂评价 | | 1. 反应4A（s）+3B（g）══2C（g）+D（g），经过2分钟，B的浓度减少0.6 mol·$L^{-1}$。下列叙述正确的是（ ）。<br>A. A表示的反应速率是0.4 mol·$(L·min)^{-1}$<br>B. 分别用B、C、D表示反应速率，其比值是3:2:1<br>C. 2分钟的反应速率，用B表示是0.3 mol·$(L·min)^{-1}$<br>D. 在这2分钟内，B和C两物质的浓度都减小<br>2. 反应：3A（g）+B（g）══2C（g）+2D（g），在不同条件下，用不同物质表示其反应速率，分别为：<br>①$v$（A）=0.6 mol·$(L·min)^{-1}$<br>②$v$（B）=0.45 mol·$(L·min)^{-1}$<br>③$v$（C）=0.015 mol·$(L·min)^{-1}$<br>④$v$（D）=0.45 mol·$(L·min)^{-1}$<br>则此反应在不同条件下进行得最快的是（ ）。<br>A. ③　　　　　　B. ①<br>C. ④　　　　　　D. ② | 学生做题和分析 | 考查学生对理论模型概念的理解。（水平1）<br><br><br><br>考查学生对反应速率之比等于化学计量数之比的掌握情况，同时同一方程式中如何比较反应快慢，对此理论模型进行进一步应用。（水平3） | |

续 表

<table>
<tr><th colspan="2">学习环节</th><th>师生互动</th><th>学生活动</th><th>评价活动</th><th>设计意图</th></tr>
<tr><td>课堂<br>评价</td><td></td><td>3. 下列事实能用影响化学反应速率的外界条件来解释的是（　　）。<br>A. 镁和锌分别与相同浓度的盐酸反应，镁产生$H_2$的速率快<br>B. 铜与浓硝酸反应生成$NO_2$，与稀硝酸反应生成NO<br>C. 用加热的方法可以将水中溶解的$O_2$和$N_2$赶出<br>D. 面粉加工厂内充满粉尘，遇火易发生爆炸<br>4. 100 mL浓度为2 mol·$L^{-1}$的硫酸跟过量的锌片反应，为加快反应速率，又不影响生成氢气的总量，可采用的方法是（　　）。<br>A. 加入适量的6 mol·$L^{-1}$的硫酸<br>B. 适当加热<br>C. 加入适量的蒸馏水<br>D. 加入适量的稀硝酸<br>5. 为分别验证温度、浓度、催化剂颗粒大小对化学反应速率的影响规律，某同学设计了下表的4组实验。
<table>
<tr><th>实验序号</th><th>温度</th><th>$H_2O_2$溶液初始浓度</th><th>$MnO_2$颗粒大小</th></tr>
<tr><td>1</td><td>25℃</td><td>4%</td><td>无$MnO_2$</td></tr>
<tr><td>2</td><td>25℃</td><td>12%</td><td>1 g细颗粒$MnO_2$</td></tr>
<tr><td>3</td><td>25℃</td><td>4%</td><td>1 g细颗粒$MnO_2$</td></tr>
<tr><td>4</td><td>25℃</td><td>4%</td><td>1 g粗颗粒$MnO_2$</td></tr>
</table>
（1）表中反应速率最快的是＿＿＿＿＿＿。<br>（2）设计实验2、3的目的是＿＿＿＿＿＿。<br>（3）设计一个实验证明在其他条件相同时，改变温度对$H_2O_2$分解速率的影响（写出操作步骤）＿＿＿＿＿＿＿＿＿＿</td><td></td><td>对实验现象做出解释。（水平1）<br><br>（水平2）<br><br>考查学生的科学探究能力与创新意识（水平 4）</td><td></td></tr>
<tr><td>课堂<br>总结</td><td>思路<br>外显</td><td>（1）化学反应速率。<br><br>（2）影响因素：<br>内因：物质本身的性质。<br>外因：温度、浓度、催化剂。<br>反应物接触面积：<br>原电池、反应物状态等</td><td></td><td></td><td></td></tr>
</table>

## 六、板书设计

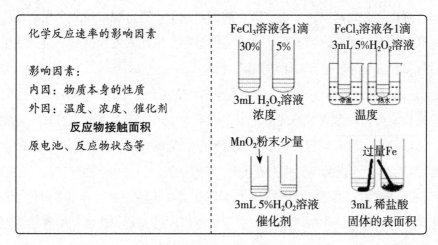

《化学反应速率及影响因素》板书设计图

## 七、教学评价

（1）（水平2、3）通过本节课的学习，让学生设计实验探究各因素对化学反应速率的影响，培养学生的探究精神和创新能力。

（2）（水平4）通过本节课的学习，从生活中的例子出发学习影响化学反应速率的因素，让学生从生活中学习化学，最后应用到实际生活中，培养学生的科学态度与社会责任感。

参考答案：

1. B。

2. D。

3. D。

4. B。

5.（1）实验2。

（2）探究反应物浓度对化学反应速率的影响。

（3）将实验1中的温度改成45℃，其他物理量不变，做一组实验与实验1对比。

## 八、教学反思

（1）由生活情境引入，导出问题，激发学生的探究欲望。通过牛角椰丝（面包、蛋糕）的保质期为3天、牛奶的保质期为8个月、碳酸氢钠注射液的保质期为2年，引出问题：①猜想一下这些保质期如何测出来的？如何在更短的时间内测出它们的保质期呢？②如何提高反应速率，这需要我们了解反应速率及其影响因素有哪些？③请同学们观察图片（炸药爆炸、金属锈蚀、牛奶变质、溶洞形成），通过观察现象来判断反应进行的速率不一样，说说有哪些因素影响化学反应的速率。以此激发和鼓励学生关注生活中的化学，同时从生活中的现象学习化学知识。

（2）运用探究式的学习，培养学生科学探究的能力，同时培养学生更加完善的思维和实验操作能力。从生活中的现象入手，引导学生运用探究方法学习影响化学反应速率的因素，以及是如何影响的，让学生学会科学探究的一般流程，便于以后的学习和探究，同时培养了学生严谨的科学探究态度。

（3）从生活中来，回到生活中去。培养学生关注生活，在生活中学习化学知识，同时运用化学知识解释生活中的现象和解决生活生产中的问题的能力，培养学生严谨的科学态度和社会责任感。

**参考文献：**

［1］中华人民共和国教育部.普通高中化学课程标准（2017年版）［M］.北京：人民教育出版社，2018.

［2］饶慧伶，王峰，胡志刚.对我国化学学科核心素养研究的梳理与浅析［J］.中小学教师培训，2017（11）.

［3］王云生.探索课堂学习活动设计 落实核心素养培养要求［J］.化学教学，2016（9）.

［4］张曼.高中化学实验探究式教学模式的构建与实施［J］.学周刊教学研究，2017（3）.

［5］刘冬岩.高中化学教材"化学反应速率"中科学探究活动的比较研究［D］.呼和浩特：内蒙古师范大学，2016.

［6］孙月茹，金从武.化学反应速率教学中探究实验的设计与实践［J］.教学仪器与实验，2011（9）.

# 《碱金属元素的结构与性质》教学设计

## （第2课时）

广东省苏洁芳名师工作室　茂名市第一中学　吕诗言

## 一、教学目标

（1）让学生亲自动手实验来研究物质化学性质的变化规律，学会写简单的碱金属与氧气、水反应的化学反应方程式。

（2）知道结构决定性质，由原子结构理论分析推导出元素性质的相似规律和递变规律，运用原子结构的理论解释同主族元素性质的相似规律和递变规律。

（3）通过对碱金属元素的结构和性质规律（相似性、递变性）的学习，能够迁移和递推其他主族元素金属性质的变化（如第ⅡA族碱金属元素）。

（4）体会辩证唯物主义理论联系实践的观点及方法。由实践得出理论，由理论指导实践。

## 二、教学重难点

### 1. 教学重点

元素的性质与原子结构的关系，碱金属原子的结构与性质的关系。

### 2. 教学难点

金属主族元素的性质规律（相似性、递变性）判断，金属活泼性强弱规律的判断。

### 三、内容和学法分析

元素周期表是中学化学理论的重要组成部分，是对元素及其化合物的总结，也为后面选修内容的学习提供了理论基础。为了更好地落实核心素养的培养，本节课我们将进行实验探究和模型认知教学（先通过碱金属的原子结构示意图的相似性和递变性来构建模型认知。在金属钠、钾与氧气、水反应的实验中通过实验情境、现象的认知模型来对反应产物进行证据推理），并在学习过程中渗透过程性评价和课后评价，实现教学评一体化。

### 四、学情分析

学生已经学习了碱金属元素中的钠元素和物质分类的思想，对于"物质结构决定性质"这一科学思想有一定的理解。学生通过必修1的学习，已具备良好的观察能力，掌握了一定的实验探究能力，但是对实验方案的设计、实验现象的分析等能力还不强，类比、递推的学习思想还没有形成，对物质性质的相似性和递变性初次接触。

本节内容先对钠元素的性质进行回顾，结合"物质结构决定性质"这一科学思想，以点带面，类推其他碱金属的性质。这样的学习方式和学习过程符合学生的认知规律，有利于培养学生类比学习的方法，提高学生"通过实验学化学""结构决定性质"的学科素养，使学生形成从特殊到一般的哲学思想。

### 五、认知障碍分析

（1）应用所构建的钠、钾与氧气和水反应的变化模型和实验去探究"结构决定性质"的规律，学生的核心疑问是：为什么从锂到铯反应越来越剧烈？这就要回归原子结构，从原子半径的角度分析失电子的难易程度，利用证据推理的方法去解决疑问。

（2）关于其他金属主族元素（第ⅡA族碱金属元素）与碱金属的异同，学生的核心疑问是：所有主族元素从上到下金属性是否都增强？通过类比推理构建认知模型，再通过原子结构的变化来引导认知和分析。

## 六、教学过程

教学过程概览

| 学习环节 | 师生互动 | 评价活动 | 设计意图 |
|---|---|---|---|
| 环节一：通过科学史料导入新课 | 1. 碱金属的发现史：<br>（1）1807年，英国化学家戴维发现了钾、钠。<br>（2）1817年，瑞典化学家阿尔费德发现了锂。<br>（3）1860年，本生和基尔霍夫共同发现了铯。<br>（4）1861年，基尔霍夫和本生发现了铷。<br>（5）1939年，法国女科学家佩雷在研究锕的天然放射系时发现了钫，为了纪念她的祖国，她将其命名为"Francium"，意为"法兰西"，中文译为"钫" | 阅读材料，了解碱金属元素的发现历史（水平1） | 让学生了解化学历史，培养学生的阅读能力和学科精神 |
| 环节二：温故知新 | 2. 画出钠的原子结构示意图，回顾金属钠的化学性质，并用化学方程式举例说明。<br>（1）钠与氧气反应。<br>（2）钠与水反应。<br>（3）钠与酸（HCl）反应。<br>（4）钠与盐（溶液或熔融）反应 | 学生书写、展示、互评，教师纠错、总结（水平1） | 通过回顾钠的性质，以点带面，为其他碱金属元素的学习举事例、做铺垫 |
| 环节三：推进新课 | 3. 查阅元素周期表，完成教材中表格上的内容，结合碱金属的原子结构示意图，尝试找出碱金属原子结构的规律（相似性和递变性）。<br>（1）相似性：＿＿＿＿＿＿＿。<br>（2）递变性：＿＿＿＿＿＿＿ | 学生总结、表述（水平1） | 培养学生观察、比较、推理、总结和语言组织、表达的能力 |
| 环节四：理论推理模型建构 | 4. 根据"结构决定性质"的规律，结合碱金属原子结构的相似性和递变性，参考金属钠的性质，推测其他碱金属的化学性质，尝试写出相关的化学方程式。 | 学会推理、书写、表达，互评分析合理性。（水平2） | 培养学生的科学探究精神及小组合作精神。 |
| | 5. 根据提供的试剂和仪器，设计实验方案，探究钠、钾分别与氧、水反应，预测实验现象。<br>供选试剂及仪器：钠、钾、蒸馏水、酚酞、三脚架、泥三角、坩埚、坩埚钳、镊子、滤纸、小刀、培养皿。 | 根据问题提示设计合理的实验方案，并预测现象与结论。（水平3） | 形成对照实验、控制变量的思想，构建实验设计模型，培养科学探究能力与创新意识。 |
| | 6. 分组实验，验证猜想，形成结论 | 规范实验操作，科学合理地进行实验（水平2） | 培养严谨的科学态度和宏观辨识素养 |

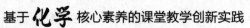

续 表

| 学习环节 | 师生互动 | 评价活动 | 设计意图 |
|---|---|---|---|
| 环节五：认知模型建构 | 7. 实验现象及原理分析。<br>（1）上述的实验现象是什么？与猜想的一致吗？<br><br>（2）从原子结构的角度，结合氧化还原反应的原理进行分析，解释实验现象。<br><br>（3）碱金属性质的相似性和递变性与它们的原子结构有什么关系？ | 用实验现象判断猜想的合理程度，现象直观体现碱金属元素的相似性和递变性。（水平1）<br><br>用"结构决定性质"的思想，从氧化还原的角度分析实验结果。（水平2）<br><br>通过对实验现象和本质分析，得出结论，形成规律。（水平3） | 建构判断分析模型。<br><br>建构本质分析模型。<br><br>建构规律类比模型。 |
| | 8. 阅读课本，归纳总结碱金属的物理性质的相似性和递变性 | 信息提取，总结归纳能力，语言组织（水平1） | 培养学生的信息处理、总结归纳和语言组织能力 |
| 环节六：自主学习模型构建 | 9. 自主学习，自我总结。<br>（1）总结碱金属元素结构和性质（物理和化学）的相似性和递变性。<br>（2）类比学习，"结构决定性质"的思想在其他金属主族元素中的应用 | 对课堂内容进行提炼（水平3），将"结构决定性质"的科学思想和类比学习的方法迁移到其他主族元素的学习中（水平4） | 落实"结构决定性质"的科学思想和类比学习的方法，培养知识迁移能力和自主学习能力 |

# 七、板书设计

## 《碱金属元素的结构与性质》板书设计

**1. 钠的化学性质**

（1）钠与氧气反应。

（2）钠与水反应。

（3）钠与酸（HCl）反应。

（4）钠与盐（溶液或熔融）反应。

**2. 碱金属原子结构的规律（相似性和递变性）**

（1）相似性：最外层都为1个电子。

（2）递变性：从Li到Cs，电子层数增多，原子半径增大。

**3. 碱金属元素性质（化学性质）的相似性和递变性**

（1）相似性：易失去电子，单质表现出强还原性，元素表现出强金属性。

（2）递变性：从Li到Cs，失电子能力增强，单质的还原性增强，元素的金属性增强，表现为：①与氧气反应越来越剧烈，产物越来越复杂；②与水、酸反应越来越剧烈；③元素的最高价氧化物对应水化物的碱性越来越强。

## 八、课后评价

1.（水平1）有关碱金属元素的说法不正确的是（　　　）。

A. 随着原子序数的增加金属性增强

B. 碱金属的熔沸点从上至下逐渐增大

C. 碱金属元素与氧气反应的产物随着原子序数的增加而变得越来越复杂

D. 钾在水中的反应现象比钠剧烈

2.（水平2）下列有关碱金属的说法不正确的是（　　　）。

A. 均为第ⅠA族元素，最外层均有1个电子

B. 单质的还原性：$Li > Na > K > Rb > Cs$

C. 碱性：$LiOH < NaOH < KOH < RbOH < CsOH$

D. 由Li到Cs，核电荷数依次增加，电子层数、原子半径依次增大

3.（水平3）钫（Fr）具有放射性，它是碱金属元素中最重的元素，下列说法错误的是（　　　）。

A. 在碱金属中它具有最大的原子半径

B. 它的氢氧化物化学式为FrOH，FrOH是一种极强的碱

C. 钫在空气中燃烧时，只生成化学式为$Fr_2O$的氧化物

D. 它能跟水反应生成相应的碱和氢气，由于反应剧烈而发生爆炸

4.（水平3）下列有关碱土金属锶（Sr）元素的单质及其化合物的叙述中，正确的是（　　　）。

A. 锶能与水反应，但反应缓慢

B. 碳酸锶难溶于水，受热不会分解

C. 氢氧化锶的碱性弱于氢氧化镁的碱性

D. 金属锶单质为银白色，与氧气反应可能生成过氧化锶

5.（水平4）根据目前所学，你有哪些方法可以判断金属元素金属性（或金属单质的还原性）的强弱？

参考答案：

1. B。

2. B。

3. C。

4. D。

5.（1）置换反应，金属性强的置换出金属性弱的。如铁能置换出铜，则金属性为Fe＞Cu。

（2）与水反应的剧烈程度，反应越剧烈，元素金属性越强。如其他条件相同时，金属钠、镁分别与冷水反应，金属钠与水的反应更剧烈，则金属性为Na＞Mg。

（3）与酸（HCl）反应的剧烈程度，反应越剧烈，元素金属性越强。如其他条件相同时，金属钠、镁、铝、铁分别与盐酸反应，反应剧烈程度为钠＞镁＞铝＞铁，则金属性为Na＞Mg＞Al＞Fe。

（4）元素的最高价氧化物对应水化物的碱性，碱性越强，元素金属性越强。如碱性为NaOH＞Mg（OH）$_2$＞Al（OH）$_3$，则金属性为Na＞Mg＞Al。

## 九、教学反思

本节课旨在通过对碱金属结构和性质的学习，培养学生对"结构决定性质"的微观理解能力和学习能力，同时落实化学核心素养和实现教学评一体化。在课堂活动的过程中，前三个教学环节学生很容易把握，可以快速推进。环节四、环节五是核心环节，这两个环节对本课内容的学习至关重要，教师要通过师生互动和课堂的评价活动对学生的认知能力和认知水平有一个判断，引导学生更准确地感悟"结构决定性质"的思想。环节六是高阶思维环节，形成类比学习和递推学习，充分培养学生的自主学习能力和知识迁移能力。

**参考文献：**

[1] 中华人民共和国教育部.普通高中化学课程标准（2017年版）［M］.北京：人民教育出版社，2018.

[2] 师殿峰.碱金属元素性质与高考试题例析［J］.中学生理科应试：高中，2012（1）.

[3] 许城玉.在有限课堂中实现自主探究最大化——"元素的性质与原子结构"教学实践及思考［J］.化学教与学，2013（6）.

[4] 崔芳娣，张晓燕，韩维和.人教版高中化学第一册第二章第三节《碱金属元素》教与学设计［J］.中学化学教学参考，2004（10）.

# 《化学能与热能》教学设计

（第1课时）

广东省苏洁芳名师工作室 广东信宜中学 李江

## 一、教学目标

（1）学生通过查阅资料了解能源的昨天、今天和明天以及展示PPT，使学生感悟化学在人类利用能源的历史过程中所充当的关键角色，引导学生关心能源、环境等与现代社会有关的化学问题，培养学生的变化观念与平衡思想、科学态度与社会责任素养。

（2）通过自制简易即热饭盒，提高学生的创新能力、动手能力和运用所学知识解决问题的能力，强化化学能与热能知识在生活中的应用，培养学生的变化观念与平衡思想、科学态度与社会责任素养。

（3）通过微观分析能量变化的过程，学会从本质上（微观结构角度）理解吸热和放热反应，培养学生的宏观辨识与微观探析、变化观念与平衡思想、证据推理与模型认知素养。

（4）通过化学实验探究体验放热反应和吸热反应，并能准确地列举一些常见的吸热反应和放热反应，培养学生的宏观辨识与微观探析、科学探究与创新意识、科学态度与社会责任素养。

## 二、教学重难点

### 1. 教学重点

化学反应中能量变化的主要原因以及化学能转化为热能的重大意义。

**2. 教学难点**

从本质上（微观结构角度）理解化学反应中能量的变化。

## 三、内容和学法分析

本节课是化学反应与能量中化学能与热能的内容，在新课程标准中归属主题3"物质结构基础与化学反应规律"中的化学反应规律，属于化学反应原理范畴，是化学学科重要的原理性知识之一，也是深入认识和理解化学反应特点和进程的入门知识，同时，又是在社会生产生活和科学研究中有广泛应用的知识，是对人类文明进步和现代化发展有重大价值的知识，与我们每个人息息相关。因此，化学能对人类的重要性决定了本节学习的重要性。

初中化学从燃料的角度初步学习了"化学与能源"的一些知识，在选修模块"化学反应原理"中，将从科学概念的层面和定量的角度比较系统深入地学习化学反应与能量的原理。本节内容既是初中化学相关内容的提升与拓展，又是学习化学反应原理的必要基础。

能源与人类的发展息息相关，通过对化学能与热能的相互转化及其应用的学习，可以使学生感悟化学反应在人类利用能源的历史过程中所充当的关键角色，认识到在未来人类解决能源危机、提高能源利用率和开发新能源等方面化学科学与技术将做出新的特殊贡献，以激发学生学习化学的兴趣，引导学生关心能源、环境等与现代社会有关的化学问题。

## 四、学情分析

### 1. 学生知识能力分析

大部分学生基本掌握了初中化学中有关燃烧条件及燃烧现象的知识，并了解化学反应中有能量的变化。

### 2. 学生认知方式分析

在学生从感性思维到理性思维的发展过程中，对于从化学键的角度去分析化学反应中能量的变化及从物质能量的角度建立能量的储存和释放观念较为困难。

### 3. 学生生活体验分析

大部分学生在生活中都接触过化学能与热能的转化实例，通过实例可以帮助学生进一步理解化学反应中的能量变化。

## 五、教学思路

学生利用PPT主讲"能源的昨天、今天和明天"→提出问题1：在现代广泛使用的各种能源中，哪些与化学反应密切相关？化学反应与能量有什么关系？→复习初中所学知识：化学反应中有能量的变化，通常主要表现为热量的变化。有些反应是放出热量的，如氧化钙与水反应、镁与酸反应等；而有些反应是吸收热量的，如碳与二氧化碳的反应。（回顾旧知，引入新课）→进入实际应用教学（展示学生制作的简易即热饭盒，现场用饭盒加热食物）→提出问题2：化学反应中的能量变化是如何产生的？为什么有的化学反应放热，有的化学反应吸热？引导学生从本质上（微观结构角度）理解→进入理论思考教学→进入实验探究教学，即应用→理论→实验探究。

## 六、认知障碍分析

宏观认识吸热、放热现象和具体反应，学生容易认知和接受，但一个化学反应是吸收能量还是放出能量是由什么决定的呢？学生比较难从抽象的键能角度和本质上（微观结构角度）解释化学反应中能量的变化。

## 七、教学过程

**教学过程概览**

| 学习环节 | 师生互动 | 评价活动 | 设计意图 |
|---|---|---|---|
| （一）宏观辨析：认识能源的变化和生活中能量变化的例子 | （1）学生收集资料并介绍"能源的昨天、今天和明天"。 | 学生通过互联网查询能源的历史演变过程，认识人类解决能源危机、提高能源利用率和开发新能源的方法等。 | （1）引导学生关心能源、环境等与现代社会有关的化学问题，增强社会责任感，认识到化学能转化为热能的重大意义。（2）落实科学态度与社会责任的学科核心素养。回顾旧知，引入新课。 |
| | （2）复习初中所学知识：化学反应中有能量的变化，通常主要表现为热量的变化。 | 有些反应是放出热量的，如氧化钙与水反应、镁与酸反应等；而有些反应是吸收热量的，如碳与二氧化碳的反应。 | |
| | （3）展示生活中的例子——即热饭盒 | 展示学生制作的简易即热饭盒，现场用饭盒加热食物 | 加强学生的创新意识，提高学生运用知识动手解决问题的能力 |

基于**化学**核心素养的课堂教学创新实践 ————————

续 表

| 学习环节 | 师生互动 | 评价活动 | 设计意图 |
|---|---|---|---|
| （二）微观探析：化学反应中的能量变化 | 问题：为什么有的化学反应放热，有的化学反应吸热？一个化学反应是吸收能量还是放出能量是由什么决定的？<br>活动：提供球棍模型，演示化学反应过程 | 进入理论思考教学：<br>微课教学：从本质上（微观结构角度）解释。<br><br>吸收 ⒣⒣ 键断裂 → ⒣ ⒣<br>436 kJ/mol 能量<br>吸收 ⒞⒧ 键断裂 → ⒞⒧ + ⒞⒧<br>243 kJ/mol 能量 + +<br>成键 成键<br>⒣⒞⒧ ⒣⒞⒧<br>放出 放出<br>432 kJ/mol 432 kJ/mol<br>能量 能量<br><br>从化学能的角度解释化学反应中能量变化的原因 | （1）引导学生从本质上（微观结构角度）和化学能两个角度理解化学反应中的能量变化。<br>（2）落实宏观辨识与微观探析的学科核心素养 |
| （三）实验探究：探究实验中的能量变化 | 分成8个小组进行实验探究：<br>实验1：<br><br>温度计 铝条（打磨）<br>约2mL 6mol·L⁻¹ 盐酸<br><br>实验2（绿色化处理）：<br><br>浸有稀硫酸的棉花<br>多孔塑料片<br>H₂O<br>Ba（OH）₂·8H₂O+NH₄Cl<br><br>实验3：<br><br>盐酸（20mL 2mol·L⁻¹）<br>NaOH溶液（20mL 2mol·L⁻¹） | 小组合作完成实验，汇报实验现象和结论。<br>小结：常见的放热反应和吸热反应有哪些？ | （1）让学生亲身体验化学反应中的能量变化。<br>（2）培养学生的科学探究意识、操作技能、观察能力和分析解释能力。<br>（3）通过对实验进行绿色化的改进，培养学生的"绿色化学"观念。<br>（4）落实科学探究与创新意识、科学态度与社会责任的学科核心素养。<br>通过归纳常见的放热反应和吸热反应类型强化学生的认知 |
| （四）分享课堂收获 | 分享交流：<br>请大家根据以下问题回忆本课的核心：物质在化学反应中能量变化的主要原因是什么？从哪些角度判断是放热反应和吸热反应？ | 对本节课的知识进行整理，小组内分享 | 强化学生理解本节课的重点和难点：化学键的断裂与形成是物质在化学反应中能量变化的主要原因；从化学键（微观结构角度）和化学能的角度理解和判断放热反应和吸热反应 |

## 八、板书设计

### 《化学能与热能》板书设计

1. 从化学键（微观结构角度）——主要原因

放热反应 $Q_{吸}<Q_{放}$；吸热反应 $Q_{吸}>Q_{放}$。

2. 从化学能角度（能量守恒）——决定因素

放热反应：反应物的总能量＞生成物的总能量。

吸热反应：反应物的总能量＜生成物的总能量。

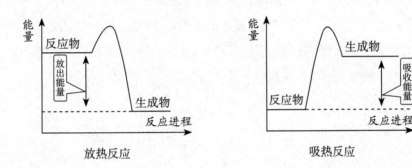

## 九、学习评价

1.（水平1）下列反应中生成物的总能量高于反应物总能量的是（　　　）。

A. 碳酸钙受热分解　　　　　　　　　　B. 金属钠与水的反应

C. 乙醇燃烧　　　　　　　　　　　　　D. 铁生锈

2.（水平1）下列反应中属于放热反应的是（　　　），属于吸热反应的是（　　　）。

①燃烧反应　②炸药爆炸　③酸碱中和反应　④二氧化碳通过炽热的炭

⑤食物因氧化而腐败　⑥Ba（OH）$_2$·8H$_2$O与NH$_4$Cl反应　⑦金属钠与水反应

3.（水平2）反应过程中，破坏1 mol $H_2$中的化学键吸收的能量为$Q_1$kJ，破坏1 mol $Cl_2$中的化学键吸收的能量为$Q_2$kJ，形成1 mol HCl的化学键释放的能量为$Q_3$kJ。下列关系式正确的是（　　　）。

A. $Q_1+Q_2=Q_3$　　　　　　　　　　B. $Q_1+Q_2>2Q_3$

C. $Q_1+Q_2<Q_3$　　　　　　　　　　D. $Q_1+Q_2<2Q_3$

4.（水平2）化学反应$A_2+B_2$══$2AB$的能量变化如下图所示，则下列说法正确的是（　　　）。

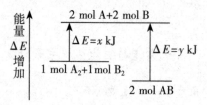

A. 该反应是吸热反应

B. 断裂1 mol A—A键和1 mol B—B键能放出 $x$ kJ的能量

C. 断裂2 mol A—B键需要吸收 $y$ kJ的能量

D. 2 mol AB的总能量高于1 mol$A_2$和1 mol$B_2$的总能量

5.（水平3）已知1 g氢气完全燃烧生成水蒸气时放出能量121 kJ，且氧气中1 mol O═O键完全断裂时需要吸收能量496 kJ，水蒸气中1 mol H—O键形成时放出能量463 kJ，则氢气中1 mol H—H键断裂时吸收的能量为_____kJ。

**参考答案：**

1. A。

2. ①②③⑤⑦；④⑥。

3. D。

4. C。

5. 436。

# 十、教学反思

（1）新课标的教学理念是要把知识与生活联系起来。本节课给学生安排了2个课前任务（通过互联网收集整理能源的发展史、动手制作自热饭盒），让学生能够真心实意地参与课堂活动，提高课堂实效性。

（2）本节课的核心环节是微观探析化学反应中的能量变化。教学过程中结合球棍模型、化学反应本质（原子的重新组合）进行学习；实验探究"实验中的能量变化"，可以考虑课堂实验、课后实验，让学生感受科学的真实性、应用性。

**参考文献：**

［1］中华人民共和国教育部.普通高中化学课程标准（2017年版）［M］.北京：人民教育出版社，2018.

［2］魏鸿，于少华.基于学生认识障碍点突破的《化学能与热能》的教学实践研究［J］.新课程教学（电子版），2014（6）.

［3］杨明生.“化学能与热能”教学设计的基本思路［J］.化学教育，2013（5）.

［4］杨圣群.谈基于学生认知能力的“化学能与热能”教与学［J］.化学教与学，2011（3）.

［5］保志明.从尊重与丰富学生认知的角度设计教学——必修1“化学能与热能”的教学与思考［J］.中学化学教学参考，2012（8）.

# 《乙烯》教学设计

## （第1课时）

广东省苏洁芳名师工作室　化州市第三中学　黄文

## 一、教学目标

（1）通过实物观察了解乙烯的物理性质，微课展示了解乙烯的用途，培养学生的宏观辨识和科学态度素养。

（2）通过对比乙烯和乙烷结构的差异，找出乙烯和乙烷化学性质差异的原因，培养学生的微观探析和变化观念的素养。

（3）了解乙烯的结构特点，能根据乙烯的结构特点预测和检验乙烯的化学性质，培养学生的证据推理和模型认知素养，通过乙烯化学性质的检验，培养学生的科学探究素养。

（4）掌握加成反应的定义，能从微观角度分析乙烯发生加成反应、加聚反应时的断键和成键情况，培养学生的宏观辨识和微观探析素养。

（5）微课展示"白色污染"问题，培养学生爱护环境的社会责任素养。

## 二、教学重难点

### 1. 教学重点

乙烯的结构特点和主要性质。

### 2. 教学难点

从微观角度认识乙烯发生加成反应、加聚反应时的断键和成键情况。

### 三、内容和学法分析

本节课首先介绍了乙烯是一种重要的基本化工原料，它的产量可以用来衡量一个国家的石油化工发展水平，从乙烯用途的角度激发学生的学习兴趣，着重介绍乙烯分子的组成和结构、乙烯的性质和重要的有机反应——加成反应。

乙烯的分子结构是掌握乙烯化学性质的基础，乙烯性质的重点是其化学性质。而在讲授乙烯的性质时，又紧紧围绕乙烯的结构展开，强调乙烯分子中碳碳双键有一个键容易断裂的特点，因此本节课在介绍乙烯性质之前，先从乙烯分子的结构入手，使学生更深刻地理解结构与性质的关系。

本节课与生产生活结合紧密，具有STSE教育价值。

### 四、学情分析

在本节课之前，学生已经学习了甲烷和烷烃的性质，能初步从组成和结构的角度认识甲烷的性质，但需要进一步强化认识"结构与性质"的关系。另外，学生能从生活实际出发，认识乙烯的广泛应用，再学习其性质，初步学习如何进行理论结合实际，学以致用。在前一节课中，学生掌握了碳的四价理论，理解了饱和烃的概念，为本节课不饱和烃的引入做了铺垫。

### 五、认知障碍分析

学生对有机物结构差异造成化学性质差异的变化观念还未形成，从微观角度认识乙烯的加成反应、加聚反应时的断键和成键情况会有困难。

### 六、教学策略

自主学习、合作讨论、学生展示、教师点拨、当堂训练。

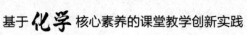

## 七、教学过程

**教学过程概览**

| 学习环节 | 师生互动 | 评价活动 | 设计意图 |
|---|---|---|---|
| （一）创设真实的问题情境，引入新知 | 教师：以视频报道引入，让学生认识乙烯来自石油化工，是重要的石油化工产品。乙烯的产量标志着一个国家石油化工的发展水平。乙烯是一种水果催熟剂，常用于水果催熟。乙烯为什么有这么多的用途呢？这与它的性质有关。<br>学生思考，明确本节学习任务 | | 让学生明确本节课的学习任务。通过视觉、听觉冲击，了解乙烯来源，感受乙烯在社会生产生活中的重要价值（这是学习乙烯的原因），从而激发学生的学习兴趣和学习主动性 |
| （二）认识乙烯的物理性质和用途 | 教师：（展示实物）这是实验室我们制得的乙烯，请仔细观察它的颜色和状态。引导学生演练实验室闻物质气味的方法。<br>图片展示生活中的乙烯（管材、无纺布、塑料、泡沫等）。<br>学生观察、实验（轻轻扇动闻气味），并归纳整理，小组讨论总结出乙烯的物理性质。学生通过讨论、查阅课本和资料得出乙烯的工业来源。<br>学生通过自主学习、合作讨论、归纳展示、教师点拨、当堂训练等活动完成学习任务 | 学习评价1：乙烯的物理性质和用途。<br>（1）归纳整理出乙烯的物理性质。（水平1）<br>（2）实验室制取的乙烯如何收集？（水平1）<br>（3）工业上生产乙烯最主要的途径是什么？（水平2） | 学生自主运用观察、实验等研究物质性质的方法，自主归纳整理物理性质，体会乙烯在生产生活中普遍存在，用途广泛。<br>学生学完某个知识点即当堂进行有针对性的训练，体现教学评一体化 |
| （三）探究乙烯的结构特点 | 给出乙烯分子式，让学生与乙烷分子式做对比，分析其组成的不同：乙烯比乙烷少了两个氢原子，乙烷属于饱和烃，那么乙烯属于饱和烃吗？乙烷所有的原子不在同一个平面上，乙烯呢？<br>学生自主组装、展示制作的乙烯的球棍模型。小组讨论交流，了解乙烯分子中有碳碳双键的特殊结构。对比各小组的乙烯模型，明确乙烯所有的原子在同一个平面上。落实乙烯的结构式、电子式和结构简式的正确书写 | 学习评价2：乙烯的结构特点。<br>（1）书写乙烯的分子式、结构式、结构简式。（水平1）<br>（2）描述乙烯的结构特点，判断氯乙烯所有原子是否在同一平面内，丙烯呢？（水平2） | 通过讨论，加深对乙烯结构的认知。规范有机化学用语的书写。通过分子模型的建构，使学生对有机分子的结构认识立体化，有效降低了结构抽象思维的难度，有利于学生掌握乙烯的结构特点 |

| 学习环节 | 师生互动 | 评价活动 | 设计意图 |
|---|---|---|---|
| （四）探究乙烯的化学性质 | 引导学生与乙烷的分子结构比较，对比乙烷的化学性质，根据乙烯的分子结构，猜想乙烯的化学性质。通过实验验证猜想，播放乙烯燃烧的实验视频。<br>（难点引导）断开1 mol碳碳单键平均需要的能量约为345 kJ，而断开1 mol碳碳双键平均需要的能量约为610 kJ，并不是单键的2倍，而是比2倍略少。看来，只要需要较少的能量，就能断开碳碳双键中的一个价键。也就是说，断开碳碳双键中的两个键，需要的能量大小并不一样，其中有一个较小，容易断裂。<br>学生先独立思考，猜想乙烯的化学性质：能否燃烧？能否被酸性高锰酸钾氧化？能否发生取代反应？能否发生加成反应？乙烯分子之间能否相互发生加成反应？<br>小组合作讨论、学生组内发言，根据猜想做必要的解释、实验验证猜想。向装有乙烯的塑料瓶中加入溴水和酸性高锰酸钾，观看乙烯燃烧实验的视频、乙烯加成反应的动画视频，学生真人模拟加聚反应。学生总结加成反应的定义，板书乙烯燃烧、加成反应等化学方程式。<br>应用拓展：原子的经济利用，提供新的认识视角，从原子利用率上来看，加成反应是最经济实惠的 | 学习评价3：乙烯的化学性质。<br>结合以下问题进行讨论：<br>（1）为什么乙烯燃烧时有黑烟，而甲烷燃烧时却没有？（水平1）<br>（2）用什么方法可以鉴别乙烯和乙烷？（水平1）<br>（3）只用酸性高锰酸钾溶液能否除去甲烷中的乙烯得到纯净的甲烷吗？为什么？（水平2）<br>（4）如何设计实验用酸性高锰酸钾溶液除去甲烷中的乙烯得到纯净的甲烷？（无机试剂任选）（水平3）<br>（5）乙烷不能使溴水褪色，乙烯和溴发生反应时哪些化学键断裂？结合键能数据分析原因。（水平4）<br>（6）乙烯使溴水褪色和乙烯使酸性高锰酸钾褪色的原理相同吗？为什么？（水平2）<br>（7）乙烯分子之间可否发生加成反应呢？如果可以请写出反应化学方程式（水平3） | 通过数据分析，学生对碳碳双键这一重要结构的认识得到深化。数据举证能有效化解学生对抽象结构问题的认识障碍。从微观角度分析乙烯发生加成反应、加聚反应时的断键和成键情况，培养学生的化学核心素养。<br><br>学生合作实验，讨论交流，并规范书写化学方程式。举例说明对相关问题的认识。通过问题组驱动，让学生加深对乙烯与酸性高锰酸钾发生氧化反应和乙烯发生加成反应、加聚反应的理解，进一步体会"结构决定性质"的核心思路在有机物性质学习中的指导价值。<br><br>学生通过观看录像，对比思考加成反应的特点，从"真人模拟加聚反应"和加成反应原子利用率高两个角度，加强对加成反应的认识。<br>引入原子经济性的讲解，培养学生"绿色化学"的思想 |

| 学习环节 | 师生互动 | 评价活动 | 设计意图 |
|---|---|---|---|
| （五）乙烯在生活生产中的应用 | 乙烯的其他重要应用（展示图片）。乙烯通过加成反应，可以得到燃料乙烷、快速止疼制剂氯乙烷和酒精等产品，也可以通过自身加成得到聚乙烯。对比储物瓶密封的青橘与成熟苹果共处若干天后的变化。生活中鲜花保鲜技术应用了乙烯的什么性质？ | 了解乙烯的实际用途，观察实物变化。乙烯是植物生长的调节剂，能催熟瓜果 | 学习相关知识后，回归乙烯在生产生活中的应用，体会乙烯不仅是重要的石油化工产品，也是重要的化工原料，用途广泛。通过新颖的实物展示，让学生身临其境，体会乙烯的用途，引发学生关注化学科学与社会生活的密切联系，再次强化学生学习的知识能应用于生活的意识 |
| （六）概括提升 | 学生回忆本节课讲的主要内容并概括归纳，加深对"结构决定性质，性质决定用途"的思想；强化化学来自生产生活，又服务于社会生活的理念。应用拓展：已知丙烯的结构简式为 $CH_3$ ═ $CH$ ═ $CH_2$，请根据所学知识，分析该物质的结构特点，并预测可能的化学性质；若能与HCl加成，预测并写出可能的产物 | 学生独立思考，组内讨论归纳总结 | 实现本节主干知识"乙烯加成反应"的整合提升，进一步强化"结构决定性质"的意识，加强对有机化学反应中"反应条件决定反应产物"重要思想的认识 |

# 八、板书设计

## 《乙烯》板书设计

一、乙烯的结构特征

分子式：$C_2H_4$

电子式：$H \overset{H}{\underset{}{:}} \overset{H}{\underset{}{:}} H$

结构式：$\overset{H}{\underset{|}{}} \overset{H}{\underset{|}{}}$
$H—C=C—H$

结构简式：$CH_2=CH_2$

二、物理性质

三、化学性质

1. 乙烯的氧化反应

（1）乙烯的燃烧：

$$C_2H_4+3O_2\xrightarrow{\text{点燃}}2CO_2+2H_2O$$

（2）乙烯能使酸性高锰酸钾褪色。

2. 乙烯的加成反应

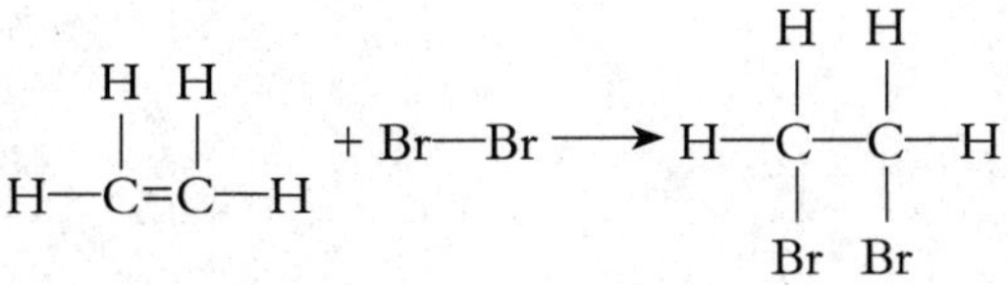

3. 加聚反应

## 九、课后评价

1. 下列有关乙烯的叙述，其中正确的是（　　）。

① 乙烯溶于水后可得乙醇

② 乙烯能发生加聚反应

③ 乙烯能与溴水发生加成反应

④ 乙烯是无色、稍有气味、难溶于水的气体

A. ②　　　　B. ①和③

C. ②和③　　　　D. ②③④

2. 下列物质不可能是乙烯加成产物的是（　　）。

A. $CH_3CH_3$　　　　B. $CH_3CHCl_2$

C. $CH_3CH_2OH$　　　　D.$CH_3CH_2Br$

3. 下列过程中发生了加成反应的是（　　）。

A. $C_2H_4$使酸性高锰酸钾溶液褪色

B. $C_2H_4$使溴的$CCl_4$溶液褪色

C. $C_2H_4$在点燃条件下燃烧

D. $CH_4$和$Cl_2$的混合气体在光照条件下逐渐褪色

4. 下列说法中错误的是（　　）。

A. 乙烯使酸性高锰酸钾溶液褪色，与分子内含有碳碳双键有关

B. 用酸性高锰酸钾溶液可以鉴别乙烯和乙烷

C. 相同质量的乙烯和甲烷完全燃烧后产生的水的质量相同

D. 利用燃烧的方法可以鉴别乙烯和甲烷

5. 试写出乙烯分别与下列物质反应的化学方程式。

$CH_2\!=\!\!=\!CH_2+H_2$                                    $CH_2\!=\!\!=\!CH_2+Cl_2$

$CH_2\!=\!\!=\!CH_2+HCl$                                   $CH_2\!=\!\!=\!CH_2+H_2O$

**参考答案:**

1. D。

2. B。

3. B。

4. C。

5. $CH_2\!=\!\!=\!CH_2+H_2 \xrightarrow[\triangle]{\text{催化剂}} CH_3CH_3$

$CH_2\!=\!\!=\!CH_2+Cl_2 \rightarrow CH_2ClCH_2Cl$

$CH_2\!=\!\!=\!CH_2+HCl \xrightarrow[\triangle]{\text{催化剂}} CH_3CH_2Cl$

$CH_2\!=\!\!=\!CH_2+H_2O \xrightarrow[\triangle]{\text{催化剂}} CH_3CH_2OH$

## 十、教学反思

本节课设计的指导思想为"学为主体,教为主导",通过任务牵引、问题驱动、活动支持、知识落实,多条线索并进,开展自主学习、合作学习、实践体验,学以致用。设计中突出"结构决定性质,性质决定用途"的核心科学思想,暗藏"由生产生活到实验室,再从实验室回到社会生活"的情境线索,渗透"认识物质,改造物质,应用物质"的化学学科价值理念。

学生在自主学习和合作学习的轻松切换中,成为自我引导的学习者、思考者,信息的使用者、生产者,以及学习的合作者和问题的解决者,而教师则是学生学习坚定的支持者、合作者和评价者。教学过程培养了学生宏观辨识与微观探析、证据推理、科学探究与模型认知等核心素养。

**参考文献:**

[1] 中华人民共和国教育部. 普通高中化学课程标准(2017年版)[M]. 北京:人民教育出版社,2018.

［2］莘赞梅.怎么教知识：从系统思考到认识进阶［M］.北京：北京教育出版社，
2018.

［3］王益群.高中化学教·学·评一体化指导［M］.广州：广东高等教育出版社，
2018.

［4］王云生.课堂转型与学科核心素养培养［M］.上海：上海教育出版社，2017.

# 《原电池》教学设计

## （第1课时）

广东省苏洁芳名师工作室　茂名市第一中学　赖晓枚

　　"原电池"是高中化学必修课中原理类的内容，是化学学科重要的原理性知识之一。该教学内容为2个课时。第1课时的教学重点是：形成认识原电池的微观视角，了解原电池工作原理，建构原电池的认知模型。

## 一、教学与评价目标

### 1. 教学目标

　　（1）通过铜-锌-稀硫酸原电池的探究活动，初步建立原电池的认知模型。

　　（2）运用原电池模型，认识原电池的工作原理、反应本质与能量变化、构成条件，发展学生对理论模型的认知水平。

　　（3）基于原电池模型，开展拓展活动，感受化学能与电能相互转化的科学价值，增强社会责任感和创新意识。

### 2. 评价目标

　　（1）通过铜-锌-稀硫酸原电池探究实验与证据提取活动，诊断并发展学生的实验探究水平、证据提取水平（宏观水平、微观水平）。

　　（2）开展证据推理建构模型活动，诊断并发展学生的证据推理水平（物质水平、微粒水平）和思路结构化水平（视角水平、内涵水平）。

　　（3）通过模型认知活动，诊断并发展学生对原电池工作原理的认识进阶（微粒移动与变化、反应本质与能量变化、构成条件）。

（4）开展与原电池原理相关的活动，诊断并发展学生对化学价值的认知水平（学科价值视角、社会价值视角、学科和社会价值视角）。

## 二、教学与评价思路

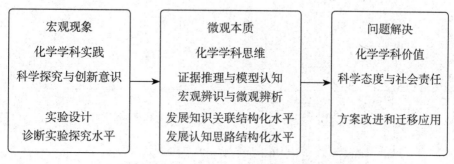

"化学能与电能"（第1课时）教学与评价思路示意图

## 三、教学流程

### 1. 宏观现象

学习任务1：原电池探究（1）——化学能转化为电能的条件和途径。

评价任务1：诊断并发展学生化学实验探究的水平（视角水平、内涵水平）。

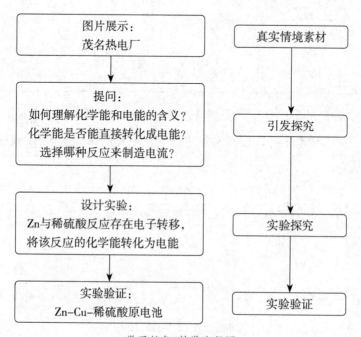

学习任务1教学流程图

## 2. 微观本质

学习任务2：原电池探究（2）──工作原理。

**实验探究表**

| 编号 | 实验步骤 | 实验现象 | 结论 |
|------|----------|----------|------|
| 1 | Zn　　　　Cu | | |
| 2 | Cu　　Zn ─H₂SO₄ | | |
| 3 | Cu　　Zn ─H₂SO₄ | | |
| 4 | Ⓐ Cu　　Zn ─H₂SO₄ | | |

评价任务2：诊断并发展学生的证据推理水平（物质水平、微粒水平）和思路结构化水平（视角水平、内涵水平），以及对原电池工作原理的认识进阶（微粒移动与变化、反应本质与能量变化）。

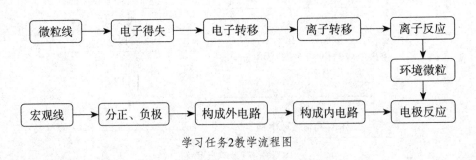

学习任务2教学流程图

### 3. 问题解决

学习任务3：原电池探究（3）——构成条件。

评价任务3：诊断并发展学生对原电池工作原理的认识进阶（构成条件），发展学生对化学价值的认知水平（学科价值视角、社会价值视角、学科和社会价值视角）。

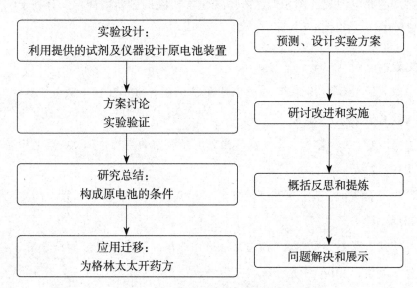

学习任务3教学流程图

## 四、案例说明

"原电池"概念的形成是氧化还原反应的本质的拓展与应用，且在生产、生活等各个方面有广泛的应用，具有重要的学科价值和社会价值。同时，其概念构建的过程具有较为丰富的化学学科核心素养发展价值。

### 1. 注重基于学习任务开展以素养为本的教学

化学反应与电能（第1课时）共设计了"提出问题，引发思考→分析问题，初建模型→解决问题，应用模型"三个核心教学任务，学习任务1突出实验探究；学习任务2强调学科本原，体现原电池的认知进阶，从宏观到微观，从反应本质与能量变化到微粒移动与变化；学习任务3从STSE角度强化原电池知识的社会价值，增强学生的社会责任感。

### 2. 注重认知思路的结构化和显性化

结构化是实现知识向素养转化的有效途径，显性化有助于学生自主迁移。围绕着实验中提取的"铜丝表面有气泡、锌粒溶解、电流计指针发生偏转"这三个宏观证据，从物质变化、微粒变化、微粒移动这三个层面，引导学生进行逻辑推理，建构出原电池认知模型（两极的反应物、两极的电极材料、电子导体、离子导体），并用微课的形式对这一认知思路显性化，学生根据该模型就能进行迁移应用，对大量的原电池进行判断。

### 3. 注重发挥学生的主观能动性

将教材验证性实验改为设计性实验，学生在研讨中改进，在实施中概括反思和提炼解决问题的认知模型。设计化妆棉微量实验，除了方便操作、试剂用量少等优点，该装置与学生熟知的原电池装置图相似，既体现化学实验的创新精神，又有利于学生形象感知原电池装置图。

**参考文献：**

［1］中华人民共和国教育部.普通高中化学课程标准（2017年版）［M］.北京：人民教育出版社，2018.

［2］丁樱.核心素养背景下化学能转化为电能教学的重构［J］.福建教育基础研究，2019（2）.

［3］单世乾，倪娟.基于探究实验建构认知模型的化学教学研究［J］.化学教学，2018（12）.

［4］吴晗清，张娟，赵冬青.铜锌原电池作为原电池基本模型的局限及其突破［J］.化学教学，2017（1）.

# 《生活中常见的有机物——乙醇》教学设计

广东省苏洁芳名师工作室　高州市第二中学　邓水清

## 一、教学目标

（1）通过观察乙醇，查阅相关资料，培养学生的宏观辨识素养。

（2）通过拼装乙醇的结构模型，认识乙醇的结构，培养学生的微观探析素养。

（3）通过设计实验探究乙醇与钠的反应，以证明乙醇的结构，培养学生的科学探究素养和宏观辨识素养，同时培养学生的证据推理能力。

（4）通过探究乙醇能否催化氧化，并用化学方程式进行表征，培养学生的证据推理和模型认知素养。

（5）通过引导学生根据旧化学键的断裂与新化学键的形成写出产物，并总结出醇被催化氧化的规律，强化了学生物质变化的观念及平衡思想。

（6）通过展示有关饮酒的危害性的内容，让学生对酒驾危险的认识更全面，培养学生的社会责任感。

## 二、教学重难点

### 1. 教学重点

深刻理解羟基对乙醇性质的影响，初步认识断键成键的机理模型。

### 2. 教学难点

设计实验探究乙醇的催化氧化反应；迁移判断醇被催化氧化的机理，进一步加深对断键成键机理模型的认知。

## 三、内容和学法分析

醇是联系烃与烃的衍生物的桥梁，也是有机合成的桥梁，在有机合成中占有极其重要的地位。在学习本课之前，学生学习了乙烷、乙烯的结构特点和性质，初步认识了有机物的结构与性质的关系，为乙醇的学习做了充足的铺垫。而学好本节课可以为其他烃的衍生物的学习提供方法指导和方向指引。本节课从宏观、微观、性质三方面落实宏观辨识与微观探析素养。通过乙醇与钠的反应证明乙醇的结构，落实证据推理与模型认知素养；通过实验探究乙醇的催化氧化反应，落实科学探究与创新意识素养及科学态度素养。整堂课渗透过程性评价并附有课后评价，实现了教学评一体化。

## 四、学情分析

通过前面烃类知识的学习，学生已初步认识到有机物"结构决定性质，性质反映结构"的典型特点，初步接触由代表物的性质模型推广到此类物质的性质。但学生目前还不会自主地根据有机物的成键特点，推测反应中断键成键的情况，还没有掌握反应的实质，不能准确预测物质的性质，而且实验探究能力和形成认知模型并推广应用的能力也需巩固加强。

## 五、认知障碍分析

学生还不能根据成键断键的情况分析反应实质及物质性质，所以需要设计一些有梯度的问题引导学生逐步分析。

学生对微观机理认识较为抽象，通过球棍模型和微课将微观的结构和机理形象化、具体化，形成认知模型并推广应用。

## 六、教学过程

教学过程概览

| 学习环节 | 师生互动 | 评价活动 | 设计意图 |
|---|---|---|---|
| （一）素材引入 | 通过学生展示在图书馆查阅关于乙醇在生活中的应用的成果，引入新课。<br>展示一瓶乙醇，观察其颜色、状态、气味。<br>提问：观察实验台上的乙醇，结合我们对乙醇的了解，你能归纳出乙醇的物理性质吗？ | 回忆生活中酒精的用途，通过闻桌上的乙醇并阅读教材，说出乙醇的物理性质（水平1） | 图片展示引起学生兴趣，使其主动参与，将教学引入新知识的情境 |

| 学习环节 | 师生互动 | 评价活动 | 设计意图 |
|---|---|---|---|
| （二）结构分析：把握乙醇的微观结构 | 已知乙醇的分子式$C_2H_6O$和乙烷的分子式$C_2H_6$相比多了一个氧原子，你能推测出乙醇可能有的结构吗？请将乙烷分子的球棍模型改装为乙醇分子的球棍模型 | 活动1：在乙烷结构的基础上，分组合作搭出两种球棍模型（水平1） | 亲手搭建乙醇分子可能的球棍模型，强化了学生对乙醇分子结构的直观感受，让学生形成有机物立体结构的印象 |
| （三）设计实验证明醇具有官能团羟基 | 根据你的推测，结合证据资料，请你设计实验证明乙醇分子结构的实验。<br>实验探究1：<br>提供的主要试剂用品：无水乙醇、钠、小烧杯。<br>在盛有无水乙醇的小烧杯中，加入一小块新切的钠，观察现象（2 min） | 查阅链接资料，分组讨论，做出猜测，并进行实验验证（水平2） | 通过引导学生观察现象得出结论，再从微观入手考虑断键位置，初步认识断键成键的模型 |
| （四）学习评价1 | （1）乙醇与钠反应的化学方程式____。<br>（2）实验证明，乙醇具有_____，结构式为_____。<br>（3）推测乙醇与钠反应时什么键断裂 | 学生代表到黑板板书方程式（水平1） | |
| （五）实验探究乙醇的催化氧化实验 | 实验探究2：模拟乙醇在人体内的转化。<br>（1）先扇闻乙醇的气味。<br>（2）向一支试管中加入1～2滴乙醇。<br>（3）取一根螺旋状铜丝，在酒精灯上灼烧至红热。<br>（4）插入乙醇中，1 s后拿出，反复三次。<br>（5）小心闻试管中液体产生的气味，比较与乙醇的气味有无不同 | 活动1：分工合作进行实验。仔细观察现象，交流讨论，实施汇报。能快速描述现象（水平1） | |
| （六）用方程式表征现象 | 思考：你能用化学方程式进行表征吗？ | 能写出步骤1的方程式：<br>$2Cu+O_2 \xrightarrow{\triangle} 2CuO$大部分写不出方程式2（水平2） | 观看乙醇催化氧化原理的微观过程，结合宏观现象，对其微观本质进行探析，让学生对乙醇催化氧化反应本质的认知有了质的突破，引导学生去分析铜的作用，让学生从原子守恒的角度书写乙醇催化氧化生成乙醛的方程式，使学生了解"宏观切入→微观分析→符号表达"的化学思维过程 |
| （七）结合微课探析微观机理 | 结合多媒体进行微观演示 | （反复观察微观动画的演示，结合宏观实验现象）派小组代表到讲台上写方程式2：<br>$CH_3CH_2+CuO \xrightarrow{\triangle}$<br>$CH_3CHO+H_2O+Cu$<br>（水平3） | |

| 学习环节 | 师生互动 | 评价活动 | 设计意图 |
|---|---|---|---|
| （八）学习评价2 | （1）总反应方程式为＿＿＿＿＿。铜丝在反应中的作用是什么？<br>（2）乙醇的催化氧化断键的位置是＿＿＿＿＿，催化氧化对醇的结构有什么要求？<br>判断下列醇是否能够发生催化氧化，若能，请试写出氧化产物。<br><br>A. $CH_3OH$　　B. $CH_3{-}\overset{\displaystyle }{\underset{\displaystyle CH_3}{CH}}{-}OH$<br><br>C. $CH_3{-}\overset{\displaystyle CH_3}{\underset{\displaystyle CH_3}{C}}{-}OH$ | 结合刚学到的知识，观察这三种醇的结构，判断出A、B可以被催化氧化，C不可以被催化氧化。写出产物还有一定困难（水平4） | 学生根据旧化学键的断裂与新化学键的形成写出产物，并总结出醇被催化氧化的规律，从而更进一步强化了物质的变化观念及平衡思想，也为后面其他有机物的学习做了很好的铺垫 |
| （九）课堂小结升华 | 想一想：通过本节课的学习，关于乙醇，你学到了什么？你能说说研究学习有机物的重要思路与方法吗？引导学生归纳乙醇的结构、性质，明确有机物学习的核心思想 | 畅所欲言，总结出学习有机物的核心思想 | 学生在明确本节课教学内容的同时进一步体会性质决定用途，实验检验真知，利弊辩证取舍 |
| （十）课后练习 | 【课后拓展研究】<br>（1）上网查阅：酒精检测仪测酒驾的原理是什么？<br>（2）为什么醇中O—H易断裂，与—OH相连的碳上的氢原子也易断裂？<br>（3）上网查阅：酒的酿制、酒文化 |  | 让学生意识到生活离不开化学，化学存在于生活中的点点滴滴 |

# 七、板书设计

### 《生活中常见的有机物——乙醇》板书设计

一、情境创设

二、模型建构

$$CH_3CH_2OH \qquad 官能团：{-}OH$$

三、证据推理与科学探究

1. 验证—OH（与金属钠反应）

$$2\,CH_3CH_2OH+2Na{\rightarrow}2CH_3CH_2ONa+H_2\uparrow$$

2.乙醇的催化氧化

$$2CH_3CH_2OH+O_2 \xrightarrow[\triangle]{Cu} 2CH_3CHO+2H_2O$$

四、归纳提升，总结学习收获与方法

# 八、课后评价

1.（水平2）如下图所示，装置持续通入气体X，可看到a处有红色物质生成，b处变蓝，c处得到液体，则气体X可能是（　　）。

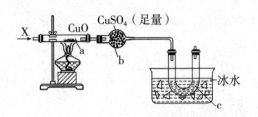

A. $H_2$　　　　　　　　　　　　　　　B. CO和$H_2$

C. $NH_3$　　　　　　　　　　　　　　D. $CH_3CH_2OH$（蒸气）

2.（水平4）某有机物的结构简式为$CH_2$=$CH-\overset{\displaystyle CH_3}{CH}-CH_2OH$，下列关于该有机物的叙述中，不正确的是（　　）。

A. 能与金属钠发生反应并放出氢气

B. 能在催化剂作用下与$H_2$发生加成反应

C. 不能使酸性高锰酸钾溶液褪色

D. 在铜做催化剂的条件下能发生催化氧化反应生成醛

3.（水平4）有关催化剂的催化机理等问题可以从"乙醇催化氧化实验"中得到一些认识。某教师设计了如图所示的装置（夹持装置等已省略），实验操作：先按图安装好实验装置，关闭活塞a、b、c，在铜丝的中间部分加热片刻，然后打开活塞a、b、c，通过控制活塞a和b，有节奏（间歇性）地通入气体，即可在M处观察到明显的实验现象。

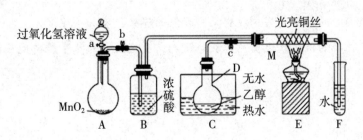

试回答以下问题：

（1）A瓶中发生反应的化学方程式为＿＿＿＿＿＿＿＿＿＿＿＿＿＿＿＿＿＿＿＿＿，B的作用是＿＿＿＿＿＿＿＿＿＿＿＿＿＿＿＿＿＿，C中热水的作用是＿＿＿＿＿＿＿＿＿＿＿＿＿＿＿＿＿＿＿。

（2）M管中发生反应的化学方程式为＿＿＿＿＿＿＿＿＿＿＿＿＿＿＿＿＿＿＿＿＿。

（3）从M管中可观察到的现象是＿＿＿＿＿＿＿＿＿＿＿＿＿＿＿＿＿＿＿＿，从中可认识到该实验过程中催化剂＿＿＿＿＿＿＿（填"参加"或"不参加"）化学反应，还可以认识到催化剂起催化作用需要一定的＿＿＿＿＿＿＿。

（4）实验进行一段时间后，如果撤掉酒精灯，反应＿＿＿＿＿＿＿（填"能"或"不能"）继续进行，其原因是＿＿＿＿＿＿＿＿＿＿＿＿＿＿＿＿＿＿＿＿＿＿＿＿＿。

**参考答案：**

学习评价1：

（1）$2CH_3CH_2OH+2Na\rightarrow 2CH_3CH_2ONa+H_2\uparrow$

（2）羟基；$CH_3CH_2OH$。

（3）羟基中的氢氧键。

学习评价2：

（1）$2CH_3CH_2O+O_2\xrightarrow[\triangle]{Cu}2CH_3CHO+2H_2O$；催化剂。

（2）羟基中的氢和与羟基直接相连的碳上的氢。

课后评价：

1. D。

2. C。

3.（1）$2H_2O_2\xrightarrow{MnO_2}2H_2O+O_2\uparrow$；干燥氧气（或吸收氧气中的水）；使D中的乙醇变为蒸气进入M参加反应。

（2）$2CH_3CH_2O+O_2\xrightarrow[\triangle]{Cu}2CH_3CHO+2H_2O$

（3）受热部分的铜丝交替出现变黑、变红的现象；参加；温度。

（4）能；乙醇的催化氧化反应是放热反应，反应放出的热量维持反应继续进行。

## 九、教学反思

### 1. 挖掘教材，把握科学本质

高中有机物化学性质教学的核心是"结构决定性质，性质反映结构"，但教材并没有讲清什么是有机物的结构和性质，结构到底怎样决定性质，结构与性质之间存在怎样的关系。因此，学生对有机化学性质缺乏预见性，当遇到陌生情境的问题时便束手无策。本节课从宏观性质、中观性质进而深入微观化学键的角度层层推进，展开乙醇的结构决定其性质的教学，立足于反应本质，做到让学生知其然且知其所以然。

### 2. 用好教材，贴近学生认知

针对授课学生的基础和层次，适当将教学的内容设置条件和梯度。

### 3. 问题链贯穿课堂教学

从学生的实际出发，多次采用问题链，以启发学生的思维为核心，如对乙醇的催化氧化反应进行分析时提问：乙醇如何发生反应？断开哪里？新生成什么键？

### 4. 课堂不足之处

（1）没能及时关注和反馈学生的学习结果和规范表达。

（2）课堂研究缺少学生前测和后测对比分析及学生问卷调查分析。

**参考文献：**

［1］中华人民共和国教育部.普通高中化学课程标准（2017年版）［M］.北京：人民教育出版社，2018.

［2］王福成.发展高中生有机物化学性质核心概念理解的研究——"卤代烃"教学案例［J］.化学教育，2016，37（11）.

［3］徐宾.化学学科核心素养的培养策略［J］.中小学教师培训，2017（1）.

［4］包承幸.培养学生化学学科核心素养的教学实践与思考——以《乙醇》的教学为例［J］.广西教育：中等教育，2017（8）.

# 《开发利用金属矿物和海水资源》教学设计

## （第2课时）

广东省苏洁芳名师工作室　茂名市第四中学　黄智

## 一、教学目标

（1）通过观看《海水水资源》的视频短片，了解海水水资源的利用和淡化海水的常用方法——蒸馏法及该方法的优缺点，培养学生"在化工生产中选择方法和设备时要考虑多方面因素"的科学态度与社会责任。

（2）通过观看视频《海带提碘》《证明海带中含有碘元素》，初步形成"利用氧化还原反应从自然界物质制取某种单质"的认知模型并认识"无机化工流程"的常见主线。

（3）通过学习"海水提溴"和回顾"由硅的氧化物（$SiO_2$）制取Si"的知识，构建"从自然界物质制取某种纯度较高的单质时，常交替使用'氧化—还原—氧化反应（或还原—氧化—还原反应）'，以达到富集的目的"的认知模型，体会氧化还原反应在实际生产中的应用，并让学生知道一些化学原理并不复杂的过程在实际生产中会遇到很多复杂的问题，培养学生的科学态度与社会责任。

（4）通过阅读《海水综合利用联合工业体系》和观看《海水综合利用》微课视频，举例说明海水综合利用的实例，体会在实际生产中将不同生产过程相互结合起来以达到节能、增效的目的；认识环境保护和资源合理开发的重要性，理解化学、技术、社会和环境之间的相互关系，培养学生的科学态度与社会责任。

## 二、教学重难点

### 1. 教学重点
了解化学方法在海水资源开发中的作用。

### 2. 教学难点
构建"利用氧化还原反应从自然界物质制取某种单质"的认知模型。

## 三、内容和学法分析

开发和利用自然界的物质资源和能量资源是化学研究和应用的一个重要目标，同时这一过程必须和自然环境相互协调，走可持续发展的道路。本节课以"海水资源的利用"为例，让学生了解如何利用化学反应（氧化还原反应）实现物质间的转化，以及这些过程在社会发展中的重要作用。为了更好地落实核心素养的培养，整节课我们将进行实验探究和模型认知教学，通过学习"海带提碘""证明海带中含有碘元素""海水提溴"，结合之前学习的由硅的氧化物（$SiO_2$）制取Si的知识，让学生体会"氧化还原反应"在实际生产中的应用，构建"利用氧化还原反应从自然界物质制取某种单质"这一认知模型，并在学习过程中及时练习和设计课后评价，实现教学评一体化。

## 四、学情分析

学生在必修1的学习中已掌握无机物之间的相互转化，可以熟练应用"氧化还原反应"分析和推导问题。但学生缺乏"应用以上知识设计实验方案，模拟生产过程并在实际生产中将不同生产过程相互结合起来以达到节能增效的目的"的思维。本节课侧重通过实验情境，介绍淡化海水的常用方法——蒸馏法，让学生了解海水水资源的利用；通过"海带提碘""海水提溴"，让学生了解海水化学资源的利用，初步认识无机化工流程的常见主线，掌握利用氧化还原反应实现物质间的转化的方法；通过实际情境"海水综合利用联合工业体系一例"让学生了解海水的综合利用，懂得在实际生产中将不同生产过程相互结合起来。

## 五、认知障碍分析

（1）在学习"从海带中提碘"的实验步骤（灼烧海带→加水浸泡、煮沸→过滤→酸化滤液→加入氧化剂→加入淀粉溶液）时，学生的核心疑问是："灼烧海带→加水浸泡、煮沸"这两步操作的目的是什么？这时要让学生知道：在无机化工流程中，这些操作是对原料预处理的常用方法，目的是使可溶性离子进入溶液。

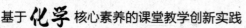

（2）在"海水提溴"的生产方案中（$Br^- \xrightarrow[Cl_2]{氧化} Br_2 \xrightarrow[SO_2]{还原} Br^- \xrightarrow[Cl_2]{氧化} Br_2$），学生会产生疑问：在第1步生产工序中已经获得单质溴了，为什么还要进行第2、3步的工序？这时结合在必修1学习过的"由硅的氧化物（$SiO_2$）制取Si：$SiO_2 \xrightarrow[焦炭]{还原} Si$（粗硅）$\xrightarrow[Cl_2]{氧化}$ $SiCl_4 \xrightarrow[H_2]{还原} Si$（纯）"让学生明确，从自然界物质获取纯度较高的某种单质时，常交替使用"氧化—还原—氧化反应（或还原—氧化—还原反应）"，以达到富集的目的。

## 六、教学过程

**教学过程概览**

| 学习环节 | | 师生互动 | 评价活动 | 设计意图 |
|---|---|---|---|---|
| 环节一：探索海水资源的利用 | | 海洋约占地球表面积的71%，具有巨大的开发潜力。今天我们以海水资源的利用为例，了解海水中的水资源、化学资源的利用。<br>学习任务1：<br>（1）观看《海水水资源》的视频短片。<br>（2）阅读图【4-3】。<br>学习活动1：讨论。<br>蒸馏法淡化海水有什么优缺点？要从哪些方面合理地选择淡化海水的方法和设备？ | 学习评价1：<br>（1）海水水资源的利用主要包括＿＿＿＿和＿＿＿＿。<br>（2）海水淡化的主要方法有＿＿＿、＿＿＿和＿＿＿等。<br>（3）蒸馏实验中需要使用的玻璃仪器有蒸馏烧瓶、＿＿＿＿、＿＿＿。蒸馏时，蒸馏烧瓶中要加入＿＿＿＿，温度计的水银球应处于＿＿＿＿＿＿，冷凝管的水流方向是＿＿＿＿ | 了解海水水资源的利用和淡化海水的常用方法——蒸馏法及该方法的优缺点，培养学生"在化工生产中，方法和设备的选择要考虑多方面因素"的科学态度与社会责任 |
| 环节二：探索海水中化学资源的利用 | （一）实验：从海带中提碘和证明海带中含有碘元素 | 学习任务2：观看视频。<br>学习活动2：讨论。<br>（1）本次实验的目的是什么？<br>（2）"灼烧海带→加水浸泡、煮沸"这两步操作的目的是什么？<br>（3）实验中用了什么氧化剂氧化海带中的$I^-$，选用此做氧化剂有什么优点？ | 学习评价2：<br>（1）实验的步骤：灼烧海带→加水浸泡、煮沸→过滤→滴加（　　）酸化滤液→加入氧化剂（　　）→加入淀粉溶液，观察现象：＿＿＿＿。<br>（2）"海带提碘"的主要反应原理：<br>[ ] $I^-$ + [ ] $H^+$ + [ ] $H_2O_2^-$ | （1）初步构建"利用氧化还原反应从自然界物质提取某种单质"的认知模型。<br>（2）初步认识无机化工流程的常见主线 |

续 表

| 学习环节 | | 师生互动 | 评价活动 | 设计意图 |
|---|---|---|---|---|
| 环节二：探索海水中化学资源的利用 | （二）海水提溴 | （4）从"海带提碘"体会到可利用什么化学反应原理从自然界物质中获取某种单质。<br>学习任务3：<br>阅读资料《海水提溴》，设计一个实验方案模拟这一生产过程。<br>学习活动3：讨论。<br>设计方案过程中要考虑的问题：<br>（1）如何把海水中的Br⁻转化为Br₂?<br>（2）海水中Br⁻的含量很低，解决方法是什么？<br>（3）在第1道生产工序中已经获得单质溴了，为什么还要进行第2、3道的工序？<br>（4）回顾必修1中的"由SiO₂制取Si"，总结要从自然界物质获取纯度较高的某种单质时常用的方法是什么，此方法的目的是什么。<br>（5）总结实验方案 | 学习评价3：<br>（1）海水提溴流程：浓缩海水→酸化海水→通入（　　）把海水中的Br⁻氧化成（　　）→将Br₂吹入吸收塔，用（　　）吸收，使Br₂转化成（　　）→用（　　）将HBr氧化为（　　）。<br>（2）小结：为得到纯度较高的Br₂，常见的工艺流程是Br⁻→（　　）→（　　）→（　　）。在此工艺流程中所需物质a、b、c分别是（　　）、（　　）、（　　）。<br>书写主要反应原理：<br>①：　　　　②：<br>③：<br>（3）在括号里填上"由SiO₂制取Si"流程中所需的物质：<br>$SiO_2 \xrightarrow[还原①]{(\quad)} Si$（粗硅）<br>$\xrightarrow[还原②]{(\quad)} SiCl_4 \xrightarrow[还原③]{(\quad)} Si$（纯）<br>书写主要反应原理：<br>①：　　　　②：<br>③： | 构建"从自然界物质制取某种纯度较高的单质时，常交替使用'氧化、还原、氧化反应（或还原、氧化、还原反应）'，以达到富集的目的"的认知模型 |
| 环节三：探索海水的综合利用 | | 学习任务4：<br>阅读《海水综合利用联合工业体系一例》和观看微课视频《海水综合利用》。<br>结束语：在研究和开发海水资源时，不能以牺牲环境为代价，也绝不能违背可持续发展的原则 | 学习评价4：<br>结合本节课内容，说明海水综合利用的实例 | （1）通过"海水的综合利用"的实例，进一步体会在实际生产中将不同生产过程相互结合起来以达到节能、增效的目的。<br>（2）认识环境保护和资源合理开发的重要性，理解化学、技术、社会和环境之间的相互关系，培养学生的科学态度与社会责任 |

## 七、板书设计

### 《海水资源的开发利用》板书设计

一、海水中水资源的利用

1. 海水资源的利用。

2. 海水淡化的主要方法。

3. 蒸馏法淡化海水有什么优缺点？

二、海水中化学资源的利用

（一）从海带中提碘，证明海带中含有碘元素

1. 实验的步骤：

灼烧海带→加水浸泡、煮沸→过滤→酸化滤液→氧化滤液→加入淀粉溶液。

2. 现象。

3. "海带提碘"主要的反应原理：

$[2] I^- + [2] H^+ + [2] H_2O_2^- = I_2 + 2H_2O$

（二）海水提溴

1. 海水提溴流程：

$$Br^- \xrightarrow[Cl_2]{氧化} Br_2 \xrightarrow[SO_2]{还原} Br^- \xrightarrow[Cl_2]{氧化} Br_2$$

2. 回顾旧知：

由硅的氧化物（$SiO_2$）制取Si：$SiO_2 \xrightarrow[焦炭]{还原} Si（粗硅） \xrightarrow[Cl_2]{氧化} SiCl_4 \xrightarrow[H_2]{还原} Si（纯）$

三、探索海水的综合利用

海水综合利用的实例：溴工业与火力发电、核电发电业结合起来以减少能耗。

## 八、课后评价

1. （水平4）镁及其合金是用途很广的金属材料，目前世界上60%的镁是从海水中提取的。主要步骤如下：

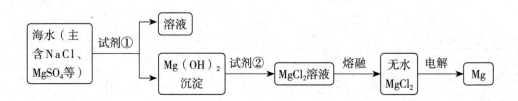

（1）为了使$MgSO_4$转化为$Mg（OH）_2$，试剂①可以选用_____，要使$MgSO_4$完全转化为沉淀，加入试剂①的量应_____。

（2）加入试剂①后，能够分离得到$Mg（OH）_2$沉淀的方法是_____。

（3）试剂②可以选用_____。

（4）无水$MgCl_2$在熔融状态下，通电后会产生$Mg$和$Cl_2$，该反应的化学方程式为____

_____。

2.（水平4）思考：海水提镁中"把$Mg^{2+}$转化成$Mg（OH）_2$沉淀"的目的是什么？是利用了氧化还原反应原理吗？

3.（水平4、水平1）试写出工业上海水提溴、实验室中海带提碘过程中所发生的主要反应的离子方程式。根据上述事实，关于$Cl_2$、$Br_2$、$I_2$、$H_2O_2$、$SO_2$五种物质的氧化性相对强弱，你可以明确得出的结论有哪些？推测下列过程的结果，写出有关反应的化学方程式。

（1）将氯气通入溴化钠溶液中。

（2）将溴水加入氟化钠溶液中。

（3）将氯气通入碘化钠溶液中。

（4）将碘加入溴化钠溶液中。

**参考答案：**

1.（1）$NaOH$；过量。

（2）过滤。

（3）盐酸。

（4）$MgCl_2 \stackrel{\text{通电}}{=\!=\!=} Mg + Cl_2 \uparrow$

2. 把$Mg^{2+}$转化成$Mg（OH）_2$沉淀以达到富集的目的，主要利用了复分解反应"沉淀离子的方法"。

3. 结论略。

有关反应的化学方程式：

海水提溴：

$Cl_2 + 2Br^- =\!=\!= Br_2 + 2Cl^-$

$Br_2 + SO_2 + 2H_2O =\!=\!= 2Br^- + SO_4^{2-} + 4H^+$

海带提碘：$2I^- + 2H^+ + H_2O_2 =\!=\!= I_2 + 2H_2O$

氧化性：$Cl_2 > Br_2 > SO_2$；$H_2O_2 > I_2$

（1）$Cl_2 + 2NaBr =\!=\!= 2NaCl + Br_2$

（2）不反应。

（3）$Cl_2+2NaI \Equal 2NaCl+I_2$

（4）不反应。

## 九、教学反思

本节课的设计是通过学习"海水资源的开发利用"，帮助学生认识和体会化学在自然资源开发和利用中的作用和意义，培养学生"应用化学反应（氧化还原反应）设计实验方案，模拟生产过程"的能力，建立"在实际生产中将不同生产过程相互结合起来以达到节能增效的目的"的思维和方法，落实化学核心素养和实现教学评一体化。

在课堂活动进行过程中，一共有三个教学环节：

环节一：探索"海水资源的利用"。学生已在必修1中学习过蒸馏法的相关原理和装置，是很容易把握的，所以不需要花费太多的时间。

环节二：探索"海水化学资源的利用"。这是本课核心环节，通过学习"海带提碘"拓展到"如何从自然界物质制取某种单质"，让学生初步认识无机化工流程的常见主线；通过学习"海水提溴"和回顾必修1学习的"由硅的氧化物（$SiO_2$）制取Si"的方法步骤，总结出常用"氧化—还原—氧化反应（或还原—氧化—还原反应）交替使用"以达到富集的目的。

环节三：探索"海水的综合利用"。通过阅读《海水综合利用联合工业体系一例》和观看微课视频《海水综合利用》，创造实际情境，目的是让学生体会到在实际生产中将不同生产过程相互结合起来，是综合利用自然资源的常见方法，同时让学生认识到环境保护和资源合理开发的重要性，理解化学、技术、社会和环境之间的相互关系，培养学生的科学态度与社会责任。

在课后评价中，选择"海水提镁工业"，让学生知道除了氧化还原反应，还可以通过沉淀离子（复分解反应）的方法达到富集的目的。这道习题的引入是学生高阶思维的进一步发展，让学生体会可利用多种化学方法从自然界物质制取某种单质。

**参考文献：**

［1］中华人民共和国教育部.普通高中化学课程标准（2017年版）［M］.北京：人民教育出版社，2018.

［2］王益群.高中化学教·学·评一体化指导［M］.广州：广东高等教育出版社，2018.

［3］江合佩.基于真实情境的项目式化学教学［M］.济南：山东科学技术出版社，2019.

人教版必修 ❷

第三章 有机化合物　第二节 来自石油和煤的两种基本化工原料

# 《乙烯》教学设计

## （第1课时）

广东省苏洁芳名师工作室　茂名市第一中学　吴丹

## 一、教学目标

### 1. 教学目标

（1）通过认识乙烯的结构特点，建立有机物乙烯的成键特点、官能团和空间构型。

（2）通过学习乙烯的化学性质，根据结构初步猜测分析有机物的化学性质。

（3）通过学习乙烯的化学性质和了解乙烯的物理性质，感受乙烯在生活中的应用。

### 2. 评价目标

（1）通过学习乙烯的结构，诊断并发展学生对乙烯官能团和空间构型的认知水平。

（2）通过对乙烯的化学性质的学习，诊断学生通过实验探究物质性质的水平和发展学生根据物质结构分析性质的水平。

（3）通过对乙烯用途的学习，诊断和发展学生对化学价值的认知水平。

## 二、教学重难点

### 1. 教学重点

乙烯的结构特点和主要性质。

### 2. 教学难点

乙烯的加成反应。

## 三、内容和学法分析

本节课是从已学过的烷烃（饱和烃）过渡到不饱和烃的学习，让学生了解乙烯中含不饱和碳原子，其代表物乙烯不是稳定分子。通过搭建乙烷和乙烯的球棍模型，借助氢原子数的变化引出结构变化，通过实验了解其性质变化，认识乙烯分子中碳原子的成键特点，形成"结构决定性质"的观念。

## 四、学情分析

在本节课之前，学生已经学习了甲烷和烷烃的性质，学生能初步从组成和结构的角度认识甲烷的性质，但需要进一步强化认识结构与性质的关系。学生从生活实际出发，认识乙烯和苯的广泛应用，再学习它们的性质。在前一节课中，学生掌握了碳的四价理论，理解了饱和烃的概念，为本节课不饱和烃的引入做了铺垫。

## 五、认知障碍分析

学生能初步从组成和结构的角度认识甲烷的性质，但需要进一步强化认识结构与性质的关系。本节课通过实验—预测—解释—反思活动，掌握乙烯的主要性质，发展学生科学探究的能力。通过视频、图片、模型、键参数展示、资料卡片和实验，讨论、讲解、对比等方式完成以上知识的教学。教学过程主要运用若干活动来展开。

## 六、教学过程

**教学过程概览**

| 学习环节 | 师生互动 | 评价活动 | 设计意图 |
|---|---|---|---|
| （一）情境导入 | 利用图片引入：和熟苹果放在一起的青梨熟得特别快，让学生猜测其原因，引起学生的兴趣。另外展示石油化工的图片，让学生了解乙烯来自石油化工，是重要的石油化工产品。乙烯的产量标志着一个国家石油化工的发展水平，使学生对乙烯有了初步的了解 | 学生对乙烯有了初步的了解 | 用生活中的化学情境引入课题，激发学生的学习兴趣，培养学生从生活现象中提出问题、发现问题的意识 |

| 学习环节 | 师生互动 | 评价活动 | 设计意图 |
|---|---|---|---|
| （二）探究乙烯的分子结构 | 活动1：<br>1.写出乙烷的分子式、结构式、结构简式。<br>2.写出下列反应：<br>（1）乙烷和足量氧气反应。<br>（2）乙烷和氯气反应生成一氯代物。<br>学生通过对乙烷的结构和性质的回顾，为学习乙烯打下基础。<br>活动2：<br>对比乙烷的分子式，乙烯比乙烷少两个氢原子，尝试利用球棍组装乙烯的球棍模型，并写出乙烯的电子式、结构式和结构简式 | 学生上讲台展示乙烯的结构模型，并根据模型在黑板上完成乙烯的分子式、电子式、结构式和结构简式，请其他学生点评。（水平1） | 能依据实验事实分析乙烯中各个化学键的关系并以此建立实物模型、认知模型，反映乙烯的本质特征；能正确理解认知模型与实物模型的关系；能利用模型解释说明物质的组成、结构、性质和变化；训练学生正确书写化学用语的技能 |
| （三）猜测并验证乙烯的化学性质 | 活动1：<br>燃烧反应：<br>播放视频，学生记录实验现象，完成表格。<br><br>\| 实验 \| 实验现象 \| 实验方程式 \|<br>\| 乙烯在O₂中燃烧 \| \| \|<br><br>活动2：<br>乙烷不与酸性高锰酸钾溶液反应，乙烯与酸性高锰酸钾溶液是否反应？设计实验证明。<br>提供试剂：课前已经制备好并用塑料瓶装好的乙烯气体和酸性高锰酸钾溶液。学生小组进行实验探究，并归纳现象得出结论。<br>教师根据学生的回答总结。<br>乙烯被酸性高锰酸钾氧化：<br>$12KMnO_4+18H_2SO_4+5C_2H_4→12MnSO_4+6K_2SO_4+10CO_2+28H_2O$<br>活动3：<br>（1）根据提供的试剂（课前已经制备好并用塑料瓶用排水法收集得到的乙烯气体和溴水），学生进行实验探究并总结实验现象和结论。<br><br>\| 实验步骤 \| 现象与结论 \|<br>\| \| \| | 学生思考并回答：<br>为什么乙烯燃烧有黑烟，而甲烷燃烧却没有？<br><br>思考与交流：<br>①乙烷中混有乙烯，是否可以利用酸性高锰酸钾溶液除杂呢？<br>②有什么方法可以鉴别乙烯和乙烷？（水平2）<br><br>小组交流讨论1：<br>根据加成反应的特点，完成乙烯与H₂、Cl₂、HCl、H₂O反应的化学方程式（水平2） | 认识乙烯的燃烧反应<br><br>构建乙烯氧化反应的认知模型<br><br>掌握乙烯的加成反应，应用所构建的模型去学习，让学生掌握科学的实验方法，培养学生观察、归纳、总结实验的能力，培养学生科学精神。通过乙烷和乙烯的结构对比，引导学生学习"结构决定性质"的思想，培养学生的思辨能力和知识的迁移能力。 |

续　表

| 学习环节 | 师生互动 | 评价活动 | 设计意图 |
|---|---|---|---|
| （三）猜测并验证乙烯的化学性质 | （2）思考与交流：<br>乙烷不能使溴水褪色，请尝试分析乙烯和溴发生反应时会是哪些化学键断裂。<br>（3）利用乙烯的球棍模型模拟乙烯分子和溴分子反应的断键、成键过程并展示产物的模型。<br>由一名学生上讲台演示乙烯分子和溴分子发生加成反应的过程 | | 在讨论过程中有合作意识，具备和他人交流、沟通的习惯和能力；能运用化学知识解释、预测物质的结构、性质；根据获取的物质及其变化的信息，基于证据进行推理判断 |
| （四）乙烯的物理性质和用途 | 通过对乙烯的了解，你能总结出乙烯的物理性质和用途吗？ | 学生总结回答乙烯的颜色、密度、水溶性、气味和日常用途等 | 培养学生阅读教材的习惯和观察、归纳总结的能力 |

## 七、板书设计

### 《乙烯》板书设计

1. 结构

2. 化学性质 { 氧化反应：a.燃烧；b.使酸性高锰酸钾溶液褪色
加成反应
加聚反应

3. 物理性质

4. 用途

## 八、课后评价

1. 如何利用化学方法鉴别甲烷与乙烯？

2. 实验室可通过加热酒精和浓硫酸的混合物制乙烯，其副反应常伴有$SO_2$产生，$SO_2$也能使溴水或酸性高锰酸钾溶液褪色。请回答：

（1）$SO_2$、$C_2H_4$使溴水褪色的原理相同吗？

（2）如何检验$C_2H_4$中混入了$SO_2$？如何除去？检验$SO_2$是否除尽的方法是什么？

**参考答案：**

1. 将气体通入盛有酸性高锰酸钾溶液的容器中，乙烯能使酸性高锰酸钾溶液褪色，而甲烷不能。

2. （1）不相同。$SO_2$具有还原性，通入溴水被氧化剂溴单质氧化为硫酸，反应的化学方程式为$SO_2+Br_2+2H_2O\xlongequal{}H_2SO_4+2HBr$；乙烯含有不饱和的碳碳双键，与溴水发生加成反应。

（2）检验的方法是将气体通入品红溶液，看品红溶液是否褪色，若褪色说明气体中混入了$SO_2$；除去的方法是将混合气体通过NaOH溶液的洗气瓶；检验是否除尽的方法是将洗气后的气体再通过品红溶液，若不褪色说明已除尽。

## 九、教学反思

突出素养为本是对核心素养课堂教学设计的学科价值和社会价值的要求，要求教师在进行教学设计的过程中注重真实问题情境的创设，注重基于学习任务开展培养核心素养的教学，注重认识思路的结构化和显性化，注重教学评一体化。就本节课的教学设计而言：

（1）注重思路结构化，突出整体建构，在注重教学目标的同时注重评价目标，体现单元整体设计中的深度学习。

（2）突出多方位的教学流程，如在线学习和交流、研讨改进和实施、概括反思和提炼以及问题解决和展示，突破教与学的"时空"界限。

（3）注重基于学习任务开展以素养为本的学习。突出任务式学习，注重任务式学习活动清单，每一个任务式学习都有若干个学习活动，并且强调逻辑的层层递进。任务式学习设计一定是指向学生的能力进阶或核心素养的表现水平进阶的。

（4）突出素养转化的有效途径，根据素养水平的要求决定教学设计的结构化水平，根据知识和能力的迁移水平决定认识思路水平。

**参考文献：**

［1］中华人民共和国教育部.普通高中化学课程标准（2017年版）［M］.北京：人民教育出版社，2018.

［2］王云生.探索课堂学习活动设计 落实核心素养培养要求［J］.化学教学，2016（10）.

［3］杨梓生.对高中化学学科核心素养的认识［J］.中学化学教学参考，2016（8）.

［4］邢其毅，裴伟伟，徐瑞秋，等.基础有机化学［M］.2版.北京：高等教育出版社，1993.

［5］人民教育出版社课程教材研究所化学课程教材研究开发中心.普通高中课程标准实验教科书化学必修2［M］.北京：人民教育出版社，2016.

# 《苯》教学设计

## （第2课时）

广东省苏洁芳名师工作室　信宜市第一中学　谢军雄

## 一、教学目标

（1）通过常规的观察、闻气味、小实验等活动探究苯的物理性质，培养学生的宏观辨识和实验探究素养。

（2）根据碳四价理论推测苯的结构，设计相应的实验进行验证，产生认知冲突，激发探究欲望，培养学生证据推理和实验探究的素养。

（3）通过观察苯的球棍模型和比例模型，帮助学生建构苯的结构模型，再次强调"结构决定性质"这一研究有机物的思路，培养学生宏观辨识和模型认知的素养。

## 二、内容和学法分析

苯是几种典型的有机物代表之一，是最简单的芳香烃，在高中有机化学中占有重要地位。本节课主要介绍苯的物理性质、分子结构、化学性质，及其在生产生活中的应用。苯分子结构中特殊的化学键决定了苯的化学性质，这让学生从结构角度深化了对苯的认识，并建立有机物"结构决定性质"这一思维方法，使学生形成一定的分析和解决问题的能力。学好苯的知识对后续有机物的学习具有很好的指导作用。

## 三、学情分析

在学习苯之前，学生已掌握了烷烃、烯烃、炔烃的典型代表物的性质，知道烷烃的特征反应是与卤素单质发生取代反应；碳碳双键的特征反应是加成反应，如使溴水褪色、与氢气在一定条件下反应，还有氧化反应，如使酸性高锰酸钾溶液褪色。学生还能根据有机结构理论写出简单的同分异构体。这为探究苯的结构并根据苯的结构推测苯的性质打下了基础。

## 四、认知障碍分析

（1）学生之前对碳原子间的成键认识是单键、双键、三键，还不知道有介于单键和双键之间的特殊的键。教学过程中通过实验使学生产生认知冲突，然后提出猜想，再通过问题引导学生思考，逐层深入，最终推断出苯的结构。"问题猜想→证据查找→推理分析"是落实化学核心素养的重要思路。

（2）学生之前只知道单键和双键的性质，经过启发，很容易想到介于单键和双键之间的特殊的键的性质。

## 五、教学设计

**教学过程概览**

| 学习环节 | 师生活动 | 评价活动 | 设计意图 |
|---|---|---|---|
| 环节一：探究苯的物理性质 | | | |
| 引入新课 | 展示内容：<br>（1）展示漫画《新居杀手》，展示资料《室内污染的五大元凶》。<br>（2）英国科学家法拉第对苯的发现：19世纪，欧洲许多国家都使用煤气照明。煤气通常是压缩在桶里储运的，人们发现这种桶里总有一种油状液体，但长时间无人问津。英国科学家法拉第对这种液体产生了浓厚的兴趣，他花了整整五年时间提取这种液体，从中得到了苯 | 看展示内容，知道生活中苯的存在，通过阅读资料了解苯的发现史 | （1）从贴近生活的角度引入新课。<br>（2）以史为鉴，渗透化学史教育，激发学生学习的兴趣，引发学生学习新知识的欲望。<br>（3）培养学生的化学学科素养 |
| 总结苯的物理性质 | 任务1：<br>展示学生分组实验内容：<br>（1）在试管中倒入1 mL苯，观察苯的颜色与状态。<br>（2）再向试管中加入3 mL水，振荡后静置，观察现象。 | 学生活动1：认真完成实验，观察实验现象，阅读教材，小组交流，总结出苯的物理性质，加强记忆 | 通过实验增强学生对苯的感性认识，使学生学会从现象得出结论。 |

| 学习环节 | 师生活动 | 评价活动 | 设计意图 |
|---|---|---|---|
| 总结苯的物理性质 | （3）往另一支试管中加入1 mL苯，再加入2 mL酒精，振荡后观察现象。<br>苯的物理性质小结：<br>（1）无色、有特殊芳香气味的液体。<br>（2）密度小于水（不溶于水）。<br>（3）易溶于有机溶剂。<br>（4）熔点为5.5℃，沸点为80.1℃。<br>（5）苯蒸气有毒 | | 培养学生的化学核心素养 |
| 环节二：探究苯的结构 | | | |
| 通过计算确定分子式 | 任务2：<br>展示内容：经研究确定该液体物质仅含C、H两种元素，且含C质量分数为92.3%，苯的相对分子质量为78，密度是同温同压下乙炔的3倍，请通过计算确定苯的分子式 | 学生活动2：学生已经在学案上提前计算、讨论过，上课时直接展示答案 | 化学基本技能训练，重现科学家探索的过程 |
| 对苯的结构提出猜想、假设 | 任务3：<br>提出问题：依据苯的分子式（$C_6H_6$），请大家猜想其可能具有的结构。<br>组织学生写出可能的结构简式：<br>A. CH≡C—$CH_2$—$CH_2$—C≡CH<br>B. $CH_3$—C≡C—C≡C—$CH_3$<br>C. $CH_2$=CH—CH=CH—C≡CH<br>D. CH≡C—CH（$CH_3$）—C≡CH<br>E. $CH_2$=C=C=CH—CH=$CH_2$<br>……<br>经过讨论：A～E式都符合要求，但E式含累积双键，明确告诉学生其不稳定，A～D式较合理。到底是哪一种？难道四种都有可能？怎样验证？ | 学生活动3：根据碳四价理论，根据苯的分子式推测其结构，尝试书写苯可能的结构简式。<br>根据之前所学烯烃、炔烃的性质，设计实验并验证猜想。<br>学生自然想到含C=C和C≡C的物质可用溴水或酸性高锰酸钾溶液验证 | 激起学生强烈的探究欲望，重现科学家探究苯结构的过程。<br>培养学生的化学核心素养 |
| 通过实验验证猜想 | 任务4：<br>展示学生分组实验内容：<br>（1）往一支试管中加入2 mL苯，再滴几滴酸性高锰酸钾溶液，振荡后观察现象。<br>（2）往试管中加入2 mL苯，再加入1 mL溴水，振荡后静置，观察现象。<br>（溴水分成两层，上层呈橙黄色，下层无色，这个过程是萃取）<br>结论：苯不能使酸性高锰酸钾溶液和溴水褪色，说明苯分子中不含C=C和C≡C，上述结构都不合理 | 学生活动4：各小组分组实验，交流讨论实验现象，通过实验现象得出苯中不含碳碳双键和碳碳三键的结论 | 事实胜于雄辩，通过实验使学生对苯的链状结构进行否定，并使学生产生认知冲突，不断激起学生的探究欲望。<br>培养学生的化学核心素养 |

续 表

| 学习环节 | 师生活动 | 评价活动 | 设计意图 |
|---|---|---|---|
| 确定苯的结构 | 播放视频资料，了解凯库勒式的由来 | 观看视频资料 | 通过介绍，让学生学会思考，对重大化学成就进行情绪体验，对伟大化学家的杰出成就萌生敬意，激发学生崇尚科学的精神。<br>培养学生的化学核心素养 |
| 理解苯的结构 | 理解凯库勒式：<br>（1）初步认识凯库勒式：从结构与性质的关系的角度来分析凯库勒式，学生自然会产生认知冲突，教师趁机解释凯库勒式。<br>（2）展示苯的球棍模型和比例模型以增强学生的直观体验。<br><br>苯的球棍模型　　苯的比例模型<br><br>（3）科学认识苯的结构：根据"结构决定性质"的思路，根据现代科学对苯分子的结构研究可以得出，苯分子里6个C原子之间的键完全相同，是一种介于单键和双键之间的特殊（独特）的键 | 明确凯库勒式还不能反映苯的真实结构，通过现代分析可知，苯中6个碳原子之间的键完全相同。通过价键理论从微观上理解苯的结构 | 通过展示苯的球棍模型和比例模型，帮助学生建构苯的结构模型，再次强调"结构决定性质"这一研究有机物的思路。<br>培养学生的化学核心素养 |
| 环节三：探究苯的化学性质 | | | |
| 苯的化学性质推测 | 思考：苯环中碳碳键是介于单键和双键之间的特殊的化学键，是不是意味着苯既有烷烃的性质又有烯烃的性质呢？但其又不是单键和双键，是否意味着其烷烃和烯烃的性质都不典型呢？ | 用"结构决定性质"的思路猜测苯具有的性质 | 培养学生证据推理的素养 |
| 总结苯的化学性质 | 任务5：<br>阅读课本：<br>（1）常温下，苯与液溴在$FeBr_3$的催化下可以发生取代反应生成溴苯：<br><br>　　　$+Br_2 \xrightarrow{FeBr_3}$　　　$-Br$　$+HBr$ | 学生活动5：从微观角度理解苯的化学反应，写出相应的化学方程式，识记课本介绍的溴苯、硝基苯等的物理性质 | 落实书写化学方程式这一基本技能，理解并能正确书写相应的化学方程式。 |

| 学习环节 | 师生活动 | 评价活动 | 设计意图 |
|---|---|---|---|
| 总结苯的化学性质 | 纯净的溴苯是一种无色液体，有特殊气味，不溶于水，密度比水大。<br>（2）在浓硫酸作用下，苯在50～60℃的温度下能与浓硝酸发生硝化反应，生成硝基苯：<br>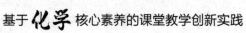<br>纯净的硝基苯是一种无色液体，有苦杏仁气味，不溶于水，密度比水大。<br>（3）苯在催化剂及高温高压条件下，可以与$H_2$发生加成反应，生成环己烷：<br>苯的化学性质可以总结为易取代，能加成，难氧化 | | 培养学生的化学核心素养 |
| 思考与讨论 | （1）观察上述化学方程式，请找出反应物、生成物的断键和成键位置。<br>（2）用结构模型模拟其反应过程，请用模型展示其断键成键的过程。<br>（3）这种断键、成键的方式属于哪种反应类型？<br>（4）对比乙烯与溴水的反应，苯与液溴的反应在条件上有何异同？ | 用结构模型模拟反应过程，切身体会断键和成键的过程，加深学生对重要的有机反应类型的理解 | 利用模型，加深学生对反应类型的理解，培养学生的化学核心素养 |
| 演示实验 | 苯的燃烧：产生明亮的火焰，冒出大量浓烟 | 通过实验现象再次感受苯的存在及其碳含量之高 | |
| 环节四：了解苯在生产生活中的用途及危害 | | | |
| 了解苯的用途和危害 | （1）播放视频短片，了解苯在工业生产以及人类进步中的重要作用。<br>（2）了解苯是一种居室污染气体，以及除去苯的一些方法 | 从理论回归生活，切实感受苯的作用与危害 | 理论联系实际，从辩证的角度思考一种物质的作用和危害。<br>培养学生的化学核心素养 |

## 六、板书设计

### 《苯》板书设计

1. 苯的物理性质。

2．苯的分子式：$C_6H_6$

3．苯的结构： ⌬　　◯⃝

4．苯的化学性质：

（1） ⌬ $+Br_2$ $\xrightarrow{FeBr_3}$ ◯—Br $+HBr$

（2） ◯⃝ $+HNO_3$ $\xrightarrow[\triangle]{浓硫酸}$ ◯—$NO_2$+$H_2O$

（3） ⌬ $+3H_2$ $\xrightarrow[\triangle]{催化剂}$ ⬡

总结：易取代，能加成，难氧化。

# 七、课后评价

1．（水平1）下列物质由于发生化学反应既能使溴水褪色，又能使酸性高锰酸钾溶液褪色的是（　　）。

A．甲苯　　　　　　　B．乙烯　　　　　　　C．苯　　　　　　　D．乙烷

2．（水平2）有一种有机物的结构简式为 ◯—$CH\!=\!CH_2$，推测它可能具有下列哪种性质？（　　）

A．能被酸性高锰酸钾溶液氧化　　　　　　B．可分解为 ◯ 和$CH_2\!=\!CH_2$

C．所有原子不可能在同一平面上　　　　　D．易溶于水，也易溶于有机溶剂

3．（水平2）下列实验事实证明苯环结构中不是碳碳单键和碳碳双键简单交替结构的是（　　）。

A．苯燃烧时发出明亮的火焰，伴有黑烟

B．苯能溶解在四氯化碳中

C．苯不能使酸性高锰酸钾溶液褪色

D．苯能与液溴反应生成溴苯

4．（水平3）下列各组物质不论以任何比例混合，只要当混合物的总质量一定时，混合物完全燃烧后生成的二氧化碳的量不变的是（　　）。

A．甲苯和乙苯　　　　　　　　　　　　　B．乙烯和丁烯

C．甲烷和丙烯　　　　　　　　　　　　　D．乙烯和苯

5．（水平4）根据下述性质，确定A、B、C、D、E五种物质的分子式和类别。

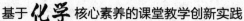

（1）分别取A、B、C、D、E五种烃各0.1 mol，使它们分别在氧气中充分燃烧，都能生成标准状况下的二氧化碳13.44 L。

（2）A和D都可使溴水褪色，其中D可和氢气反应生成A，继续和氢气反应，又可生成C。

（3）C不和溴水或酸性高锰酸钾反应。

（4）B在铁屑存在的条件下，可跟液溴反应，但不能和溴水或酸性高锰酸钾溶液反应。

（5）B也能和氢气反应生成E。

把答案填入下表：

| 项目 | A | B | C | D | E |
|---|---|---|---|---|---|
| 分子式 | | | | | |
| 物质类别 | | | | | |

参考答案：

1. B。

2. A。

3. C。

4. B。

5.

| 项目 | A | B | C | D | E |
|---|---|---|---|---|---|
| 分子式 | $C_6H_{12}$ | $C_6H_6$ | $C_6H_{14}$ | $C_6H_{10}$ | $C_6H_{12}$ |
| 物质类别 | 烯烃 | 芳香烃 | 烷烃 | 炔烃 | 环烷烃 |

## 八、教学反思

本节课采用了实验探究的教学方式，通过在教学中创设一种类似科学研究的情境，让学生亲自参与猜想、探究和实验，形成一种在学习中善于质疑、乐于探索、努力求知的心理倾向。在教学推进过程中，教师应该扮演一个情境创设者、调控者的角色，尽量不要抢学生的"风头"，让学生成为学习的主人，体验科学探究的乐趣。

**参考文献：**

［1］中华人民共和国教育部.普通高中化学课程标准（2017年版）［M］.北京：人民教育出版社，2018.

［2］王云生.基础教育阶段学科核心素养及其确定——以化学学科核心素养为例［J］.福建基础教育研究，2016（2）.

［3］朱鹏飞，徐惠.苯的教学设计［J］.化学教学，2014（1）.

［4］尹安钿.“苯”的探究式教学实践与反思教学［J］.化学教与学，2012（4）.

［5］曹旭琴.苯的教学设计［J］.中学化学教学参考，2011（1-2）.

# 《难溶电解质的溶解平衡》教学设计

*广东省苏洁芳名师工作室 茂名市第一中学 苏洁芳*

难溶电解质的溶解平衡是学生在学习了化学平衡以及电离平衡和水解平衡之后所学习的另外一种难溶物在水溶液中存在的溶解平衡，是选修4《化学反应原理》的重点内容，是历年高考重点考查的内容之一。通过学习，学生懂得构建难溶电解质的溶解平衡概念，并懂得运用平衡移动原理解决生活生产中沉淀的生成、溶解和转化问题。

## 一、教学目标

（1）掌握难溶电解质的溶解平衡。能通过对溶解平衡的构建、理解，进一步构建难溶电解质的溶解平衡模型，培养证据推理与模型认知的化学核心素养。

（2）掌握沉淀反应的应用。能运用平衡移动原理分析解决沉淀的生成、溶解和转化问题，培养化学核心素养。

（3）通过具体生活生产案例，设计实验方案，动手实验验证，观察分析实验现象并书写发生反应的离子方程式，最后总结归纳方法及规律，培养学生的宏观辨识与微观探析、科学探究与创新意识、科学态度等化学核心素养。

## 二、内容和学法分析

本节内容源于化学平衡的应用，和其他化学平衡的原理一样，因此在温故知新的基础上学习该内容就如同顺水推舟，主要是根据平衡移动原理，运用类比思维去掌握沉淀的生成、溶解和转化等相关知识。学生尝试大胆猜想，学会设计相关的实验方案并通过实验探究进行验证，从而解决生活生产中相关的实际问题。

## 三、学情分析

学生在学习化学平衡原理的基础上学习这节内容，实质上是应用平衡移动原理解决实际问题，是学生认知基础上的深化、延伸和综合运用。但学生通常对基本知识、基本原理理解不透，因此难以迁移应用，所以本节课的主要设计思路是让学生通过情境去获取知识，提升能力。通过设计实验方案和实验探究来帮助学生熟练掌握化学实验的基本操作和基本技能，培养学生的创新思维能力。

## 四、认知障碍分析

学生对难溶物质的溶解平衡存在很大的认知障碍，大部分学生认为难溶物绝对不溶，缺乏辩证观念。要解决这个问题只有以实验作为依据，通过宏观辨识再进行微观探析，帮助学生认识难溶物质存在溶解平衡并构建难溶物质溶解平衡的概念。

## 五、教学过程

### 教学过程概览

| 学习环节 | 师生互动 | 评价活动 | 设计意图 |
|---|---|---|---|
| 环节一：难溶电解质溶解平衡的建立 | 学习任务1：溶解平衡。<br>问题1：可溶物能无限溶解吗？存在溶解平衡吗？如何设计实验证明你的猜想？<br>活动1：实验验证。<br>提供试剂及仪器：饱和硫酸铜溶液、不规则的硫酸铜晶体、蒸馏水、大烧杯。<br>思考：当$v$（结晶）=$v$（溶解）时，体系处于什么状态？溶解和结晶停止了吗？<br>归纳与整理：通过探索、观察与思考看看有什么新的发现。<br>溶解平衡：固体溶质在溶液中存在溶解和结晶两个相反的过程。在一定条件下，溶解速度等于结晶速度，溶液达到了动态平衡即溶解平衡，此时形成的溶液为饱和溶液，溶液中的溶解和结晶都在不停地进行，溶液浓度不变。未达到溶解平衡的溶液为不饱和溶液。<br>大胆质疑：可溶电解质既然存在溶解平衡，那么难溶电解质是否也存在溶解平衡？ | 学生：将缺角的硫酸铜晶体放入饱和硫酸铜溶液中，一段时间后观察硫酸铜晶体的形状和质量是否有变化。<br>形状：不再缺角，表面变规则了。<br>质量：前后不变。 | 通过观察硫酸铜晶体形状的变化，了解溶解平衡，培养学生宏观辨识与微观探析的化学核心素养。 |

基于**化学**核心素养的课堂教学创新实践

续 表

| 学习环节 | 师生互动 | 评价活动 | 设计意图 |
|---|---|---|---|
| 环节一：难溶电解质溶解平衡的建立 | 学习任务2：难溶电解质的溶解平衡。<br>活动2：将5 mL 1 mol·L$^{-1}$ AgNO$_3$溶液和5 mL 1 mol·L$^{-1}$ NaCl溶液完全混合后，Ag$^+$和Cl$^-$真的能反应彻底吗？溶液中还有Ag$^+$吗？如何证明？<br>实验验证（2分钟）：<br><br>表见下<br><br>难溶电解质（如AgCl）是否存在溶解平衡？若存在，请写出AgCl的溶解平衡表达式和平衡常数表达式 | 学习评价1：如何证明溶液中是否还有Ag$^+$？ | 取少量反应后的澄清液，加入KI溶液后产生黄色沉淀，与认知发生冲突从而构建难溶电解质溶解平衡的概念，培养学生证据推理的素养 |

| 实验过程 | 现象 | 解释与结论 |
|---|---|---|
| 5 mL 1 mol·L$^{-1}$ AgNO$_3$和5 mL 1mol·L$^{-1}$ NaCl溶液混合 | | |
| 取上层澄清液，加入少量KI溶液 | | |

| 学习环节 | 师生互动 | 评价活动 | 设计意图 |
|---|---|---|---|
| 环节二：沉淀反应的应用 | 创设情境：医院常用硫酸钡（钡餐）作为内服造影剂，但误吃不经严格制备的钡餐可能会引起中毒，你知道其中的原因吗？如何急救？你能用难溶电解质的溶解平衡原理解释吗？<br>学习任务3：沉淀的生成。<br>活动3：日常生活和工业生产中有哪些实例是通过加入沉淀剂导致沉淀的生成来解决实际问题的？你能举出一些例子吗？<br>归纳与整理形成沉淀的一般方法。<br>学习任务4：沉淀的溶解。<br>情境创设：观看锅炉爆炸视频。<br>实验探究1：分别向三支试管中加入1 mL（1滴管）0.1 mol·L$^{-1}$ MgCl$_2$溶液，再滴加0.5 mL（半滴管）0.1 mol·L$^{-1}$ NaOH溶液，制成有Mg(OH)$_2$沉淀的悬浊液，再分别加入1 mL（1滴管）蒸馏水、1 mL（1滴管）0.1 mol·L$^{-1}$盐酸、1 mL（1滴管）0.1 mol·L$^{-1}$氯化铵溶液进行观察，并在滴加氯化铵溶液的试管中继续滴加1 mL（1滴管）1 mol·L$^{-1}$氯化铵溶液，再观察并记录实验现象。（2分钟）<br><br>表见下 | 学习评价2：粗盐提纯时，NaCl溶液中含有SO$_4^{2-}$、Ca$^{2+}$、Mg$^{2+}$离子，如何除去？<br>学习评价3：处理工业废水时，如何除去氯化铵溶液中少量的FeCl$_3$？如果工业废水中含Ag$^+$，理论上你会选择加入什么试剂？<br><br>沉淀生成的一般方法：<br>（1）调节溶液的pH值。<br>（2）加入沉淀剂。<br>学习评价4：家里的暖水瓶用久了会产生水垢（锅炉用了也会产生水垢），水垢的主要成分是_____，如何除去？请同学们运用难溶电解质的溶解平衡移动原理，提出自己的实验方案。（2分钟）<br><br>表见下 | 通过实际情境让学生体验如何运用所学知识原理解决生活中的实际问题，并通过实验探究感知沉淀的生成、溶解和转化，通过具体生活生产案例，设计实验方案，动手实验验证，观察分析实验现象并书写发生反应的离子方程式，最后总结归纳方法及规律，培养学生的宏观辨识与微观探析、科 |

| 滴加试剂 | 蒸馏水 | 盐酸 | 氯化铵 |
|---|---|---|---|
| 现象 | | | |
| 有关反应的离子方程式 | | | |

| 所加试剂 | 现象 | 解释与结论 |
|---|---|---|
| | | |
| | | |

156

基于**化学**核心素养的课堂教学创新实践

续　表

| 学习环节 | 师生互动 | 评价活动 | 设计意图 |
|---|---|---|---|
| 环节二：沉淀反应的应用 | 学习任务5：沉淀的转化。<br>实验探究2：向试管中加入0.5 mL（半滴管）0.1 mol·L⁻¹ AgNO₃溶液，再滴加入1 mL（1滴管）0.1 mol·L⁻¹ NaCl溶液（过量），振荡后观察并记录实验现象；然后向其中滴入0.5 mL（半滴管）0.1 mol·L⁻¹ KI溶液，振荡后观察并记录现象；最后再向其中加入0.5 mL（半滴管）0.1 mol·L⁻¹ Na₂S溶液，振荡后观察并记录现象。（3分钟）<br><br>表格：步骤 / 向AgNO₃溶液中滴入过量的NaCl溶液 / 向新得固液混合物中加入KI溶液 / 向新得固液混合物中加入Na₂S溶液；现象；离子方程式<br><br>思考：你认为发生上述变化的原因是什么？试应用平衡移动原理加以解释。<br>实验探究3：往一支试管中加入1 mL（1滴管）0.1 mol·L⁻¹ MgCl₂溶液，再滴加0.5 mL（半滴管）0.1 mol·L⁻¹ NaOH溶液，制成有Mg（OH）₂沉淀的悬浊液，再加入少量FeCl₃溶液，观察并记录实验现象。<br><br>表格：操作 / 现象 / 解释与结论；MgCl₂+NaOH溶液；再加入少量FeCl₃溶液；静置<br><br>分析现象，其结论为：<br>沉淀的转化是_____的过程，其实质是_____。<br>总结反思：本节课学习了哪些内容？通过这节课的学习你有什么收获和欠缺？ | 学习评价5：将足量BaCO₃分别加入：①30 mL水；②10 mL 0.2 mol·L⁻¹ Na₂CO₃溶液；③50 mL 0.01 mol·L⁻¹氯化钡溶液；④100 mL 0.01 mol·L⁻¹盐酸中溶解至溶液饱和。请确定各溶液中Ba²⁺的浓度由大到小的顺序：_____。<br><br>学习评价6：牙齿表面由一层硬的、组成为Ca₅（PO₄）₃OH的物质保护着，它在唾液中存在下列平衡：<br>Ca₅（PO₄）₃OH（s）⇌5Ca²⁺+3PO₄³⁻+OH⁻<br>进食后，细菌和酶作用于食物，产生有机酸，这时牙齿就会受到腐蚀，其原因是_____已知Ca₅（PO₄）₃F（s）的溶解度比上面的矿化产物更小，质地更坚固。用离子方程式解释使用适量的含氟牙膏能防止龋齿的原因：_____。<br>根据以上原理，请你提出一种其他促进矿化的方法。<br>综合评价：为了除去下列括号内的杂质，下列物质的分离和提纯的适宜方法为_____。<br><br>表格：混合物 / 除杂方法 / 沉淀反应的应用；NH₄Cl（FeCl₃）；NaCl（CuCl₂）；BaSO₄（CaCO₃）；Mg（OH）₂（MgCO₃）；AgBr（AgCl） | 学探究与创新意识、科学态度等化学核心素养 |

157

## 六、板书设计

**《难溶电解质的溶解平衡》板书设计**

1. 难溶电解质的溶解平衡：

AgCl的溶解平衡表达式：$AgCl(s) \rightleftharpoons Ag^+(aq) + Cl^-(aq)$

平衡常数表达式（溶度积）：$K_{sp}(AgCl) = c(Ag^+)(g) \times c(Cl^-)$

2. 沉淀反应的应用：

（1）沉淀的生成。

（2）沉淀的溶解。

（3）沉淀的转化。

## 七、课后评价

1. 下列关于溶度积的说法正确的是（　　　）。

A. 溶度积大的化合物溶解度肯定大

B. 不同温度的碘化银的溶度积不同

C. 溶度积只与难溶电解质的性质有关

D. 将难溶电解质放入纯水中，溶解达到平衡时，电解质的浓度的乘积就是该物质的溶度积

2. 中学化学中很多"规律"都有其适用范围，下列根据有关"规律"推出的结论正确的是（　　　）。

| 选项 | 规律 | 结论 |
|------|------|------|
| A | 较强酸可以制取较弱酸 | 次氯酸溶液无法制取盐酸 |
| B | 反应物浓度越大，反应速率越快 | 常温下，相同的铝片中分别加入足量的浓、稀硝酸，浓硝酸中的铝片先溶解完 |
| C | 结构和组成相似的物质，沸点随相对分子质量增大而升高 | $NH_3$的沸点低于$PH_3$ |
| D | 溶解度小的沉淀易向溶解度更小的沉淀转化 | ZnS沉淀中滴加$CuSO_4$溶液可以得到CuS沉淀 |

3. 将等体积的$4 \times 10^{-3}$ $mol \cdot L^{-1}$ $AgNO_3$溶液和$4 \times 10^{-3}$ $mol \cdot L^{-1}$ $K_2CrO_4$溶液混合，是否能析出$Ag_2CrO_4$沉淀？〔已知$K_{sp}(Ag_2CrO_4) = 9.0 \times 10^{-12}$ $mol \cdot L^{-1}$〕_____，（填"是"或"否"）原因是_____。

4. （1）将$Ca(OH)_2$固体放入水中，一段时间后达如下平衡：

$$Ca（OH）_2（s） \rightleftharpoons Ca^{2+}（aq）+2OH^-（aq）$$

试分析下列变化对沉淀溶解平衡的影响。

| 溶液的变化<br>操作 | 平衡移动<br>的方向 | Ca（OH）$_2$固体的<br>质量 | 溶液的<br>pH值 | Ca$^{2+}$的浓度 | Ca（OH）$_2$的$K_{sp}$ |
|---|---|---|---|---|---|
| 加入少量的水 | | | | | |
| 加热 | | | | | |
| 加少量Ca（OH）$_2$ | | | | | |
| 加入少量CaO | | | | | |

（2）①升高温度，沉淀溶解平衡一般向_____移动（_____除外）。

②加入少量水，沉淀溶解平衡向_____移动，溶液中离子浓度_____，固体的质量会_____。

③加入含有该固体电离出的离子，会使平衡向_____移动，固体的质量会_____。

④加入少量的该固体，平衡_____移动，离子浓度_____。

5. 某地菱锰矿的主要成分是$MnCO_3$，还含有$Fe_2O_3$、FeO、CaO、$Al_2O_3$等杂质，工业上以菱锰矿为原料制备高纯度碳酸锰的流程如下图所示。

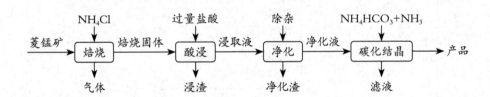

已知：$MnCO_3+2NH_4Cl \xrightarrow{\text{焙烧}} MnCl_2+CO_2\uparrow +2NH_3\uparrow +H_2O$

相关金属离子$[c_0（M^{n+}）=0.1 \text{ mol} \cdot L^{-1}]$形成氢氧化物沉淀的pH范围如下：

| 金属离子 | Mn$^{2+}$ | Fe$^{2+}$ | Fe$^{3+}$ | Al$^{3+}$ |
|---|---|---|---|---|
| 开始沉淀的pH值 | 8.1 | 6.3 | 1.5 | 3.4 |
| 沉淀完全的pH值 | 10.1 | 8.3 | 2.8 | 4.7 |

（1）净化包含三步：

①加入少量$MnO_2$。添加少量$MnO_2$的作用是_____。发生反应的离子方程式为_____。

②加氨水调pH值，溶液的pH范围应调节为_____ ~ 8.1，生成的沉淀主要是_____。

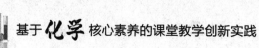

③加入$MnF_2$，生成沉淀除去$Ca^{2+}$。若溶液酸度过高，$Ca^{2+}$沉淀不完全，原因是_____。

（2）碳化结晶中生成$MnCO_3$的离子方程式为_____。

6.（1）将$NaHCO_3$与$Al_2(SO_4)_3$两者混合后可做泡沫灭火剂，其原理是_____

_____（用离子方程式表示）。

（2）已知$K_{sp}(BaSO_4)=1.1 \times 10^{-10}$，$K_{sp}(BaCO_3)=2.58 \times 10^{-9}$，

① 二者的溶解能力相差不大，但_____溶解能力相对更小。重晶石（主要成分是$BaSO_4$）是制备钡化合物的重要原料，但是$BaSO_4$不溶于酸，若用_____处理即可转化为易溶于酸的$BaCO_3$。总反应的离子方程式是_____。

② 现有足量的$BaSO_4$悬浊液，在该悬浊液中加纯碱粉末并不断搅拌，最终$SO_4^{2-}$物质的量浓度达到0.05 mol·$L^{-1}$，则此时溶液中$CO_3^{2-}$物质的量浓度应为_____ mol·$L^{-1}$。

（3）某温度时，$BaSO_4$在水中的沉淀溶解平衡曲线如下图所示。下列说法正确的是（ ）。

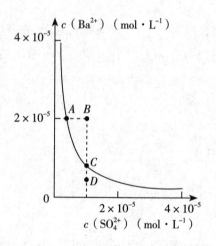

A. 加入$Na_2SO_4$可由$A$点变为$B$点

B. 在曲线上方区域（不含曲线）的任意一点，均有$BaSO_4$沉淀生成

C. 蒸发溶剂可使溶液由$D$点变为曲线上$A$、$C$之间的某一点（不含$A$、$C$）

D. $A$点对应的$K_{sp}$大于$C$点对应的$K_{sp}$

**参考答案：**

1. B。

2. D。

3. 是；$Q_c>K_{sp}$。

4.（1）

| 操作 ＼ 溶液的变化 | 平衡移动的方向 | Ca（OH）$_2$ 固体的质量 | 溶液的 pH值 | Ca$^{2+}$的浓度 | Ca（OH）$_2$ 的Ksp |
|---|---|---|---|---|---|
| 加入少量的水 | 右 | 减小 | 不变 | 不变 | 不变 |
| 加热 | 左 | 增加 | 减小 | 减小 | 减小 |
| 加入少量Ca（OH）$_2$ | 不移动 | 增加 | 不变 | 不变 | 不变 |
| 加入少量CaO | 左 | 增加 | 不变 | 不变 | 不变 |

（2）① 沉淀溶解的方向；Ca（OH）$_2$。

② 沉淀溶解的方向；不变；减少。

③ 沉淀生成的方向；增加。

④ 不；不变。

5.（1）①将Fe$^{2+}$氧化为Fe$^{3+}$；$MnO_2+2Fe^{2+}+4H^+ \xlongequal{} Mn^{2+}+2Fe^{3+}+2H_2O$

② 4.7；Fe（OH）$_3$、Al（OH）$_3$。

③F$^-$与H$^+$结合形成弱电解质HF，$CaF_2（s）\rightleftharpoons Ca^{2+}（aq）+2F^-（aq）$平衡向右移动。

（2）$Mn^{2+}+HCO_3^-+NH_3 \xlongequal{} MnCO_3\downarrow +NH_4^+$

6.（1）$Al^{3+}+3HCO_3^- \xlongequal{} Al（OH）_3\downarrow +3CO_2\uparrow$

（2）①BaSO$_4$溶液；Na$_2$CO$_3$溶液；$BaSO_4（s）+CO_3^{2-}（aq）\rightleftharpoons BaCO_3（s）+SO_4^{2-}（aq）$

② 1.17。

（3）B。

# 八、教学反思

本节课主要是通过实验对溶解平衡进行构建、理解，进一步构建难溶电解质的溶解平衡，发展学生证据推理与模型认知的化学核心素养。运用平衡移动原理分析解决沉淀的生成、溶解和转化问题，发展学生的变化观念与平衡思想的化学核心素养。让学生通过具体生活生产案例，设计实验方案，动手实验验证，观察分析实验现象并书写发生反应的离子方程式，最后总结归纳方法及规律，发展学生的宏观辨识与微观探析、科学探究与创新意识、科学态度等化学核心素养。在课堂实际操作中发现学生实验设计和操作还是不错的，而且特别感兴趣，但从实践到理论的分析比较欠缺，而且知识的结构化和模型建立以及符号表征等比较薄弱，需要反复引导才能理解和掌握，但内化成自己的东西则需要一定量的积累才行。

**参考文献：**

［1］中华人民共和国教育部.普通高中化学课程标准（2017年版）［M］.北京：人民教育出版社，2018.

［2］赵鑫，谢天华.基于化学学科核心素养中"证据推理"素养的培养［B］.化学教与学，2018（10）：12–14.

第三章 水溶液中的离子平衡　第一节 弱电解质的电离

# 《弱电解质的电离》教学设计

## （第1课时）

广东省苏洁芳名师工作室　茂名市第十七中学　杨小玲

## 一、教学目标

（1）由生活现象及初三所学知识，引导学生进一步辨识电解质与非电解质，强化树状分类法的应用。

（2）通过观察浓度不同的溶液的导电性实验现象，学生能宏观辨识电解质有强弱之分，能用类别观粗略判断强电解质与弱电解质，识记常见强酸、强碱，了解导电性强弱与强弱电解质的关系。

（3）通过对强弱电解质相关实验的探究，培养学生科学探究的一般方法和分析问题、解决问题、抽象思维等能力，使学生掌握判断强弱电解质的一般实验思路，巩固测定溶液pH值的方法。

（4）通过对电解质溶液所含粒子种类的探究，学生能从微观角度辨析强弱电解质的本质区别，体会学习的阶段性和认识不断提升的过程，能准确书写不同电解质的电离方程式。

（5）通过所学化学平衡理论模型，学生能分析弱电解质电离平衡的建立及移动，能绘制弱电解质电离过程速率–时间图，会书写$K_{电离}$表达式、运用$Q_c$与$K_{电离}$的关系判断改变条件时平衡移动的方向，并能设计实验证明，进一步培养学生证据推理和模型认知的核心素养。

## 二、教学重难点

### 1. 教学重点

强弱电解质的概念和判断，弱电解质电离平衡的建立及移动。

### 2. 教学难点

实验方案设计的依据，平衡理论模型的应用。

## 三、内容和学法分析

电离平衡是化学平衡知识的拓展和深化，对后续章节的学习有重要的指导作用。电离平衡包括"电解质有强弱之分"和"弱电解质的电离过程是可逆的，并存在电离平衡"两部分内容，要求学生学习强电解质和弱电解质的概念，了解强弱电解质与酸、碱、盐在物质类别方面的联系，以及弱电解质的电离平衡及浓度等条件对电离平衡的影响。为了更好地落实核心素养的培养，本节课在充分比较人教版、苏教版和鲁教版教材的基础上，优选3个版本的教材内容，进行实验方案的设计、探究和证据推理、模型认知教学，加强学生宏观辨识与微观辨析素养的培养，并在学习过程中渗透过程性评价和课后评价，实现教学评一体化。

## 四、学情分析

学生已了解电解质与非电解质的概念，已学习"影响化学反应速率的因素、化学平衡的建立和移动"等理论，了解了浓度、温度等外界条件对化学反应速率的影响，掌握了化学平衡状态的建立及特征、$Q_c$ 与 $K_{电离}$ 的相对大小与反应方向间的关系，对化学平衡是动态平衡及平衡移动的实质已有正确认识。但学生比较容易混淆概念，类别观不清；实验设计基本思路不够清晰，实验方案的文字描述能力、控制变量与对照实验的观念不强，对平衡理论模型的应用不够熟练，证据推理和模型认知的核心素养有待提高。

## 五、认知障碍分析

（1）如何清楚认知从分类角度看只有纯净物中的化合物才可分为电解质和非电解质、强电解质和弱电解质，分类观清晰，电离平衡理论的应用才有意义。

（2）怎样才能启发学生设计合理的实验方案判断强弱电解质？通过问题提示引导学生逐步思考，掌握控制变量与对照实验的思想，培养学生的科学探究素养。

（3）怎样才能引导学生用所学的平衡理论，从平衡的建立、特征、$K_{电离}$ 的表达式和应用、$Q_c$ 与 $K_{电离}$ 的关系等证据推理和模型认知学习电离平衡。

## 六、教学过程

教学过程概览

| 学习环节 | 师生互动 | 评价活动 | 设计意图 |
|---|---|---|---|
| 环节一：<br>宏观辨识电解质与非电解质 | 任务1：宏观辨识电解质与非电解质<br>情境创设1：你能解释下列事实吗？<br>（1）潮湿的手触摸正在工作的电器，可能会发生触电事故。<br>（2）电解水制$H_2$、$O_2$时，需要向水中加入少量的NaOH或$Na_2SO_4$。<br>思考与交流：何为电解质？不是电解质就是非电解质吗？<br><br>活动1：<br>下列物质属于电解质的是（　　）。<br>A. $O_2$　　　　　　　B. $HNO_3$<br>C. NaOH溶液　　　　D. $Na_2SO_4$<br>E. 酒精　　　　　　F. $CO_2$<br>G. Fe<br><br>思考与交流：<br>（1）判断电解质的基本依据是什么？<br>（2）电解质导电的实质是什么？<br>（3）请将上述物质用树状分类法进行分类。常见的哪类物质属于电解质？<br>投影展示学生的学习结果 | （1）电解质溶液可以导电，故潮湿的手触摸正在工作的电器，可能会发生触电事故。<br>（2）水中加入电解质，可增强导电能力。<br>重述电解质的定义。<br>分析判断依据。<br>评价1：<br>下列物质属于电解质且能导电的是（　　）。<br>A. 熔融氯化钠<br>B. 氢氧化钠溶液<br>C. Cu<br>D. 蔗糖<br>强调电解质与非电解质均属于化合物。<br>导电实质是有自由移动的离子。<br><br>常见的酸、碱、盐和水均为电解质。 | 联系生活实际和所学知识，回顾电解质的概念及应用。<br><br>强调分类观的应用，为强弱电解质的判断打下基础。<br><br>培养学生宏观辨识与微观辨析的素养 |
| 环节二：<br>宏观辨识电解质有强弱之分 | 任务2：宏观辨识电解质有强弱之分<br>情境创设2：观察浓度不同的电解质溶液导电能力大小的实验现象并分析原因。<br>思考与交流：电解质溶液中因有自由移动的离子能导电，但等浓度的电解质溶液的导电能力一样吗？能否通过实验探究一下？<br>为方便大家观察，以实验视频展示。<br>实验操作：<br>五个烧杯中盛有等体积的$1\ mol \cdot L^{-1}$的$CH_3COOH$溶液、氨水、盐酸、NaCl溶液、NaOH溶液，接通电源进行导电性实验，注意观察灯泡的亮度。 | 了解实验目的和实验方案设计的依据，观察实验过程，记录实验现象，分析比较后得出实验结论。<br>实验现象：盛$CH_3COOH$溶液、氨水的烧杯里的灯泡较暗，盛盐酸、NaCl溶液、NaOH溶液的烧杯里的灯泡亮。<br>结论：等浓度的不同电解质溶液导电能力不同，溶液中自由移动离子的浓度不同。<br>原因：不同电解质在溶液中的电离程度不同。 | 参考鲁教版教材，以学生熟悉的趣味实验引入比直接提出问题要自然，学生更易于理解与接受。 |

续 表

| 学习环节 | 师生互动 | 评价活动 | 设计意图 |
|---|---|---|---|
| 环节二：<br>宏观辨识电解质有强弱之分 | 思考与交流：<br>（1）根据观察到的实验现象，你能得出什么结论？为何强调等浓度？<br>（2）宏观现象背后的微观原因是什么？<br>（3）强弱电解质的本质区别是什么？强电解质溶液的导电能力一定比弱电解质溶液的导电能力强吗？强电解质一定能导电吗？<br>活动2：列举常见的强酸、强碱、弱电解质 | 强弱电解质的本质区别在于是否完全电离，导电能力与自由移动离子浓度有关，与电解质强弱无关。<br>评价2：<br>下列物质中，属于弱电解质的是（　　）。<br>A. 氯化氢　　　　B. 氢氧化钠<br>C. 一水合氨　　　D. 酒精<br>阅读教材：一般来说，弱酸、弱碱和水为弱电解质 | 同时设疑启思，培养学生的观察、分析能力，为学习新知识做铺垫 |
| 环节三：<br>实验探究电解质的强弱，微观辨析强弱实质 | 任务3：弱电解质的电离。<br>活动3：醋酸和盐酸是常见的两种一元酸，你认为它们的电离程度有无差异？能设计实验验证你的猜想吗？请参考课本写出实验方案并与同学交流。<br>引导：方案设计的依据是什么？<br>展示、评析实验方案，与课本对比。<br>实验用品：$1\ mol \cdot L^{-1}\ CH_3COOH$溶液、$1\ mol \cdot L^{-1}$盐酸、镁条、试管、玻璃片、玻璃棒、pH试纸、比色卡、塑料滴管等。<br>分组实验探究，观察并记录现象后得出结论。<br>盐酸完全电离，醋酸部分电离。<br><br>设问：还有其他方法吗？<br>播放提前录制的学生实验视频：等浓度、等体积的盐酸、醋酸分别与定量的碳酸钠反应后产生的气体使气球膨胀的速率不同但大小相同。<br>思考与交流：设计此实验方案的一般思路是什么？<br><br>思考与交流：从微观角度如何表示盐酸、醋酸电离程度的差异？<br><br>活动4：请用柱状图分别表示等物质的量的盐酸、醋酸溶于水后微粒的种类及数量关系。 | 快速判断。<br>方案设计依据：<br>等浓度的盐酸和醋酸$c（H^+）$的相对大小。<br><br>设计实验方案：<br>（1）测定等浓度两种酸的pH值。<br>（2）比较与等量、等表面积的镁条产生气泡的速率。<br><br>| 实验假设 | |<br>|---|---|<br>| 实验方案1 | |<br>| 实验现象1 | |<br>| 实验方案2 | |<br>| 实验现象2 | |<br>| 结论 | |<br><br>酸的强弱影响反应速率，化学反应按化学计量数进行，不影响产物的量。<br>提出假设→设计方案→实验探究→观察现象→得出结论<br>评价3：<br>1. 写出下列物质溶于水的电离方程式。<br>$HClO$、$H_2S$、$Fe（OH）_3$、$NaHSO_4$ | 从生活实际入手，学生印象深刻。培养学生的分析能力、实现探究技能和文字、化学用语表达能力。<br>参考苏教版和人教版教参中的教学建议，增加趣味性的同时明确所学知识。<br><br>通过实验探究，培养学生科学探究、科学态度与创新意识的核心素养。 |

166

续表

| 学习环节 | 师生互动 | 评价活动 | 设计意图 |
|---|---|---|---|
| 环节三：实验探究电解质的强弱之分，微观辨析强弱实质 | 展示鲁教版教材等物质的量的盐酸、醋酸的微粒种类及数目比较柱形图。<br><br>思考与交流：<br>1.如何用化学用语表示盐酸、醋酸电离程度的差异？（写电离方程式）<br>2.书写电离方程式的步骤和注意事项：<br>（1）先判断是强电解质还是弱电解质。<br>（2）弱酸的电离分步进行。<br>（3）弱电解质的电离不完全有限度。<br>播放微课并总结：从分类角度判断强弱电解质，常见的强酸强碱，强弱实质及电离方程式书写注意事项。<br>思考与交流：根据所学知识，有限度的过程能否用所学平衡理论去分析，思考的程序是什么？ | 2. 下列电离方程式中错误的是（　　）。<br>A. $H_2SO_4$溶液：$H_2SO_4 = 2H^+ + SO_4^{2-}$<br>B. $H_2CO_3$溶液中：$H_2CO_3 \rightleftharpoons 2H^+ + CO_3^{2-}$<br>C. HF溶于水：$HF \rightleftharpoons H^+ + F^-$<br>D. $NaHCO_3$溶于水：$NaHCO_3 = Na^+ + HCO_3^-$<br><br>回顾平衡理论的建立、特征、影响因素及移动方向判断的方法 | 分析现象背后的微观原因，形成概念。<br><br>用化学用语表述微观现象，培养学生宏观辨识与微观辨析的核心素养 |
| 环节四：用模型理论分析弱电解质电离平衡的建立及移动 | 任务4：弱电解质的电离平衡。<br>活动5：以醋酸为例从以下几方面分析弱电解质的电离平衡。<br>（1）画出醋酸电离过程中离子生成和结合成分子的速率–时间图。<br><br>（2）写出醋酸$K_{电离}$的表达式。<br><br>（3）向醋酸溶液中加入少量醋酸铵固体，溶液pH值如何变化？如何解释？该实验有何应用？<br><br>（4）运用$Q_c$与$K_{电离}$的关系分析：往醋酸溶液中加入少量冰醋酸或加水稀释，平衡的移动方向如何？醋酸电离（类似于转化率）程度的变化如何？<br><br>活动6：还可从何角度分析电离平衡的影响因素？<br><br>微课总结：运用平衡理论模型分析弱电解质的电离平衡 | 绘制速率–时间图，并与教材对照细节。<br>套用$K_{电离}$的定义式表达。<br>证明存在电离平衡。<br>$Q_c$与$K_{电离}$的关系分析：<br>加入冰醋酸或加水稀释电离平衡均右移，醋酸浓度越小电离程度越大，内因——$K_{电离}$越大，酸性越强；外因——温度升高，$K_{电离}$一般增大。<br>评价4：<br>在$0.1\ mol \cdot L^{-1}\ CH_3COOH$溶液中存在如下电离平衡：<br>$CH_3COOH \rightleftharpoons CH_3COO^- + H^+$<br>对于该平衡，下列叙述正确的是（　　）。<br>A. 加入水时，平衡逆向移动<br>B. 加入少量NaOH固体，平衡正向移动<br>C. 加入少量$0.1\ mol \cdot L^{-1}$盐酸，溶液中$c(H^+)$不变<br>D. 加入少量$CH_3COONa$固体，平衡正向移动 | 通过所学化学平衡理论模型，进一步培养变化观念与平衡思想、证据推理和模型认知的核心素养 |

## 七、板书设计

### 《弱电解质的电离》板书设计

一、强弱电解质

1. 定义。

2. 区分依据：电解质在溶液中电离程度的大小。

3. 电离方程式：

（1）强电解质——用"="号。

（2）弱电解质——用"$\rightleftharpoons$"号。

宏观现象：等浓度盐酸、醋酸导电性不同。

微观原因：微粒种类、数目不同。

符号表达：$HCl=H^+ +Cl^-$，$CH_3COOH \rightleftharpoons H^+ +CH_3COO^-$

二、弱电解质的电离平衡

1. 平衡的建立。

2. $K_{电离}$表达式、应用。

3. 运用$Q_c$与$K_{电离}$的关系分析外界条件对电离平衡的影响——浓度。

4. 影响电离平衡的因素：

（1）内因——$K_{电离}$。

（2）外因——浓度、温度。

## 八、课后评价

1.（水平1）关于强弱电解质及非电解质的组合完全正确的是（　　）。

| 选项 | A | B | C | D |
|---|---|---|---|---|
| 强电解质 | NaCl | $H_2SO_4$ | $CaCO_3$ | $HNO_3$ |
| 弱电解质 | HF | $BaSO_4$ | HClO | $CH_3COOH$ |
| 非电解质 | $Cl_2$ | $CO_2$ | $C_2H_5OH$ | $H_2CO_3$ |

2.（水平1）下列电离方程式错误的是（　　）。

A.（$NH_4$）$_2SO_4$溶于水：（$NH_4$）$_2SO_4 = 2NH_4^+ +SO_4^{2-}$

B. $H_3PO_4$溶于水：$H_3PO_4 \rightleftharpoons 3H^+ +PO_4^{3-}$

C. HF溶于水：$HF \rightleftharpoons H^+ +F^-$

D. NaHS溶于水：$NaHS = Na^+ +HS^-$，$HS^- \rightleftharpoons H^+ +S^{2-}$

3.（水平2）可判定某酸为强电解质的现象是（　　　　）。

A. 该酸加热至沸腾也不分解

B. 该酸可溶解$Cu（OH）_2$

C. 该酸可跟石灰石反应放出$CO_2$

D. $0.1\ mol \cdot L^{-1}$一元酸$c（H^+）=0.1\ mol \cdot L^{-1}$

4.（水平2）已知相同条件下，HClO的电离常数小于$H_2CO_3$的第一级电离常数。为了提高氯水中HClO的浓度，可加入（　　　　）。

A. HCl　　　　　　　　B. $CaCO_3$（s）　　　　　　C. $H_2O$　　　　　　D. NaOH（s）

5.（水平3）$H_2S$水溶液中存在电离平衡$H_2S \rightleftharpoons H^+ + HS^-$和$HS^- \rightleftharpoons H^+ + S^{2-}$。若向$H_2S$溶液中（　　　　）。

A. 加水，平衡向右移动，溶液中氢离子浓度增大

B. 通入过量$SO_2$气体，平衡向左移动，溶液pH值增大

C. 滴加新制氯水，平衡向左移动，溶液pH值减小

D. 加入少量硫酸铜固体（忽略体积变化），溶液中所有离子浓度都减小

**评价活动参考答案：**

评价1：A。

评价2：C。

评价3：

1.（1）$HClO \rightleftharpoons H^+ + ClO^-$

（2）$H_2S \rightleftharpoons H^+ + HS^-$　　　　　　　$HS^- \rightleftharpoons H^+ + S^{2-}$

（3）$Fe（OH）_3 \rightleftharpoons Fe^{3+} + 3OH^-$

（4）$NaHSO_4 = Na^+ + H^+ + SO_4^{2-}$

2. B。

评价4：B。

**课后评价参考答案：**

1. C。

2. B。

3. D。

4. B。

5. C。

## 九、教学反思

本节课采用了多种教学手段和方法,让学生在对电解质感性认识的基础上进行理性思考、实验探究、逻辑推理、科学抽象,培养了学生的宏观辨识与微观辨析、科学探究与创新意识、变化观念与平衡思想、证据推理与模型认知、科学态度与社会责任等核心素养。

(1)本节课属于概念教学,充分运用了实验探究、问题构建、图示等教学策略,使学生对强弱电解质的本质区别与区分依据有了清晰的认识,知道宏观现象背后的微观原因,明白符号表达方式的区别。但学生部分前概念混淆,导致强弱电解质从分类角度无法准确判断,电离方程式的书写不能准确表达。为了更好地学习"盐类的水解"等相关知识,要不断渗透分类观的教学。

(2)本节课充分发挥了学生的主体作用,尤其是方案设计和分组实验,培养了学生分析、思考问题的能力,创新能力,探究能力,与人合作的能力,以及语言表达、文字表达能力。利用所学化学平衡理论模型分析醋酸的电离平衡,进一步培养学生的变化观念与平衡思想、证据推理和模型认知的核心素养。

**参考文献:**

[1] 中华人民共和国教育部.普通高中化学课程标准(2017年版)[M].北京:人民教育出版社,2018.

[2] 武光荣.基于学科核心素养的高中化学教学设计——以《弱电解质的电离平衡》的教学为例[J].中学教学参考,2018(26).

[3] 赵春梅.基于支架式教学的《弱电解质的电离平衡》教学设计[J].中学教学参考,2017(9).

[4] 杨晓丽.基于学习风格差异性的教学设计——以"弱电解质的电离"为例[J].化学教与学,2015(12).

# 《影响化学平衡的因素（浓度）》教学设计

*广东省苏洁芳名师工作室　茂名市第一中学　陈锦*

## 一、教学目标

（1）通过控制变量、对照实验的设计，发展学生的科学态度素养、科学探究与创新意识素养。

（2）通过实验现象判断平衡移动的方向，发展学生宏观辨识素养。

（3）通过对平衡移动方向的判断依据（$Q_c$ 与 $K_{电离}$ 的相对大小）的分析及实质 $v$（正）与 $v$（逆）的相对大小的分析，发展学生的变化观念与平衡思想素养、证据推理与模型认知素养。

（4）通过浓度对化学平衡移动影响的判据及实质的微课，学生总结模型，外显思路。

## 二、教学重难点

### 1. 教学重点

根据 $Q_c$ 与 $K_{电离}$ 的相对大小判断浓度改变对化学平衡的影响，构建判据模型；能够分析平衡移动的实质，构建实质分析模型；通过实验探究，发展学生的科学态度、科学探究与创新意识素养。

### 2. 教学难点

能够分析平衡移动的实质，构建实质分析模型；通过实验探究，发展学生的科学态度素养、科学探究与创新意识素养。

### 三、内容与学法分析

"影响化学平衡的因素"是本章的核心内容,既是本章的重点又是本章的难点。化学平衡是中学化学的重要理论之一,是中学化学中所涉及的溶解平衡、电离平衡、水解平衡、难溶电解质的溶解平衡等知识的中心,对平衡知识的学习起指导作用。本节在掌握化学平衡的建立、平衡状态的特征及根据 $Q_c$ 与 $K_{电离}$ 的相对大小判断反应方向的基础上,通过实验探究浓度对化学平衡的影响规律,并构建判据分析模型和实质分析模型,为后续其他因素对化学平衡的影响分析乃至条件改变对其他平衡体系的影响的分析奠定基础。化学平衡移动原理(勒夏特列原理)对解决化工生产中存在的实际问题具有重要意义。

本节课的内容既是浓度对化学反应速率的影响的拓展与应用,又是发展学生平衡思想素养的基础。整节课我们将进行实验探究与模型认知教学,并渗透过程性评价与课后评价,实现教学评一体化。

### 四、学情分析

学生已经学习了"化学反应速率、影响化学反应速率的因素、化学平衡的建立"等理论,了解了浓度、温度等外界条件对化学反应速率的影响等内容,掌握了可逆过程(反应)及其特征,了解了任何可逆过程在一定条件下都是有限度的,并在此基础上掌握了溶解平衡和化学平衡状态的建立及特征、$Q_c$ 与 $K_{电离}$ 的相对大小与反应方向间的关系,对化学平衡是动态平衡已有正确认识——化学平衡是建立在一定条件下的,当条件改变时平衡也可能发生变化。但学生在实验设计上尚未深入掌握控制变量与对照实验的观念,且未建立平衡移动判据分析模型及实质分析模型。

### 五、认知障碍分析

(1)怎样才能启发学生合理设计实验方案?通过问题提示引导学生逐步思考,使学生掌握控制变量与对照实验的思想,发展学生的科学探究素养。

(2)怎样才能引导学生自主分析浓度对平衡移动的影响的实质?通过一个具体实验情境的证据推理,构建认知模型,然后通过具体实验情境模仿并应用认知模型,最后通过微课小结,将认知模型外显。

## 六、教学过程

教学过程概览

| 学习环节 | 师生互动 | 评价活动 | 设计意图 |
|---|---|---|---|
| 温故知新 | （1）向盛有 2 mL 0.005 mol·L$^{-1}$ FeCl$_3$ 溶液的试管中加入 5 mL 0.005 mol·L$^{-1}$ KSCN 溶液，会发生如下反应：FeCl$_3$+3KSCN $\rightleftharpoons$ Fe（SCN）$_3$+3KCl。该反应在 10 秒钟内达到平衡。画出在该条件下 0 ~ 20 秒内该体系的 $v$-$t$ 关系图。<br>（2）其他条件不变，在第 20 秒，又滴入 3 滴饱和 FeCl$_3$ 溶液，请补充该体系的 $v$-$t$ 图 | 画出指定条件下的 $v$-$t$ 图。（水平2） | 为本质分析模型的建立做好铺垫，发展学生微观探析的素养 |
| 导入新课 | （3）第一次平衡与第二次平衡是否相同？有什么关系？ | | 从化学平衡移动的概念过渡到浓度对平衡移动的影响的探究 |
| 推进新课 | （4）上述体系中，是什么因素引起平衡的移动的？<br>（5）你能用实验来探究浓度的改变是如何影响平衡的移动的吗？ | | |
| 实验模型建构 | 利用给出的实验用品设计实验，探究增大浓度对化学平衡的影响。<br>实验用品：0.005 mol·L$^{-1}$ FeCl$_3$溶液、0.01 mol·L$^{-1}$ KSCN溶液、饱和FeCl$_3$溶液、0.1 mol·L$^{-1}$ KSCN溶液、试管、滴管、烧杯等。<br>注意：考虑试剂的浓度和具体用量。<br>实验设计思考：<br>（1）你打算选用高浓度还是低浓度的溶液？为什么？<br>（2）你打算如何增大反应物的浓度？<br>（3）你打算通过什么现象来判断平衡是否发生移动？<br>（4）如何才能使颜色变化更容易观察，使实验结果更有说服力？<br>分组实验，验证猜想，形成结论 | 思考实验步骤，预测实验现象及结论。（水平3）<br><br>根据问题提示设计合理的实验方案，并预测实验现象及结论。（水平2）<br><br>规范合理地进行实验，观察并记录现象，得出结论（水平2） | 发展学生的科学探究素养及小组合作精神。<br><br>形成对照实验、控制变量的思想，构建实验设计模型，发展科学探究与创新意识素养。<br>发展学生的科学态度素养和宏观辨识素养 |
| 认知模型建构 | 实验现象及原理分析：<br>（1）上述变化过程是怎样的？（从浓度的角度进行分析）<br>（2）你能结合速率的变化来分析上述变化过程吗？ | 用 $Q_c$ 与 $K_{电离}$ 相对大小判断反应方向。（水平1）<br><br>从平衡移动的实质、方向及结果的角度分析实验结果。（水平4） | 建构判据分析模型，发展学生的证据推理素养。<br>建构本质分析模型，发展学生的证据推理素养 |

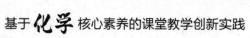
| 学习环节 | 师生互动 | 评价活动 | 设计意图 |
|---|---|---|---|
| 实验模型模仿 | 如果是减少反应物又会引起平衡如何变化呢？<br>实验用品：$0.005\ mol\cdot L^{-1}\ FeCl_3$溶液、$0.01\ mol\cdot L^{-1}$ KSCN溶液、饱和$FeCl_3$溶液、$0.1\ mol\cdot L^{-1}$ KSCN溶液、$0.1\ mol\cdot L^{-1}\ NaOH$溶液、试管、滴管、烧杯等。<br>实验设计思考：<br>怎样才能做到减少？<br><br>分组实验，验证猜想，形成结论 | 思考实验步骤、预测实验现象及结论。（水平3）<br><br>设计合理的实验方案，并预测实验现象及结论。（水平2）<br>规范合理地进行实验，观察记录现象，得出结论（水平2） | 从探究反应物浓度增大的影响到探究反应物浓度减小的影响，模仿实验设计模型，发展学生的科学探究素养和模型认知素养 |
| 认知模型模仿 | 实验现象及原理分析：<br>你能仿照刚才的分析思路，分别从浓度和反应速率变化的角度分析减少反应物浓度对化学平衡的影响吗？ | 从直观现象及实质两个角度分析实验结果，并形成结论（水平3） | 模仿判据分析模型和本质分析模型，发展学生模型认知的素养 |
| 实验模型应用 | 如果给出下面的实验用品，你又怎样设计实验来验证呢？<br>实验用品：$0.1\ mol/L\ K_2Cr_2O_7$溶液、浓硫酸、$6\ mol\cdot L^{-1}\ NaOH$溶液、试管、滴管、试管架等。<br>实验设计思考：<br>（1）你准备通过观察什么现象判断平衡是否发生移动？<br>（2）你准备改变该体系中哪一种物质的浓度？你准备如何改变$H^+$的浓度？<br>分组实验，验证猜想，形成结论 | 应用实验探究模型设计实验并验证猜想，形成结论（水平3） | 从反应物浓度改变的影响到生成物浓度的改变的影响，检验学生模型应用的能力，发展学生的实验探究素养、模型认知素养 |
| 课堂评价 | （1）可逆反应$H_2O（g）+C（s）\rightleftharpoons CO（g）+H_2（g）$在一定条件下达到平衡状态，改变下列条件，能否引起平衡移动？<br>①增加水蒸气的浓度。<br>②加入更多的碳。<br>③增加$H_2$的浓度。<br>改变条件后CO的浓度有何变化？<br>（2）如果$FeCl_3$饱和溶液换成KCl固体，会有相同的现象吗？如果把NaOH溶液换成KOH溶液呢？<br>演示实验，验证猜想，形成结论。 | 注意事项1：纯固体或纯液体用量的变化不会引起化学平衡的移动。（水平3）<br><br>注意事项2：只有实际参与反应的离子浓度发生改变，才会引起化学平衡的移动。（水平3） | 发展学生的变化观念与平衡思想素养及证据推理与模型认知素养。<br><br>发展学生的科学探究与创新意识素养及证据推理与模型认知素养 |

续 表

| 学习环节 | 师生互动 | 评价活动 | 设计意图 |
|---|---|---|---|
| 课堂评价 | （3）图像表征，深化规律 | 分别画出增加$c$（反）、减小$c$（生）、减小$c$（反）、增大$c$（生），反应体系的$v$-$t$曲线，并发现规律（勒夏特列原理）（水平3） | 用多种方式表征所学知识，形成规律，深入认识本质分析模型 |
| 思路外显 | 微课总结判据分析模型和本质分析模型 | | 思路外显 |

## 七、板书设计

**《影响化学平衡的因素（浓度）》板书设计**

一、浓度

其他条件不变，增加反应物浓度，化学平衡向正反应方向移动。

其他条件不变，降低反应物浓度，化学平衡向逆反应方向移动。

其他条件不变，增加生成物浓度，化学平衡向逆反应方向移动。

其他条件不变，降低生成物浓度，化学平衡向正反应方向移动。

判据：$Q_c$与$K_{电离}$的相对大小，$v$（正）与$v$（逆）的相对大小。

注意事项1：纯固体或纯液体用量的变化不会引起反应速率改变，化学平衡不移动。

注意事项2：对于溶液中进行的离子反应，只有参与反应的离子的浓度改变了，才能使化学平衡移动。

## 八、课后评价

1.（水平1）我们有哪些依据可以判断化学平衡移动的情况？

2.（水平2）反应$H_2$（g）+$I_2$（s）$\rightleftharpoons$2HI（g）达到平衡后，如何改变浓度使平衡正向移动？

3.（水平3）画出上题$v$-$t$图像，利用本质分析模型分析平衡移动的情况。

4.（水平4）基于反应$Fe^{3+}$+3OH$^-$$\rightleftharpoons$Fe（OH）$_3$，设计实验方案，探究浓度对化学平衡移动的影响。提供试剂：0.01 mol·L$^{-1}$ FeCl$_3$溶液、1.0 mol·L$^{-1}$ FeCl$_3$溶液、0.01 mol·L$^{-1}$ NaOH溶液、1.0 mol·L$^{-1}$ NaOH溶液、0.1 mol·L$^{-1}$ 稀H$_2$SO$_4$。

5.（水平4）浓度对化学平衡移动的影响在实际生产中有何应用？尝试举例说明。

**参考答案：**

1. $v$（正）与$v$（逆）的相对大小、$Q_c$与$K_{电离}$的相对大小、勒夏特列原理。

2. 增加$c$（$H_2$）或及时分离出HI。瞬间$v$（正）$>v$（逆），导致平衡正向移动。

3. 略。

4. 在小烧杯中加入5 mL 0.01 mol·$L^{-1}$ $FeCl_3$溶液，再加入5 mL 0.01 mol·$L^{-1}$ NaOH溶液，混合均匀。取3支试管各加入2 mL上述反应液，其中一支试管加入3滴1.0 mol·$L^{-1}$ NaOH溶液，另一支试管加入3滴0.1 mol·$L^{-1}$稀硫酸，第三支试管作为对照，观察记录现象，并分析原因。

5. 可增加廉价易得的原料的浓度来提高难得或昂贵原料的利用率，也可以及时分离出产物提高原料利用率。举例略。

## 九、教学反思

教师应树立正确的教育理念，回归教育的本质。授人以鱼，不如授人以渔。苏霍姆林斯基说："教给学生能借助已有的知识去获得知识，这是最高的技巧之所在。"教育不仅仅是教给学生多少枯燥的知识，更是教给学生分析问题、解决问题的方法，让学生学会举一反三，提高思维能力。教师应学会合理设计符合"最近发展区"的问题，充分调动学生的积极性，发挥其潜能，让学生能够应用已有知识主动获取新知识。

**参考文献：**

［1］中华人民共和国教育部.普通高中化学课程标准（2017年版）［M］.北京：人民教育出版社，2018.

［2］吴晗清，金钰莹，穆铭，等.中美高中教材中"化学平衡"的比较研究［J］.首都师范大学学报（自然科学版），2019，40（4）.

［3］倪志刚，化学平衡教学中的学生核心素养培育［J］.化学教学，2017（12）.

［4］杨斌，从化学平衡常数角度看化学平衡的移动［J］.中学化学教学参考，2017（6）.

［5］韦新平，基于SOLO分类理论的化学"四重表征"教学研究——以"浓度对化学平衡的影响"为例［J］.化学教学，2013（10）.

# 《盐类的水解》教学设计

## （第1课时）

广东省苏洁芳名师工作室 电白区第一中学 梁燕萍

## 一、教学目标

（1）通过碳酸钠溶液为什么能去除油污的情境设疑，培养学生勇于探索、小心求证的科学精神。

（2）对溶液体系中存在的离子性质进行分析，形成并发展学生的微粒观、平衡观和守恒观。

（3）通过小组合作探究实验，结合实验现象、数据等证据素材，学生形成认识水溶液中弱离子反应和水解平衡的思路，掌握盐类水解平衡的本质和规律，能用化学用语正确表示盐类水解的原理。

（4）结合生活中问题的解决，学生进一步了解盐类的水解对生产生活和社会发展的作用，提高社会责任感。

## 二、内容和学法分析

盐类的水解是非常重要的一个概念，是水的电离和溶液酸碱性的综合应用，有一定的思维难度。第1课时，盐溶液的酸碱性、盐类的水解和水解方程式是三个化学核心概念，宏观表征、微观表征和符号表征是化学科学的三种重要形式，在教学中，通过不同的有层次的实验探究帮助学生建构"'宏微符'三重表征模型"，再引导学生应用这些化学知识及思路解决陌生情境下的化学问题。

## 三、学情分析

高二的学生对生活中的化学现象和探究实验都有浓厚兴趣，他们思维活跃，有小组探究的经验，能积极参与讨论，探究能力强。在这节课之前学生已经学习了化学平衡移动的原理和弱电解质的电离，初步掌握了用化学平衡移动模型分析弱电解质在水溶液中的电离平衡的原理，所以具备分析溶液中各种离子平衡的能力，但离子方程式的书写较薄弱。

## 四、认知障碍分析

从已有的经验看，学生对盐这类物质比较熟悉，盐由阴阳离子构成，在水中能电离。但碳酸钠（俗称纯碱），本身不能直接电离出$OH^-$，为什么其水溶液呈碱性，可用于清除油污呢？在开放性探究实验中，通过测定常见盐的酸碱性，学生发现也有一些盐不能电离出$H^+$，但其水溶液显酸性，不一定都是中性。从这些认知障碍入手，引导学生通过思考分析溶液中微粒和微粒之间的相互作用，从而理解盐类水解的概念、原理和规律。

## 五、教学过程

**教学过程概览**

| 学习环节 | 师生互动 | 评价活动 | 设计意图 |
|---|---|---|---|
| 环节一：复习回顾 | 根据上节课的学习，我们学过的酸、碱分别有哪些？依据在水中的电离程度这个标准它们是如何分类的呢？归纳总结：根据生成该盐的酸和碱的性质填写表格。（可在表格后酌情增加物质） | （1）说出酸、碱的分类和依据。（2）能根据生成该盐的酸和碱的性质对表格中的盐进行分类。（水平1） | 利用酸和碱从电离角度的分类对盐进行分类，为盐溶液的酸碱性探究做好准备 |
| 环节二：宏观物质性质 | 思考1：生活中我们经常把表格中的$Na_2CO_3$和$NaHCO_3$当作"碱"，用于清洗油污，特别是$Na_2CO_3$（俗称纯碱），为什么碳酸钠能去油污呢？探究实验1：起去油污作用的是碳酸钠溶液中的什么成分？请设计实验方案验证你的猜想。思考2：通过对照实验我们可以得出什么结论？根据生成该盐的酸和碱的强弱，判断碳酸钠和碳酸钾属于什么盐。 | （1）能根据任务设计出科学、完整的实验探究方案。（水平2）层次1：从电离的角度思考碳酸钠溶液的成分，设计一个完整的科学的对照实验方案，证明是碳酸根起去污作用。层次2：从生成盐的酸和碱的性质出发，选择和碳酸钠同类型的盐，如硅酸钠，设计对照实验探究去污能力与溶液酸碱性的关系。 | 以生活中的"碳酸钠溶液为什么能去油污？"这个问题为切入点，通过三个不同层次的探究学习任务，培养学生的宏观辨识素养和科学探究与创新意识素养 |

| 学习环节 | 师生互动 | 评价活动 | 设计意图 |
|---|---|---|---|
| 环节二：宏观物质性质 | 探究实验2：同类型的盐也有类似的去污效果吗？请提出合理的猜想并设计实验方案验证。<br>思考2：碳酸钠的水溶液呈碱性，其去污原理是否与此有关？<br>探究实验3：其他类似的物质也有去污效果吗？请提出合理的猜想并设计实验方案验证。<br>观看微课：碳酸钠溶液的去污原理 | 层次3：设计对照实验方案，探究是否碱性的物质都有去污能力。<br>（2）能根据实验方案完成探究实验，在探究过程中能体现良好的思维品质、合作意识和实验操作素养。（水平2）<br>（3）能获得正确的实验探究结论，认真完成实验报告，结合微课了解碳酸钠溶液去油污的原理（水平2） | |
| 环节三：微粒微观行为 | 小组讨论：通过探究实验3，我们知道碳酸钠和硅酸钠溶液呈碱性，是什么原因导致盐溶液中$c$（$H^+$）小于$c$（$OH^-$）呢？请结合碳酸根的性质和水的电离进行讨论分析。<br>小组汇报：小组派代表到黑板上汇报碳酸钠和硅酸钠溶液呈碱性的原因 | （1）分小组讨论。<br>（2）用电离方程式和水解的离子方程式解释碳酸钠和硅酸钠溶液显碱性的原因（水平3） | 通过碳酸钠和硅酸钠溶液呈碱性的分析过程，发展学生从"微粒"和"平衡关系"视角进行微观探析的素养 |
| 环节四：盐类水解的规律和符号表征 | 过渡：根据以上分析，我们知道强碱弱酸盐的水溶液显碱性的原因，那其他类型的盐的水溶液显什么性呢？<br>开放性实验：请从表格中选取你想测定pH的盐溶液，根据提供的实验药品进行实验。<br>汇报总结：不同类型的盐溶液的酸碱性和举例。<br>讲解：盐类的水解的概念和规律。<br>符号表征：像以上小组代表解释碳酸钠溶液显碱性的板书即为盐类水解规律的符号表征，我们称为盐类的水解原理的离子方程式。<br>开放性练习：用离子方程式解释你在开放性实验中测定了pH的盐溶液的水解原理。<br>互评小结：投影展示个别学生的练习，由学生点评，归纳盐类的水解离子方程式书写注意事项 | （1）从表格中选取不同类型的盐溶液，用滴板、玻璃棒和pH试纸分别测定pH值，填写实验报告。（水平2）<br>（2）汇报实验结果，相互点评。（水平3）<br>（3）写出表示这些盐溶液的水解原理的离子方程式（水平3） | 通过开放性实验，引导学生探究盐类水解的规律；通过开放性练习，培养学生的高阶思维；要求学生用水解方程式的水解原理进行微观符号表征，建立盐溶液呈酸碱性的微观分析模型，发展学生的证据推理和模型认知素养 |

| 学习环节 | 师生互动 | 评价活动 | 设计意图 |
|---|---|---|---|
| 环节五：<br>应用实践 | （1）为什么碳酸氢钠被视作"碱"用于面食制作？为什么工业上可用氯化锌溶液来清洗金属上的锈斑？<br>（2）请分析下列等浓度的溶液是促进还是抑制了水的电离，并说明原因。<br>①$Na_2CO_3$溶液；②NaOH溶液；③$NH_4Cl$溶液；④HCl溶液。<br>升华感悟：<br>（1）盐类的水解原理在生活和生产中应用广泛。<br>（2）酸溶液、碱溶液和水解的盐溶液显酸碱性的实质不同，前者是抑制水的电离，后者是促进水的电离导致$c(H^+)$与$c(OH^-)$不同而呈现一定的酸碱性 | （1）思考并回答问题（1）和（2），了解盐类的水解对生产生活和社会发展的作用。（水平4）<br>（2）从离子的性质对水的电离的影响的角度深入理解酸溶液、碱溶液和能水解的盐溶液显酸碱性的不同的原因，从本质上把握水解的原理和规律，填写学案升华感悟部分（水平3） | 设置迁移性化学学习情境，发挥真实的STSE问题的作用，将概念的迁移和化学问题的解决有机结合起来，使学生从学科价值上把握化学科学的社会功能和责任 |

# 六、板书设计

## 《盐类的水解》板书设计

### （第1课时）

一、盐的类别和盐溶液的酸碱性

规律：谁强显谁性。

二、盐类呈现酸碱性的原因

$$NH_4Cl =\!\!=\!\!= NH_4^+ + Cl^- \qquad CH_3COONa =\!\!=\!\!= CH_3COO^- + Na^+$$

$$+ \qquad\qquad\qquad\qquad +$$

$$H_2O \rightleftharpoons OH^- + H^+ \qquad\qquad H_2O \rightleftharpoons H^+ + OH^-$$

$$\Updownarrow \qquad\qquad\qquad\qquad \Updownarrow \qquad\qquad \rightleftharpoons 不写\uparrow\downarrow$$

$$NH_3 \cdot H_2O \qquad\qquad\qquad CH_3COOH$$

三、盐类的水解

1. 定义。

2. 条件：有弱才水解。

3. 本质：生成弱电解质，促进水的电离。

4. 特点：可逆、吸热、微弱。

5. 水解方程式的书写。

## 七、课后评价

1.（水平1）下列关于盐类水解的叙述错误的是（　　　　）。

A. 盐类水解是中和反应的逆反应

B. 盐类水解的过程是吸热过程

C. 含有弱酸根盐的水溶液一定显碱性

D. 盐溶液的酸碱性主要取决于形成盐的酸和碱的相对强弱

2.（水平2）下列离子中不会破坏水的电离平衡的是（　　　　）。

A. $ClO^-$　　　　　　　　B. $Cu^{2+}$　　　　　　　　C. $OH^-$　　　　　　　　D. $K^+$

3.（水平3）写出下列物质水解的离子方程式：

（1）$NH_4Cl$：_____；

（2）$CuCl_2$：_____；

（3）$K_2CO_3$：_____。

4.（水平4）某实验小组拟用pH试纸验证醋酸是弱酸。甲、乙两同学的方案如下：

甲：①准确配制$0.1\ mol \cdot L^{-1}$的醋酸钠溶液100 mL。

②用pH试纸测出该溶液的pH值，即可证明醋酸是弱酸。

乙：①量取一定量的冰醋酸准确配制pH=1的醋酸溶液100 mL。

②取醋酸溶液1 mL，加水稀释至10 mL。

③用pH试纸测出②中溶液的pH值，即可证明醋酸是弱酸。

（1）甲方案中，说明醋酸是弱酸的理由是测得醋酸钠溶液的pH值_____（选填"<""＞"或"="，下同）7。乙方案中，说明醋酸是弱酸的理由是测得醋酸溶液的pH值_____2。

（2）请你评价乙方案的不妥之处：_____。

参考答案：

1. C。

2. D。

3.（1）$NH_4^+ + H_2O \rightleftharpoons NH_3 \cdot H_2O + H^+$

（2）$Cu^{2+} + 2H_2O \rightleftharpoons Cu(OH)_2 + 2H^+$

（3）$CO_3^{2-} + H_2O \rightleftharpoons HCO_3^- + OH^-$，$HCO_3^- + H_2O \rightleftharpoons H_2CO_3 + OH^-$

4.（1）＞；＜。

（2）难以配制pH=1的醋酸溶液，稀释之后用pH试纸测量不易读出准确数值。

## 八、教学反思

"盐类的水解"是高中化学选修课程中的核心概念，是水的电离和溶液酸碱性的综合应用，而且在生产生活等各个方面都有十分广泛的应用，具有重要的学科价值和社会价值。同时，这一概念的建构过程也有丰富的化学学科核心素养发展价值。

**1. 注重真实问题情境的创设**

围绕"碳酸钠溶液为什么能去污？"这一探究问题，分解成三个探究任务"起去污作用的是钠离子还是碳酸根？""类似的强碱弱酸盐溶液也能去污吗？""碱性的溶液也有去污作用吗？"这些真实的与生活息息相关的探究任务激发了学生的学习兴趣，使他们迫切地想通过实验进行探究，使学生从生活世界走进化学世界，去学习新的概念，新的理论知识。学生在设计方案和讨论问题的过程中，在最后一个解决生活生产中的化学问题的过程中，也体会了化学科学的社会价值，增强了学好化学造福人类的信念。

**2. 注重基于学习任务开展以素养为本的教学**

该课时的教学重点是盐类水解的本质，难点是盐类水解方程式的书写。教师设计了五个环节的学习任务，重视和发挥学习任务的素养导向功能。环节一突出学生的前知识结构，体现了化学知识的系统性和衔接性；环节二突出实验探究和宏观物质性质辨识素养；环节三强调微观探析的学科本质；环节四重在开放性实验和练习背景下的高阶思维培养，揭示水解规律并进行符号表征；环节五从STSE视角强化盐类水解知识的社会价值，从对水的电离平衡的影响视角强化盐类水解知识在化学体系中的地位。

**3. 注重认识思路的结构化和显性化**

结构化是实现知识向素养转化的有效途径，结构化水平直接决定着素养发展水平。这节课结构清晰，对盐类水解的本质，引导学生从宏观（盐溶液的酸碱性）、微观（离子反应、对水的电离平衡的影响）与符号表征（盐类水解的离子方程式）三个视角进行揭示，提炼出盐类水解的认识思路。学生按照这个认知模型就能进行知识迁移，对不同类型的盐溶液的酸碱性和水解本质进行判断，从而进一步解决实际问题。

**4. 注重教学评一体化**

化学日常学习评价不能游离于化学课堂以外，应当与化学教学活动融为一体。这节课围绕培养学生化学学科核心素养这一主旨，注重教学目标和评价目标，学习任务、方式和评价任务、方式的一致性和整体性设计。通过学生在各个学习环节中的表现，采用提问、点评等方式，对学生的学习质量和素养发展水平进行评价并提出建议，充分发挥了化学学习评价的诊断和发展功能。

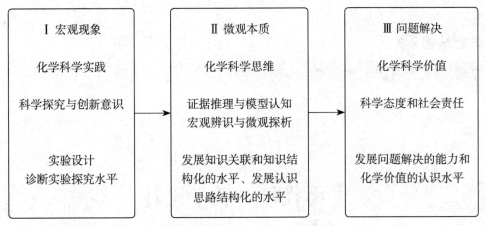

《盐类的水解》教学与评价思路示意图

**参考文献：**

[1]中华人民共和国教育部.普通高中化学课程标准（2017年版）[M].北京：人民教育出版社，2018.

[2]房喻，徐端钧.普通高中化学课程标准（2017年版）解读[M].北京：高等教育出版社，2017.

[3]周业虹.基于发展化学学科核心素养的教学设计案例分析[J].化学教学，2016（8）.

# 《卤代烃》教学设计

*广东省苏洁芳名师工作室　广东信宜中学　吴卫东*

## 一、教学目标

（1）通过复习乙烷、乙醇的结构和性质，了解卤代烃的概念和分类，帮助学生认识溴乙烷及官能团对其化学性质的决定作用，培养学生宏观辨识的素养。

（2）通过拼装溴乙烷的球棍模型，认识溴乙烷的结构，培养学生微观探析的素养。

（3）通过分组实验进行合作探究，了解卤代烃的官能团对卤代烃的物理性质和化学性质的影响；能通过卤代烃的结构识别卤代烃的取代反应和消去反应这两类特殊的反应（条件不同，产物不一样），培养学生构建模型的素养。

（4）通过"结构决定性质"的科学观点及以点带面的研究方法，探讨溴乙烷水解及消去反应的原理，提升学生的思维能力、观察能力、实验能力以及对信息的获取、整合能力。

## 二、教学重难点

### 1. 教学重点
溴乙烷的结构特点和主要化学性质。

### 2. 教学难点
溴乙烷发生取代反应和消去反应的基本规律。

### 三、内容和学法分析

溴乙烷不仅是联系烃与烃的含氧衍生物的桥梁，也是有机合成的桥梁，在有机合成中处于核心地位。为了更好地落实核心素养的培养，整节课我们将进行溴乙烷的结构分析和性质预测，溴乙烷发生水解反应和消去反应的微观探析、宏观条件选择、产物的实验论证，以及在及时拓展的基础上进行综合迁移应用和创新性应用。这些都是学生关于卤代烃结构和性质等有关概念和原理形成及迁移的过程，需要在教学中有目的地引导学生通过合作探讨及实验操作等过程有序建构。可以设计如下教学环节：问题提出、模型观察、结构分析、性质分析、信息解读、形成规律、实验论证、形成结论、简单迁移应用、创造性综合应用实践。在整个教学过程中，始终以图表、文本、模型、实验等多样化的方式提供充分的信息，包括结构信息、性质信息、用途信息等，引导学生由浅入深，层层展开分析，或直接形成结论或规律，或形成认知矛盾冲突，及时创设必要信息，引导学生合作讨论，结合矛盾冲突点，设计实验，进行求证，最后形成概念原理等知识，创设信息引导学生由简单的迁移应用，到综合性的创造应用。

### 四、学情分析

学生在必修2学习了醇、乙酸等烃的衍生物的基本知识，又在本章前两节烃类知识的学习中掌握了结构决性质，从代表物的性质归纳此类物质的性质的学习方法。卤代烃是一类重要的烃的衍生物，是联系烃和烃的衍生物的重要物质，在高考中也占据非常重要的地位。从学生已有的知识看，学生对本课学习的主要困难在于卤代烃的水解反应和消去反应的设计与实验操作。故采用小组合作模式，通过讨论实验方案、实验探究、实验交流等突破学习难点，引导学生分析"结构决定性质"的方法，推测反应中的断键情况，借助Flash动画模拟，使学生理解化学反应的本质。

### 五、认知障碍分析

（1）应用所构建的溴乙烷水解反应的变化模型和实验去探究溴乙烷发生消去反应的产物，学生的核心疑问是：为什么同样是卤代烃与强碱的反应，为何在不同的环境中发生反应断键的机理却不同？对比分析更利于对这两种不同反应机理的理解。

（2）其他卤代烃（一氯甲烷、2-氯丁烷及2，2-二甲基-1-溴丙烷）与溴乙烷在强碱的醇环境下能否发生反应，学生的核心疑问是：为什么一氯甲烷、2，2-二甲基-1-溴丙烷不能发生消去反应，而有的消去却有两种有机产物？这就要用断键原理和溴乙烷结构模型进行对比，再结合溴乙烷消去反应的结构变化认知模型进行微观探析。

## 六、教学过程

教学过程概览

| 教学内容与步骤 | 学生活动 | 多媒体和实验教学的运用 | 设计意图 |
|---|---|---|---|
| 创设情境，引入新课。<br>以在足球比赛中球员受伤后医生使用的喷射药物为例，引入溴乙烷，让学生感受卤代烃与生活的联系。（设置问题组、指导阅读）<br><br>从组成看，上述物质属于烃类吗？<br>它们有什么共同点？<br>对人类生活有哪些影响？<br>请结合问题，阅读教材第41～43页的内容。<br><br>小结：投影卤代烃的概念，并提问：卤代烃的官能团是什么？此类物质具有哪些性质呢？<br>讲解：我们选取溴乙烷作为卤代烃的代表物，本节课我们将重点研究溴乙烷的结构和性质。<br><br>投影：溴乙烷的结构（球棍模型及比例模型）。<br><br><br><br><br><br><br><br><br><br>核磁共振氢谱图<br><br>讲解：溴乙烷与乙烷的结构相似，区别在于C—H键与C—Br的不同。溴原子的引入对溴乙烷的物理性质有什么影响？<br>探究实验1：溴乙烷的物理性质。<br>（1）用试管取约2 mL溴乙烷，观察溴乙烷在常温下的颜色和状态。 | 阅读了解卤代烃的概念，了解卤代烃在现实生活中的应用。<br><br><br><br><br><br><br><br><br>由典型（代表物）到一般，根据结构分析性质。<br><br><br><br><br><br><br><br>学生板演写出溴乙烷的结构式、结构简式、分子式、电子式、官能团，并归纳氢谱中有两个吸收峰，且吸收峰的面积之比应该是3∶2，而乙烷的吸收峰却只有1个。 | 展示日常生活中的卤代烃，交流讨论。<br><br><br><br><br><br><br><br><br><br><br><br><br><br>PPT展示溴乙烷的球棍模型和比例模型。 | 激发学生的求知欲，吸引学生对所要学习的知识进一步探究。多关注社会、生活中的化学问题，逐步培养学生联系实际的思维方式。<br>让学生阅读教材，寻找、归纳信息。<br>问题组层层设疑，有助于引导学生思考。<br>指导学生各类有机物的学习方法，要重视学法指导，才能做到事半功倍。<br><br><br><br>学习有机物要充分利用模型，复习电子式、结构式、结构简式。 |

| 教学内容与步骤 | 学生活动 | 多媒体和实验教学的运用 | 设计意图 |
|---|---|---|---|
| （2）将2 mL溴乙烷分放在两支试管中，往其中一支试管中加入2 mL的水，振荡后静置。往另一支试管中加入2 mL酒精，振荡后静置。<br><br>过渡提问思考：官能团溴原子的引入会使溴乙烷具有怎样特殊的化学性质？C—Br键为什么能断裂呢？在什么条件下断裂？<br><br>师讲：在溴乙烷分子中，由于Br吸引电子的能力大于C，则C—Br键中的共用电子对就偏向Br原子一端，使Br带有部分负电荷，C原子带部分正电荷。当遇到—OH等试剂（带负电或负电子基团）时，该基团就会进攻带正电荷的C原子，—Br则带一个单位负电荷离去。<br><br>问：<br>已知：$CH_3CH_3$与氢氧化钠溶液不能反应，$CH_3CH_2Br$能否与氢氧化钠溶液反应？若反应，可能有什么物质产生？如何检验溴乙烷中的溴元素？<br>探究实验2：设计实验证明溴乙烷能和氢氧化钠溶液发生反应。你如何解决以下两个问题：<br>（1）如何用实验证明溴乙烷的Br变成了$Br^-$？<br>（2）用何种波谱可以方便检验出溴乙烷的取代反应的反应物中有乙醇生成？<br>讨论：该反应的反应物是溴乙烷和氢氧化钠溶液，混合后是分层的，且有机物的反应一般比较缓慢，如何提高本反应的反应速率？反应中化学键如何断裂？<br><br>充分振荡：增大接触面积；加热：升高温度，加快反应速率 | 学生依据实验现象，归纳溴乙烷的物理性质：无色液体，沸点（38.4℃）比乙烷的高，难溶于水，易溶于有机溶剂，密度比水大。<br><br><br>讨论小结：化学变化的实质是旧键的断裂和新键的形成。溴原子作为溴乙烷的官能团，发生化学变化应围绕着C—Br键断裂去思考。<br><br><br><br><br><br><br>学生推测：若反应，则生成乙醇和溴化钠，发生如下反应：<br>$CH_3CH_2Br+NaOH \longrightarrow CH_3CH_2OH+NaBr$<br><br><br>学生分组实验，合作完成科学探究1：<br>（1）采用三组对比实验方法，检验溴原子。反应后，向溶液中加入$AgNO_3$溶液，出现黑色沉淀。注意：混合溶液中碱过量，应先中和再检验。<br>（2）乙醇用化学方法无法检验，可以用物理方法如质谱、红外或核磁共振氢谱检验 | 学生分组实验，探究溴乙烷的水溶性。<br><br><br><br><br><br><br><br><br><br><br><br><br><br><br><br><br>PPT展示实验方案和现象、结论。<br><br><br><br><br>利用Flash动画模拟溴乙烷取代反应中的断键过程，理解反应的实质。<br><br><br>PPT投影总结 | 通过学生动手实验，激发学习兴趣，有利于让学生更深刻地掌握溴乙烷在无机溶剂和有机溶剂中溶解的规律，养成自己从教材获取信息的习惯。<br><br><br><br><br><br><br><br><br><br><br><br>进行类比，推测新物质的性质，然后进行实验论证。<br><br><br>在课堂教学中培养学生的探究意识；让学生体验实验探究的过程，培养学生对实验方案进行优化的意识和能力 |

基于**化学**核心素养的课堂教学创新实践

续 表

| 教学内容与步骤 | 学生活动 | 多媒体和实验教学的运用 | 设计意图 |
|---|---|---|---|
| 师讲：该反应可理解为溴乙烷发生了水解反应，氢氧化钠的作用是中和反应生成的HBr，降低了生成物的浓度，使反应正向进行。 | | | 多媒体手段的使用让学生抓住化学反应的本质。 |
| 总结：检验卤代烃中含有卤族元素的程序：取少量卤代烃于试管中，加入氢氧化钠水溶液，加热，反应后冷却，取上层溶液，加入足量稀硝酸酸化至溶液呈酸性，加入硝酸银溶液，通过卤化银沉淀的颜色判断卤素原子的种类。 | 归纳实验步骤，使知识条理化。 | | 适时归纳以减轻学生的记忆负担。 |
| 过渡：水解反应的条件是氢氧化钠水溶液，如果改变溶剂，即用溴乙烷与氢氧化钠乙醇溶液共热，又将发生怎样的反应，生成何种产物？<br>视频实验展示：溴乙烷的消去反应。<br>CH₃CH₂Br能与氢氧化钠醇溶液反应，发生消去反应，反应方程式如下：<br>　　　　　醇<br>CH₃CH₂Br+NaOH→CH₂=CH₂+NaBr+H₂O<br>　　　　　△ | 学生观看视频，分组讨论，完成科学探究2：<br>（1）水吸收挥发出的乙醇，防止干扰。<br>（2）除用酸性高锰酸钾溶液检验乙烯气体外，还可用溴水或溴的四氯化碳溶液检验乙烯气体，且不必先通入水中。 | 利用Flash动画模拟溴乙烷消去反应中的断键过程，理解反应的实质。 | 有机反应中要注重条件的不同。 |
| 消去反应：在一定条件下从一个有机化合物分子中脱去一个或几个小分子生成不饱和化合物（含双键或三键）的反应。<br>能力提升：是否一卤代烃都可以发生消去反应？若不能，什么样的一卤代烃不能发生消去反应？请举例。<br>思考与交流：列表比较溴乙烷的取代反应和消去反应，体会反应条件对化学反应的影响。 | 学生讨论、思考、回答总结规律：卤代烃中无相邻C或相邻C原子上无H的不能发生消去反应。 | PPT展示反应实例及结论 | 对所学知识进行运用，并及时加以深化。 |
| 项目 | 取代反应 | 消去反应 |
|---|---|---|
| 反应物 | | |
| 反应条件 | | |
| 生成物 | | |
| 课堂小结：本节课我们通过实验探究学习了溴乙烷的物理性质和化学性质，归纳了溴乙烷在不同条件下发生取代反应 | 讨论归纳：无醇则有醇，有醇则无醇。（意思是无乙醇参加反应则会有乙醇的生成，有醇参加反应则无醇生成） | | 学习需要及时总结，使知识条理化。归纳形成方法，便于掌握知识。 |

续 表

| 教学内容与步骤 | 学生活动 | 多媒体和实验教学的运用 | 设计意图 |
|---|---|---|---|
| 和消去反应的区别，分析了化学反应的本质，从而掌握了分析卤代烃性质的方法。<br><br>课堂练习：<br>（1）试写出2-氯丙烷分别发生水解反应和消去反应的化学方程式。<br>（2）讨论如何以溴乙烷为原料制取抗冻液乙二醇。<br>无机试剂任选，写出相关反应方程式。<br>能力拓展：<br>（1）证明溴乙烷水解是否彻底，要求学生要用实验去论证。<br>（2）通过网络查找资料，调查研究，写小论文：《卤代烃的功与过》 | 通过对溴乙烷性质的学习，及时将学习方法应用到其他卤代烃性质的学习上，将理论转化为实践，利用所学的知识去解决生活中的各种问题 | | 进一步巩固重点知识，并得到提升。<br><br><br><br><br>提升学生运用知识的能力及知识的整合能力 |

# 七、板书设计

## 《卤代烃》板书设计

一、溴乙烷

1. 溴乙烷的结构：

分子式、结构式、结构简式、官能团。

2. 物理性质：

无色液体，沸点比乙烷的高，难溶于水，易溶于有机溶剂，密度比水大。

3. 化学性质：

（1）水解反应：$CH_3CH_2Br+NaOH \xrightarrow[\triangle]{H_2O} CH_3CH_2OH+NaBr$

（2）消去反应：$CH_3CH_2Br+NaOH \xrightarrow[\triangle]{乙醇} CH_2=CH_2\uparrow+NaBr+H_2O$

4. 水解反应与消去反应的原理对比分析。

# 八、课后评价

1. 下列关于卤代烃的叙述中正确的是（　　　）。

A. 所有卤代烃都是难溶于水，密度比水小的液体

B. 所有卤代烃都含有卤原子

C. 所有卤代烃在适当条件下都能发生消去反应

D. 所有卤代烃都是通过取代反应制得的

2. 有机物 $CH_3—CH=CHCl$ 能发生的反应有（　　　）。

①取代反应　②加成反应　③消去反应　④使酸性高锰酸钾溶液褪色　⑤与 $AgNO_3$ 溶液反应生成白色沉淀　⑥聚合反应

A. 以上反应均能发生

B. 只有⑥不能发

C. 只有⑤不能发生

D. 只有②不能发生

3. 在 1-溴丙烷（$Br—CH_2—CH_2—CH_3$）和 2-溴丙烷（$CH_3—CHBr—CH_3$）分别与 NaOH 的乙醇溶液共热的反应中，两个反应（　　　）。

A. 产物相同，反应类型相同

B. 产物不同，反应类型不同

C. 碳氢键断裂的位置相同

D. 碳溴键断裂的位置相同

4. 氯乙烷与 NaOH 水溶液共热时，氯乙烷中发生断裂的化学键是（　　　）。

A. 碳碳键

B. 碳氢键

C. 碳氯键

D. 碳氯键及碳氢键

5. 要检验某溴乙烷中的溴元素，正确的实验方法是（　　　）。

A. 加入氯水振荡，观察水层是否有棕红色出现

B. 滴入 $AgNO_3$ 溶液，再加入稀 $HNO_3$，观察有无浅黄色沉淀生成

C. 加入 NaOH 溶液共热，然后加入稀 $HNO_3$ 使溶液呈酸性，再滴入 $AgNO_3$ 溶液，观察有无浅黄色沉淀生成

D. 加入 NaOH 溶液共热，冷却后加入 $AgNO_3$ 溶液，观察有无浅黄色沉淀生成

6. 某一溴代烷 A 与氢氧化钠溶液混合后充分振荡，生成有机物 B；A 在氢氧化钠和 B 的混合液中共热生成一种气体 C；C 可由 B 与浓 $H_2SO_4$ 混合加热制得，C 可做果实催熟剂。则：

（1）A 的结构简式为_____。

（2）写出 A 生成 B 的化学方程式：_____。

（3）写出 A 生成 C 的化学方程式：_____。

（4）B 生成 C 的反应类型为_____。

7. 如右图所示，在试管中加入 5 mL 1 mol·$L^{-1}$ NaOH 溶液和 5 mL 溴乙烷，振荡。将试管按右图固定后，水浴加热。

（1）用水浴加热而不直接用酒精灯加热的原因是_____。

试管口安装一长导管的作用是_____。

（2）观察到_____的现象时，表明溴乙烷与 NaOH 溶液已完

全反应。

（3）为证明溴乙烷在NaOH乙醇溶液中发生的是消去反应，在你设计的实验方案中，需要检验的是_____，检验的方法是_____。

**参考答案：**

1. B。

2. C。

3. A。

4. C。

5. C。

6.（1）$CH_3CH_2Br$。

（2）$CH_3CH_2Br+NaOH \xrightarrow[\triangle]{H_2O} CH_3CH_2OH+NaBr$

（3）$CH_3CH_2Br+NaOH \xrightarrow[\triangle]{醇} CH_2{=\!=}CH_2\uparrow+NaBr+H_2O$

（4）消去反应。

7.（1）溴乙烷沸点低；减少溴乙烷的损失。

（2）试管内溶液静置后不分层。

（3）生成的气体；将生成的气体先通过盛有NaOH稀溶液的试管，再通入盛有$KMnO_4$溶液的试管，$KMnO_4$溶液褪色（或直接通入溴的四氯化碳溶液）。

## 九、教学反思

本节课的设计通过卤代烃性质的学习，培养学生对有机物官能团和有机物性质变化的微观理解能力和学习能力，同时落实化学核心素养和实现教学评一体化。在课堂活动进行的过程中，对于卤代烃的概念、分类及卤代烃的物理性质，学生是很容易把握的，所以不需要花费太多的时间。本节课的核心环节就是溴乙烷与氢氧化钠在不同的环境中，发生不同的反应，学生出现较大的疑惑，教师必须重点帮学生区分溴乙烷在NaOH的水溶液中的断键方式与在NaOH的醇溶液中的断键方式的不同，将卤代烃这两个化学性质理解到位，让学生深刻理解反应物相同而条件不同，则产物不一样。本节课还设置了卤代烃中卤素原子的检验、消去反应规律的总结及卤代烃是否水解完全等问题，实际上就是将卤代烃的水解反应及消去反应的原理剖析到底，帮助学生全面理解。而网络查找资料，调查研究，写小论文《卤代烃的功与过》是让学生感受生活中的卤代烃无处不在，引导学生关注社会热点问题，激发学生的社会责任感，以便使学生更好地融入社会。

**参考文献:**

［1］中华人民共和国教育部.普通高中化学课程标准（2017年版）［M］.北京：人民教育出版社，2018.

［2］俞建锋.核心素养导向下促进学生多角度认知有机物性质的教学研究——以"卤代烃"教学为例［J］.化学教育（中英文），2019，40（5）.

［3］李晓明."卤代烃化学性质"教学思考［J］.中学化学教学参考，2017（21）.

［4］孙强燕.中学有机化学反应机理的可视化教学研究［D］.西安：陕西师范大学，2017.

［5］仲淑娴.优化教学设计，构建高效课堂——对比"卤代烃"一课不同设计的不同效果［J］.化学教与学，2017（4）.

# 《醇酚》教学设计

## （第2课时）

广东省苏洁芳名师工作室　茂名市第一中学　陈经佳

## 一、教学目标

（1）通过观察常见的简单酚的结构得出酚的概念，培养学生宏观辨识的素养。

（2）通过对比醇和酚结构的差异，找出醇和酚化学性质差异的原因，培养学生微观探析的素养和变化观念的素养。

（3）通过设计实验探究苯酚的物理性质，培养学生的科学探究素养和宏观辨识素养。

（4）通过乙醇与苯酚的结构对比，推测苯环对羟基性质的影响，掌握苯酚与NaOH溶液反应的产物，并用化学方程式进行表征，培养学生的证据推理和模型认知素养。通过产物检验的实验设计与验证，培养学生的科学探究素养。

（5）通过甲苯与苯酚的结构对比，推测羟基对苯环性质的影响，掌握苯酚与溴水反应的产物，并用化学方程式进行表征，培养学生的证据推理和模型认知素养。通过产物检验的实验设计与验证，培养学生的科学探究素养。

（6）通过微课了解苯酚的用途。

## 二、教学重难点

### 1. 教学重点

深刻理解苯环和羟基的相互影响，发现苯酚与氢氧化钠溶液反应、苯酚与溴水反应的原理。

**2. 教学难点**

掌握酚类物质与氢氧化钠溶液、溴水断键成键机理模型并应用于实际有机合成与推断。

## 三、内容和学法分析

本节内容是在学生学习了醇，掌握了羟基的化学性质后深入学习羟基与苯环直接相连的一类物质酚，并重点学习最简单的酚——苯酚。所以酚的学习要对比醇，但同时也要注意苯环对羟基的影响：酚羟基使苯环上邻位和对位的氢原子更为活泼，容易发生取代反应。

## 四、学情分析

通过芳香烃和醇的学习，学生对苯和醇有了一定的认识，对于苯环和羟基的性质也有了一定的了解，但本节内容是苯酚，关键是让学生明白不同的官能团之间相互影响，使苯环和羟基性质有一定的变化，所以要对比苯和乙醇学习苯酚的性质。

## 五、认知障碍分析

（1）苯环对羟基的影响和羟基对苯环的影响决定了苯酚的化学性质，苯酚的化学性质与甲苯、乙醇都不一样。学生此前并未接触过原子团化学性质之间相互影响，所以需要设计一些有梯度的问题引导学生逐步分析。

（2）由苯酚性质推广至其他酚类物质。

## 六、教学过程

**教学过程概览**

| 学习环节 | 师生互动 | 评价活动 | 设计意图 |
|---|---|---|---|
| （一）温故知新：复习卤代烃和醇的性质 | 完成下列反应方程式：<br>（1）$CH_3CH_2Br + NaOH \xrightarrow[\triangle]{H_2O}$<br>（2）〔苯环〕$-Cl + NaOH \xrightarrow[\triangle]{H_2O}$<br>（3）$CH_3CH_2OH + CH_3COOH \underset{加热}{\overset{浓H_2SO_4}{\rightleftharpoons}}$ | 完成方程式（水平1） | 复习回顾已学方程式，巩固卤代烃和醇的方程式书写 |

续 表

| 学习环节 | 师生互动 | 评价活动 | 设计意图 |
|---|---|---|---|
| （二）概念生成：了解酚的共同点 | 练习1：下列化合物中属于醇的是（　　），属于芳香醇的是（　　），属于酚的是（　　）。<br><br>A. ⬡—CH₂OH　　　　B. ⬡—OH<br><br>C. ⬡⬡—OH　　　　D. CH₃/⬡—OH<br><br>酚：<br>（1）酚是分子中羟基与_____相连的有机化合物，最简单的酚是_____。<br>（2）官能团的名称是_____，符号是_____<br><br>练习2：按要求回答下列问题。<br>（1）下列有机物中属于醇的是（　　），属于酚的是（　　）。<br>① ⬡—OH　　② ⬡—O—CH₃<br>③ ⬡—CH₂OH　　④ OH/⬡—CH₃<br>⑤ OH/⬡⬡<br>（2）下列有机物与苯酚互为同系物的是（　　）。<br>① ⬡—CH₂OH　　② HO—⬡—OH<br>③ OH/⬡—CH₃　　④ HO—⬡—CH=CH₂ | 说出酚的结构特点、定义和官能团（水平1）<br><br>巩固醇与酚的区别。（水平2）复习同系物的概念（结构相似……） | 引入酚的概念，从组成上认识酚，推进新课<br><br>能根据酚的结构找出酚类物质（宏观辨识） |
| （三）认识典例：阅读教材，了解苯酚的物理性质 | 苯酚的性质和用途。<br>物理性质：<br>状态：晶体　气味：有特殊气味　颜色：无色，放置时间长时因被空气中的氧气氧化而呈粉红色　溶解性：室温下，在水中溶解度是9.3g，温度高于65℃时，能与水混溶，易溶于有机溶剂　毒性：有毒，对皮肤有腐蚀性　熔点：43℃　【苯酚】 | 了解苯酚的物理性质（水平1） | 了解有机物学习的一般思路：从物理性质、结构到化学性质的学习 |

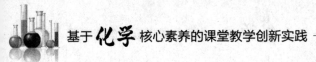
| 学习环节 | 师生互动 | | | 评价活动 | 设计意图 |
|---|---|---|---|---|---|
| （四）观察探究：认识物理性质 | 序号 | 主要操作 | 实验现象、反应方程式 | 观察苯酚的色味态（水平1），根据所给试剂、仪器探究苯酚的溶解性与温度的关系（水平2） | 了解苯酚的物理性质，培养学生的宏观辨识素养和实验探究素养 |
| | 实验1 | 观察苯酚的色、味、态，然后取少许苯酚放入试管，再滴入少量酒精，观察现象 | 实验现象： | | |
| | 实验2 | 取一支试管向其中加入少量苯酚晶体，滴加20 mL水，振荡后观察现象。然后放入热水中水浴加热，再观察现象。让液体冷却后，再观察现象 | 实验现象： | | |
| | 实验3 | 将实验2中的液体取出约5 mL（剩余溶液留做后续实验）加入另一支试管，逐滴滴加NaOH溶液，边滴边振荡，至恰好溶液澄清 | 实验现象：反应方程式： | | |
| （五）结构分析：乙醇、甲苯、苯酚 | 小组拼装乙醇、甲苯、苯酚三者的比例模型 | | | 书写乙醇、甲苯、苯酚的分子式、结构式、结构简式、官能团。分析核磁共振氢谱的情况（水平） | 微观探析乙醇、甲苯、苯酚的结构 |
| （六）理论分析：分析性质本质 | （1）从结构上分析乙醇、甲苯、苯酚的异同点，并分析物理性质差异的原因。<br>（2）苯环对羟基的影响导致苯酚与乙醇性质的差异。<br>（3）羟基对苯环的影响导致苯酚与甲苯性质的差异 | | | 对比苯酚与乙醇、甲苯结构与物理性质的差异（水平1），分析苯环对羟基的影响和羟基对苯环的影响导致苯酚化学性质与甲苯、乙醇性质的差异（水平4） | 用结构解释物理性质的差异，并通过预设问题引导学生从原子团相互影响的角度预测化学性质，体验"结构决定性质，性质反映结构"的思想，培养学生的微观探析素养、变化观念素养和证据推理素养，并为酚类的学习做铺垫 |

| 学习环节 | 师生互动 | | | 评价活动 | 设计意图 |
|---|---|---|---|---|---|
| （七）推理探究：由结构预测化学性质并实验探究 | 1. 苯酚的酸性（苯环对羟基的影响）。 | | | 设计实验方案，探究苯酚是否是弱酸。设计方案，预测现象。提供试剂：苯酚、石蕊、盐酸、碳酸钠溶液、碳酸氢钠溶液、pH试纸、NaOH溶液。（水平3） | 探究苯环对羟基的影响，是否导致苯酚呈弱酸性，培养学生的证据推理素养和科学探究素养。 |
| | 序号 | 主要操作 | 实验现象、反应方程式 | | |
| | 实验4 | 将实验3中的澄清液分为两等份，一份小心吹入$CO_2$，一份加入少量稀盐酸 | 实验现象：<br>反应方程式： | | |
| | 实验5 | 将实验2制得的苯酚溶液，取少量加入另一支试管，然后滴加几滴石蕊试液 | 实验现象： | | |
| | 实验6 | 用玻璃棒醮取实验2制得的苯酚溶液于pH试纸上，再与比色卡对照 | 实验现象： | | |
| | 实验7 | 将实验2制得的苯酚溶液取10 mL加入一支试管，另取等体积的蒸馏水于另一支试管中，加入大小相等的钠块，观察现象 | 实验现象：<br>反应方程式： | | |
| | 实验8 | 将实验2制得的苯酚溶液，取少量加入另一支试管，然后加入碳酸钠溶液，观察现象 | 实验现象：<br>反应方程式： | | |
| | 实验9 | 将实验2制得的苯酚溶液，取少量加入另一支试管，然后加入碳酸氢钠溶液，观察现象 | 实验现象：<br>反应方程式： | | |
| | 2. 与溴水反应发生取代反应（羟基对苯环的影响）。 | | | 完成苯酚与溴水反应的化学方程式。（水平2） | 探究羟基对苯环的影响：苯酚更容易发生苯环上的取代反应。 |
| | 序号 | 主要操作 | 实验现象、反应方程式 | | |
| | 实验10 | 将实验2制得的苯酚溶液，取少量加入另一支试管，滴入过量的浓溴水，充分振荡后静置 | 实验现象：<br>反应方程式： | | |
| | 3. 苯酚的显色反应。 | | | 了解苯酚的显色反应。 | 了解特征反应为物质的检验做准备。 |
| | 序号 | 主要操作 | 实验现象、反应方程式 | | |
| | 实验11 | 将实验2制得的苯酚溶液取少量加入另一支试管，逐滴滴入1～2滴$FeCl_3$稀溶液 | 实验现象：<br>反应反程式： | | |
| | 微课：苯酚的用途 | | | 了解苯酚在生产生活中的应用 | 了解化学品的应用 |
| （八）总结反思，形成认知模型，思路外显 | 苯环对羟基的影响和羟基对苯环的影响导致苯酚的性质既不同于甲苯也不同于乙醇 | | | | 通过三者的对比学习，使学生进一步掌握"结构决定性质"这一原理 |

## 七、板书设计

### 《苯酚》板书设计

一、苯酚的物理性质

二、苯酚的化学性质

1. 酸性。

2. 与溴水反应发生取代反应。

3. 显色反应。

三、苯酚的用途

## 八、课后评价

1.（水平1）下列物质中属于酚类的是（　　　）。

A. ⬡—CH₂OH　　　B. 邻甲基苯酚 CH₃ ⬡—OH　　　C. 萘酚 ⬡⬡—OH　　　D. 环己醇 ⬡—OH

2.（水平1）下列物质中，与苯酚互为同系物的是（　　　）。

A. $CH_3CH_2OH$　　　　　　　　　　B.（$CH_3$）₃C—OH

C. 邻甲基苯酚 CH₃ ⬡—OH　　　　　　D. ⬡—CH₂—OH

3.（水平4）白藜芦醇（HO—⬡—CH=CH—⬡（OH, OH））广泛存在于食物（如桑葚、花生，尤其是葡萄）中，它可能具有抗癌性，能够与其反应的$Br_2$或$H_2$的最大用量分别是（　　　）。

A. 1 mol，1 mol　　　　　　　　　　B. 3.5 mol，7 mol

C. 3.5 mol，6 mol　　　　　　　　　　D. 6 mol，7 mol

4.（水平4）已知酸性强弱顺序为$H_2CO_3 >$ ⬡—OH $> HCO_3^-$，下列化学方程式正确的是（　　　）。

A. ⬡—ONa +$H_2O$+$CO_2$ ⟶ ⬡—OH +$Na_2CO_3$

B. $H_2O+CO_2 \longrightarrow$ $+NaHCO_3$

C. $+Na_2CO_3 \longrightarrow$ $+NaHCO_3$

D. $+NaHCO_3 \longrightarrow$ $+H_2CO_3$

5.（水平1）能够检验苯酚存在的特征反应是（　　　）。

A. 苯酚与硝酸反应　　　　　　　　　B. 苯酚与溴水反应

C. 苯酚与氢氧化钠溶液反应　　　　　D. 苯酚与三氯化铁溶液反应

6.（水平4）除去苯中所含的苯酚，可采用的适宜方法是（　　　）。

A. 加70℃以上的热水，分液　　　　　B. 加适量浓溴水，过滤

C. 加足量NaOH溶液，分液　　　　　D. 加适量$FeCl_3$溶液，过滤

**参考答案：**

1. BC。

2. C。

3. D。

4. BC。

5. BD。

6. C。

# 九、教学反思

本节课的教学体现了新课程的理念，把课堂还给了学生，通过以引导和探究为主导的教学模式，充分发挥了学生的主观能动性，让学生自己去建构苯酚的知识体系。

（1）本节课通过一系列的实验，让学生一步步通过自己的实验探究去建构苯酚的知识体系，把原来课本上的两个实验拓展为11个小实验，更能让学生深入了解和建构苯酚的性质。

（2）本节课充分体现了教学目标中过程与方法的教学，使学生学会分析问题，充分调动了学生的主观能动性，学生课堂参与性强，气氛活跃。

**参考文献：**

［1］中华人民共和国教育部.普通高中化学课程标准（2017年版）［M］.北京：人民教育出版社，2018.

［2］白金有.苯酚教学设计［J］.中学化学教学参考，2015（2）.

［3］许年友."苯酚"的三种实验教学设计解析与评价［J］.中学化学教学参考，2016（1-2）：28-30.

［4］吴菊英."苯酚"的教学设计［J］.化学教学，2005（5）.

# 《卤代烃》教学设计

## （第1课时）

*广东省苏洁芳名师工作室　茂名市第一中学　陈锦*

## 一、教学目标

（1）通过观察常见的简单卤代烃的结构得出卤代烃的概念，并对其分类命名，发展学生的宏观辨识素养。

（2）通过拼装溴乙烷的结构模型，书写分子式、电子式、结构式、结构简式和官能团，认识溴乙烷的结构，发展学生的微观探析素养、模型认知素养。

（3）通过设计实验探究溴乙烷的物理性质，发展学生的科学探究素养和宏观辨识素养。

（4）通过分析C—X键中电子云的偏移对键的稳定性的影响，发展学生的微观探析素养和变化观念素养。

（5）通过探究溴乙烷是否是电解质，发展学生的科学探究和科学态度素养。

（6）通过$CH_3CH_2Br$与$HBr$的结构对比，推测溴乙烷与$NaOH$溶液反应的产物，并用化学方程式进行表征，发展学生的证据推理和模型认知素养。通过产物检验的实验设计与验证，发展学生的科学探究素养。

（7）通过微课总结卤代烃水解反应的机理，构建模型，将分析思路外显。将溴乙烷的性质迁移到其他卤代烃中，能利用水解反应原理检验不同卤原子的卤代烃，并将卤代烃的水解反应应用于实际有机合成和推断中，发展学生的模型认知素养和根据有机物的结构和微观异同进行探究的能力。

## 二、教学重难点

### 1. 教学重点

深刻理解C—Br键的极性对溴乙烷性质的影响，发现溴乙烷水解反应中断键成键的机理模型并应用于实际有机合成与推断。

### 2. 教学难点

设计实验探究溴乙烷的物理性质和水解反应；发现溴乙烷水解反应中断键成键的机理模型并应用于实际有机合成与推断。

## 三、内容和学法分析

卤代烃是联系烃与烃的衍生物的桥梁，也是有机合成的桥梁，在有机合成中占有极其重要的地位。在学习本课之前，学生系统学习了烃类（烷烃、烯烃、炔烃、芳香烃）的结构特点和性质，初步认识了有机物的结构与性质的关系，为卤代烃的学习做了充足的方法铺垫。而学好本节课可以为其他烃的衍生物的学习提供方法指导和方向指引。本节课从宏观、微观、性质三者之间的关系落实宏观辨识与微观探析素养。通过C—Br的极性对溴乙烷性质的影响的分析，落实证据推理与模型认知素养。通过实验探究溴乙烷的物理性质与水解反应，落实科学探究与创新意识素养及科学态度素养。整堂课渗透过程性评价并附有课后评价，实现教学评一体化。

## 四、学情分析

通过前面烃类知识的学习，学生已经初步认识到有机物"结构决定性质，性质反映结构"的典型特点，初步学会根据代表物的性质学习含有该官能团的物质的性质。卤代烃是学生学习的第一种烃的衍生物，学生目前还不会自主地根据键的极性推测反应中断键成键的情况，进而准确地预测物质的性质。而此种分析思路可为后面其他烃的衍生物的学习做好铺垫。

## 五、认知障碍分析

（1）通过对共价键极性的分析预测断键成键的情况及物质的性质。学生此前并未接触过键的极性分析反应实质及物质性质，所以需要设计一些有梯度的问题引导学生逐步分析。

（2）设计实验检验溴乙烷与NaOH溶液反应的产物，学生可能会忽略干扰的影响，可逐步提问引导学生分析，并通过相关现象说明。

（3）将溴乙烷的性质推广至其他卤代烃，并应用于实际有机合成和推断。通过球棍模型和微课将微观的结构和机理形象化、具体化，形成认知模型并推广应用。

## 六、教学过程

教学过程概览

| 学习环节 | 师生互动 | 评价活动 | 设计意图 |
|---|---|---|---|
| （一）温故知新：初识卤代烃 | 1.完成下列反应方程式。<br>（1）$CH_3CH_3+Br_2\rightarrow$<br>（2）$CH_2=CH_2+HBr\rightarrow$<br>（3）$CH_2=CH_2+Br_2\rightarrow$<br>（4）$CH\equiv CH+HCl\rightarrow$<br>（5）⬡$+Br_2\rightarrow$ | 完成方程式。（水平1） | 复习回顾已学方程式，初步了解卤代烃的合成方法并导入新课 |
| （二）概念生成：了解卤代烃的共同点 | 上述有机产物有何共同点？属于哪一类物质？<br>卤代烃：<br>（1）定义：_____分子中的_____原子被_____取代后所生成的化合物。<br>（2）官能团的名称是_____，符号是_____。<br>（3）请根据一定的标准，将上述卤代烃分类。<br>（4）请在上述卤代烃后面写上其名称 | 说出卤代烃的结构特点、定义和官能团。（水平1）<br><br>运用不同的标准对卤代烃进行分类。（水平2）对简单有机物进行命名（水平2） | 引入卤代烃的概念，从组成上认识卤代烃，推进新课。<br><br>能根据一定的标准对卤代烃进行合理的分类，能对简单的卤代烃进行命名 |
| （三）认识典例：学习典型代表物 | 饱和一元卤代烃的通式为_____，卤代烃的代表物为_____ | 书写饱和一元卤代烃的通式及代表物（水平1） | 了解有机物学习的一般思路，重点研究代表物的性质 |
| （四）结构分析：把握溴乙烷的微观结构 | 小组拼装溴乙烷的结构模型 | 书写溴乙烷的分子式、电子式、结构式、结构简式、官能团（水平1），分析核磁共振氢谱的情况（水平2） | 微观探析溴乙烷的结构 |
| （五）观察探究：认识物理性质 | 实验探究，观察总结溴乙烷的物理性质。<br>提供实验用品：试管、试管架、溴乙烷、蒸馏水、无水乙醇 | 观察溴乙烷的色、味、态（水平1），根据所给试剂探究溴乙烷的溶解性与密度（水平2） | 了解溴乙烷的物理性质，培养学生的宏观辨识素养和实验探究素养 |

续 表

| 学习环节 | 师生互动 | 评价活动 | 设计意图 |
|---|---|---|---|
| （六）理论分析：分析性质本质 | 思考提示：<br>从结构上分析乙烷与溴乙烷的异同点，并分析物理性质差异的原因。<br>思考提示：<br>C—X键是什么类型的化学键？<br>C—X键电子云如何偏移？对C、X所呈电性有何影响？<br>如此偏移会造成C—X键发生什么变化？ | 对比乙烷与溴乙烷结构与物理性质的差异。（水平1）<br>分析C—X键的极性对溴乙烷性质的影响（水平4） | 用结构解释物理性质的差异，并通过预设问题引导学生从键的极性的角度预测化学性质，体验"结构决定性质，性质反映结构"的思想，培养学生的微观探析素养、变化观念素养和证据推理素养，并为水解原理的学习做铺垫 |
| （七）推理探究：由结构预测化学性质并实验探究 | （1）设计实验探究溴乙烷是否是电解质。<br>提供试剂：溴乙烷、NaOH溶液、稀硝酸、硝酸银溶液。<br><br>（2）猜想：$CH_3CH_2Br$也可以看作HBr中的氢原子被乙基取代的产物。已知HCl+NaOH=NaOH+$H_2O$，完成下面反应方程式：<br>$CH_3CH_2Br+NaOH\rightarrow$<br>（3）可用何种波谱分析法检验有机产物？<br>（4）可如何检验产物中的溴离子？请设计方案，并预测现象。<br>提供试剂：溴乙烷、NaOH溶液、稀硝酸、硝酸银溶液 | 设计实验方案探究溴乙烷是否是电解质。设计方案，预测现象。（水平3）<br>完成溴乙烷水解反应的化学方程式。（水平2）<br><br>设计方案检验溴乙烷水解反应的产物（水平3） | 探究溴乙烷是否是电解质，培养学生的证据推理素养和科学探究素养。<br>初步认识溴乙烷的水解反应，培养学生的证据推理与模型认知素养。<br><br>培养学生的科学态度、科学探究与创新意识素养 |
| （八）总结反思，形成认知模型，思路外显 | 微课小结：卤代烃水解反应机理 | | 通过微课小结卤代烃中键的极性对断键成键的影响，形成认知模型，便于提升应用 |

## 七、板书设计

《卤代烃》板书设计

一、卤代烃

1. 定义：烃中氢原子被卤素原子取代得到的有机化合物。

2. 官能团名称：卤原子，符号：—X。

3. 分类。

4. 命名规则：卤原子作为取代基。

二、溴乙烷

1. 结构：分子式$C_2H_5Br$，结构式$H—\overset{\overset{\displaystyle H}{|}}{\underset{\underset{\displaystyle H}{|}}{C}}—\overset{\overset{\displaystyle H}{|}}{\underset{\underset{\displaystyle H}{|}}{C}}—Br$，结构简式$CH_3CH_2Br$。

2. 物理性质：无色液体，密度比水大，不溶于水，易溶于有机溶剂，沸点38.4℃。

3. 化学性质：

水解反应：$C_2H_5Br+NaOH\xrightarrow[\triangle]{H_2O}C_2H_5OH+NaBr$

# 八、课后评价

1.（水平1）试写出1–氯丙烷发生水解反应的化学方程式。

2.（水平2）试写出1，3–二溴丙烷发生水解反应的化学方程式。

3.（水平2）有两瓶标签脱落的试剂，分别为溴乙烷与氯乙烷。请设计合理方案进行鉴别并贴上正确标签。

4.（水平3）某工厂想以乙烯为主要原料来制$CH_2OHCH_2OH$（乙二醇），你能设计出合理的方案吗？请用流程图的形式表示。

5.（水平3）根据以下流程，回答下列问题。

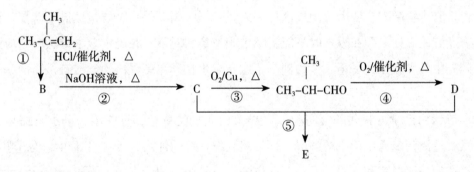

（1）B的名称是_____，结构简式为_____，在核磁共振氢谱中有_____组峰。

（2）写出反应①②的方程式，并指明反应类型。

参考答案：

1. $CH_3CH_2CH_2Cl + NaOH \xrightarrow[\triangle]{H_2O} CH_3CH_2CH_2OH + NaCl$

2. $Br-CH_2CH_2CH_2Br + 2NaOH \xrightarrow[\triangle]{H_2O} HOCH_2CH_2CH_2OH + 2NaBr$

3. 分别取2 mL试剂于试管中，分别加2 mL NaOH溶液，振荡后水浴加热3分钟。分别取上层溶液后加入足量稀硝酸酸化，然后分别滴加2滴硝酸银溶液，观察现象。若观察到有淡黄色沉淀生成，则原溶液为溴乙烷。若观察到有白色沉淀生成，则原溶液为氯乙烷。

4. $CH_2=CH_2 \xrightarrow{Br_2} BrCH_2CH_2Br \xrightarrow[\triangle]{NaOH水溶液} HOCH_2CH_2OH$

5.（1）2-甲基-1-氯丙烷；$CH_3-\overset{\overset{\displaystyle CH_3}{|}}{C}HCH_2Cl$；3。

（2）① $CH_3-\overset{\overset{\displaystyle CH_3}{|}}{C}=CHCl + HCl \xrightarrow[\triangle]{催化剂} CH_3-\overset{\overset{\displaystyle CH_3}{|}}{C}HCH_2Cl$，加成反应。

② $CH_3-\overset{\overset{\displaystyle CH_3}{|}}{C}HCH_2Cl + NaOH \xrightarrow[\triangle]{H_2O} CH_3-\overset{\overset{\displaystyle CH_3}{|}}{C}HCH_2OH + NaCl$，取代反应。

## 九、教学反思

古希腊生物学家普罗塔弋说过这样一句话："头脑不是一个要被填满的容器，而是一把需点燃的火把。"在教学时不能将学生当作容器对待，在确定教学方法时，应遵守叶圣陶先生的"教是为了不教"的训令，应让学生在学习中领悟到学习有机物的一般思路和方法。

本节课由已学方程式的书写引入，导入卤代烃的概念、官能团、分类、命名的学习，然后过渡到溴乙烷性质的学习，再拓展到卤代烃的性质，旨在引导学生领悟学习一类有机物的一般思路和方法。溴乙烷性质的学习采用"理论指导下预测性质→设计实验方案探究→实验研究获得实证→总结提升"的环节设计，学生充分体验探究具体有机物的性质的一般方法和步骤。"理论指导下预测性质"环节通过精心设计的合理梯度问题，在具体实践中引领学生分析键的极性对键的稳定性的影响，发展学生的微观探析素养，使学生逐步领会"结构决定性质"的思想，构建学习有机物性质的思维模式。"设计实验方案探究"环节引导学生自主设计实验方案，培养学生的科学探究素养。整个流程学生可以充分体验科学研究的过程，享受探究学习的乐趣。在落实化学核心素养的同时，实现了教学评一体化。

通过本节课的实践，"引导学生领悟学习一类有机物的一般思路和方法，了解探究具体有机物的性质的一般方法和步骤"的教学预期基本实现，学生能很好地掌握卤代烃的性质，并为后续有机物性质的学习奠定了方法基础。

**参考文献：**

［1］中华人民共和国教育部.普通高中化学课程标准（2017年版）［M］.北京：人民教育出版社，2018.

［2］梁吉成，高中有机化学陈述性知识的教学策略——以"卤代烃"为例［J］.中学化学教学参考，2017（8）.

［3］王福成.发展高中生有机物化学性质核心概念理解的研究——"卤代烃"教学案例［J］.化学教育，2016，37（11）.

［4］仲淑娴.优化教学设计，构建高效课堂——对比"卤代烃"一课不同设计的不同效果［J］.化学教与学，2017（4）.

# 《醛》教学设计

## （第1课时）

广东省苏洁芳名师工作室　茂名市第一中学　梁亚林

## 一、教学目标

（1）通过观察实物，认识乙醛的物理性质，培养学生的宏观辨识素养。

（2）通过拼装乙醛的球棍模型，认识乙醛的结构，培养学生的微观探析素养。

（3）通过学习乙醛的结构和有机物的发展历程，把握乙醛的还原反应（与$H_2$加成）。

（4）通过研究乙醛的催化氧化反应，学生对比乙醛和乙酸的球棍模型，深刻理解醛在氧化反应中化学键的断裂与形成机理，构建醛在氧化反应中化学键和官能团的变化模型，培养构建模型的素养。

（5）通过实验证明醛可以被弱氧化剂（银氨溶液、新制氢氧化铜）氧化，用乙醛催化氧化的机理模型并结合实验情境和现象分析产物，书写化学方程式，培养学生的证据推理和模型认知的核心素养。

（6）能应用所学习的乙醛氧化反应的变化模型去探索其他醛（丙醛、苯甲醛、甲醛）在氧化反应中变化的异同，培养学生应用官能团性质及其转化来解决实际问题的能力，并实现学生对有机物结构的微观异同的探究能力素养的培养。

## 二、教学重难点

### 1. 教学重点

深刻理解醛在氧化反应中化学键的断裂与形成机理，构建醛在氧化反应中官能团的变化模型。

**2. 教学难点**

应用所学习的乙醛催化氧化反应的变化模型和实验去探究乙醛被银氨溶液和新制氢氧化铜氧化的产物，以及其他醛在氧化反应中变化的异同。

## 三、内容和学法分析

乙醛不仅是联系醇与羧酸的桥梁，也是有机合成的桥梁，在有机合成中处于核心地位。为了更好地落实核心素养的培养，整节课我们将进行实验探究和模型认知教学（先通过乙醛催化氧化生成乙酸，通过球棍模型的变化来构建认知模型。在银镜反应和与新制氢氧化铜反应的实验中通过实验情境、现象和催化氧化的认知模型来对反应产物进行证据推理），并在学习过程中渗透过程性评价和课后评价，实现教学评一体化。

## 四、学情分析

学生已掌握乙醇氧化反应所得的产物等与乙醛相关的知识，已经了解了烃的结构和性质，对有机物乙醛的官能团也有了初步了解，且初步掌握了学习有机物的方法。但学生缺乏应用官能团性质及其转化来解决实际问题的能力，更缺乏对有机物结构的微观异同的探究能力。

本节课的作用是进行模型构建并通过实验情境和现象进行宏观和微观的逻辑分析、推理从而学习有机物。

## 五、认知障碍分析

（1）应用所构建的乙醛催化氧化反应的变化模型和实验去探究乙醛被银氨溶液和新制氢氧化铜氧化的产物，学生的核心疑问是：为什么得到的不是乙酸而是对应的盐？这就要分析实验的情境和物质的共存问题，利用证据推理的方法去突破。

（2）其他醛（丙醛、苯甲醛和甲醛）与乙醛在氧化反应中变化的异同，学生的核心疑问是：为什么甲醛与银氨溶液反应的比例是不同的？这就要将甲醛的结构模型和乙醛的结构模型进行对比，再结合乙醛催化氧化结构变化认知模型进行微观探析。

 基于*化学*核心素养的课堂教学创新实践

## 六、教学过程

### 教学过程概览

| 学习环节 | 师生互动 | 评价活动 | 设计意图 |
|---|---|---|---|
| 环节一：乙醛的物理性质 | 观察乙醛实物 | 说出乙醛的物理性质：颜色、状态、味道等。（水平1） | 对乙醛的宏观辨识 |
| 环节二：把握乙醛的分子式、结构式、结构简式 | 小组拼装乙醛的球棍模型 | 书写乙醛的分子式、结构式、结构简式。（水平1） | 对乙醛分子结构的微观探析 |
| 环节三：探索乙醛的还原反应 | （1）回顾我们所学的内容，乙醛是从哪种物质转化而来的？书写反应方程式。<br>（2）思考交流：观察乙醛的结构（球棍模型），讨论乙醛是否可以通过反应得到乙醇。<br>（3）书写反应方程式，分析其反应类型 | （1）写出2-丙醇催化氧化的化学方程式。（水平2）<br>（2）讨论：该产物是醛吗？醇要催化氧化得到醛，在结构上有什么要求？（水平3）<br>（3）讨论：该产物可以与$H_2$加成得到醇吗？（水平2） | （1）进一步从微观结构的角度去探析醇的催化氧化。<br>（2）形成醛和酮加氢还原的认知模型 |
| 环节四：探索乙醛的氧化反应 — 1. 空气中燃烧 | 思考交流：乙醛在空气中是否可以燃烧？产物是什么？ | 书写乙醛在空气中燃烧的化学方程式 | 认识乙醛的燃烧反应 |
| 环节四：探索乙醛的氧化反应 — 2. 催化氧化 | 思考交流：<br>（1）乙醛在催化剂的作用下可以被氧气氧化成乙酸，请将乙醛的球棍模型改装成乙酸的球棍模型，分析醛在氧化反应中化学键的断裂与形成机理。<br>（2）向同学展示自己的成果（醛催化氧化变成酸的变化模型） | 根据刚才所学的乙醛催化氧化的机理模型，分别书写丙醛和苯甲醛催化氧化的化学方程式。（水平2） | 从微观上理解乙醛催化氧化的断键与成键机理，构建乙醛氧化反应的认知模型 |
| 环节四：探索乙醛的氧化反应 — 3. 弱氧化剂氧化 | 实验1：<br>（1）参照课本的实验步骤制备银氨溶液。<br>（2）往银氨溶液中加入几滴乙醛，振荡后进行水浴加热。<br>思考交流：请根据所学的乙醛催化氧化的机理模型并结合实验情境和现象分析银镜反应的产物。 | （1）请描述银氨溶液制备过程中的实验现象。（水平1）<br>（2）若银氨溶液的溶质为$Ag(NH_3)_2OH$，请用化学方程式解析银氨溶液制备过程中的实验现象。（水平2）<br>（3）写出乙醛与银氨溶液反应的化学方程式。（水平2）<br>（4）该方程式很繁杂，我们应该把握哪些关键点才能快速写出该方程式？（水平2） | 掌握乙醛的特征反应，应用所构建的模型去学习，在产物的分析过程中培养学生的证据推理素养 |

| 学习环节 | | 师生互动 | 评价活动 | 设计意图 |
|---|---|---|---|---|
| 环节四：探索乙醛的氧化反应 | 3. 弱氧化剂氧化 | 实验2：将乙醛加入新制氢氧化铜溶液中，振荡后加热。<br>思考交流：请根据乙醛催化氧化的机理模型并结合实验情境和现象分析该反应的产物 | （5）写出乙醛与新制氢氧化铜反应的化学方程式。（水平2）<br>（6）请分别书写丙醛和苯甲醛与银氨溶液反应的化学方程式（水平2） | |
| 环节五：深入探索醛之间的异同，寻找自我突破与创新 | | 创新拓展实践活动：小组拼装甲醛球棍模型，分析甲醛发生银镜反应时可能的断键和成键机理 | （1）分析甲醛与乙醛、丙醛和苯甲醛发生银镜反应的异同。（水平3）<br>（2）书写甲醛与银氨溶液反应的化学方程式。（水平3）<br>（3）能发生银镜反应的物质一定是醛吗？如果不是，请写出该物质的结构式（水平4） | 从微观角度去分析甲醛和其他醛的异同，并从微观结构上理解能发生银镜反应的物质不只是醛一种，培养学生自我突破的创新能力（能对认知模型有发展性的认识和突破） |

# 七、板书设计

## 《醛》板书设计

1. 还原反应

$$CH_3{-}\overset{\overset{\textstyle O}{\|}}{C}{-}H + H_2 \xrightarrow[\triangle]{催化剂} CH_3CH_2OH$$

2. 氧化反应

（1）催化氧化：

$$2CH_3{-}\overset{\overset{\textstyle O}{\|}}{C}{+}H + O_2 \xrightarrow[\triangle]{催化剂} 2CH_3COOH$$

（2）被弱氧化剂氧化：

$$CH_3CHO + 2[Ag(NH_3)_2]OH \xrightarrow{水浴加热} CH_3COONH_4 + 2Ag\downarrow + 3NH_3 + H_2O$$

$$CH_3CHO + 2Cu(OH)_2 + NaOH \xrightarrow{\triangle} CH_3COONa + Cu_2O\downarrow + 3H_2O$$

## 八、课后评价

1.（水平1）下列说法正确的是（　　　）。

A. 乙醛的分子式为$CH_3CHO$

B. 乙醛的结构式为（右图）

C. 乙醛是一种有刺激性气味的气体

D. 乙醛易溶于有机溶剂，不溶于水

2.（水平2）下列说法中不正确的是（　　　）。

A. 能发生银镜反应的物质不一定是醛

B. 乙醛能发生银镜反应，表明乙醛具有氧化性

C. 有些醇不能发生氧化反应生成对应的醛

D. 福尔马林是35%～40%的甲醛水溶液，可用于浸泡生物标本

3.（水平2）甲醛在一定条件下发生如下反应：$2HCHO+NaOH$（浓）$\rightarrow HCOONa+CH_3OH$。在此反应中，甲醛发生的变化是（　　　）。

A. 仅被氧化　　　　　　　　　　　　B. 仅被还原

C. 既被氧化，又被还原　　　　　　　D. 既未被氧化，也未被还原

4.（水平3）向2.9 g某饱和一元醛中加入足量的银氨溶液，在一定条件下充分反应后析出10.8 g银，该醛是（　　　）。

A. HCHO　　　　　　　　　　　　　B. $CH_3CHO$

C. $CH_3CH_2CHO$　　　　　　　　　D. $CH_3CH（CH_3）CHO$

5.（水平3）烯烃在强氧化剂作用下，可发生如下反应：

$$>C=C< \xrightarrow{\text{强氧化剂}} >C=O+O=C<$$

以某烯烃A为原料，制取甲酸异丙酯的过程如下：

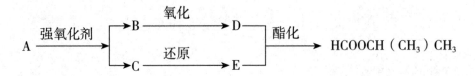

试写出A、B、C、D、E的结构简式：

A _____，B _____，C _____，

D _____，E _____。

参考答案：

1. B。

2. B。

3. C。

4. C。

5. A $CH_3C=CH_2$（含$CH_3$取代基）; B HCHO; C $CH_3CCH_3$（含O双键）; D HCOOH; E $CH_3CHCH_3$（含OH）。

## 九、教学反思

本节课通过对醛性质的学习，培养学生对有机物官能团和有机物性质变化的微观理解能力和学习能力，同时落实化学核心素养和实现教学评一体化。在课堂活动进行过程中，前三个教学环节学生是很容易把握的，所以不需要花费太多的时间。环节四是一个核心环节，从乙醛催化氧化成乙酸的结构认知模型到银镜反应产物的推断，学生出现较大的疑惑，教师必须利用这个疑惑来激发学生思考的潜能，和学生共同分析实验情境和现象，解析$NH_3$怎么来［$Ag(NH_3)_2^+$中的$Ag$析出，那么$NH_3$就游离出来］，为什么是$CH_3COONH_4$而不是$CH_3COOH$？这两个疑问的解决不但落实了认知模型，还发展了学生证据推理的逻辑思维能力。而环节五的引入是学生高阶思维的进一步发展，这是一个自我突破的发展和创新。但问题是环节五在引入之前，教师要通过师生互动和课堂的评价活动对学生的认知能力和认知水平有一个判断，如果学生在环节四的时候感觉学习很吃力，建议将环节五放在下一个课时，可以在对醛全面学习后再引入环节五。教学活动的实施必须因材施教，这是教育理念的根本。

**参考文献：**

［1］中华人民共和国教育部.普通高中化学课程标准（2017年版）［M］.北京：人民教育出版社，2018.

［2］孟宪宇，陆国志.教学支架在高中化学教学中的有效利用——以选修五《醛》课为例［J］.广东化工，2017，44（10）：232-233.

［3］马俊.探索高中化学课堂教学评价的优化策略——基于核心素养的教、学、评一体化研究［J］.华夏教师，2018（7）：39-40.

# 《醛》教学设计

广东省苏洁芳名师工作室　电白区第一中学　梁燕萍

## 一、教学目标

（1）从生活中发现问题驱动学习，应用新知识解决实际问题，提升学生的科学精神和社会责任。

（2）通过观察球棍模型认识乙醛结构，结合醛基碳氧双键的结构特征推断其可能的断键位置，培养学生宏观辨识与微观探析的素养。

（3）对照乙醛和乙烯官能团的相似处，学习乙醛的还原反应，领悟学科内知识之间的相互联系，构建化学变化观。

（4）基于醛基官能团的性质特点和反应物溶液的酸碱性，对乙醛与弱氧化剂反应产物做出推断，并通过科学探究实验得到证据验证，从而建立认知模型，解决醛基的鉴别问题，能书写相关化学方程式揭示反应规律。

## 二、教学重点难点

### 1. 教学重点
乙醛的氧化反应。

### 2. 教学难点
乙醛与弱氧化剂的反应及化学方程式的书写。

### 三、内容和学法分析

从学科结构意义上看，醛在含氧衍生物中起着承上启下的作用，在有机合成中占有重要地位。学好这一课，可以让学生在烃的衍生物的学习中抓住官能团的结构和性质这一中心，确认"结构决定性质"这一普遍性规律，提高思维能力，进而带动化学核心素养的提高。

在这节课的设计中，有两个环节至关重要：一是运用微观球棍模型帮助学生深入理解乙醛在还原反应和氧化反应中的断键和成键的位置，构建认知模型，对探究实验的产物做出推断；二是采用小组实验探究的方法，通过观察实验现象，验证乙醛和氧化剂（强氧化剂、弱氧化剂）反应的产物，得出实验结论，学会书写化学方程式。

### 四、学情分析

从知识层面看，学生已经学习了有机物氧化还原的知识，对氧化还原的实质、官能团决定有机物的化学性质有了一定的认识。在此基础上再来探究醛类物质的氧化性和还原性，这样有助于促进学生的认知发展。能力方面，学生的知识储备、动手能力、观察能力等存在个体差异，因此有合作探究的必要。学生具备一定的合作探究能力和实验动手能力，有分类和归纳的基础，但应用有机物微观模型构建官能团转化的认知模型，并将其应用于预测新反应的产物，以解决实际问题的能力有所欠缺，所以本节课在微观探析和模型认知的基础上让学生进行科学探究实验和证据推理，从而提升学生的创新意识和解决问题的能力，使学生形成学习有机化学的方法系统。教师在学生的学习过程中渗透过程性评价和课后评价，实现教学评一体化。

### 五、认知障碍分析

（1）采用官能团变化的模型、实验探究乙醛的银镜反应和与新制氢氧化铜悬浊液的反应时，学生困惑的是：这两个反应为什么不像乙醛催化氧化那样生成乙酸而是生成乙酸盐？需要引导学生分析溶液的酸碱性，通过实验去证明。

（2）醛基的鉴别为什么利用其与弱还原剂的反应而不是与强氧化剂的反应？这个问题可以通过构建乙醛、乙醇、乙酸的转化关系的模型来理清，再结合藿香正气水的成分含有乙醇进行分析。乙醇也能被强氧化剂氧化，所以要用银氨溶液或者新制氢氧化铜悬浊液来鉴别醛基的存在。

## 六、教学过程

**教学过程概览**

| 学习环节 | 教师活动 | 学生活动与评价 | 设计意图 |
|---|---|---|---|
| 环节一：醛的导入 | 播放新闻视频：宁波一位老奶奶混服藿香正气水和头孢疑造成乙醛中毒。<br>提问：藿香正气水加乙醛会造成乙醛中毒吗？<br>知识回顾：乙醛可由乙醇催化氧化得到，请写出该化学方程式，并思考氧化反应和还原反应的概念 | 观看视频，激发学习兴趣。<br>写出乙醇催化氧化的反应方程式，从有机物得氧失氧、得氢失氢的角度归纳氧化反应和还原反应的概念。（水平1） | 以生活中的问题为切入点，激发学生学习新知识的兴趣和探究的欲望，回顾氧化还原反应的概念，为学习乙醛的性质做好准备 |
| 环节二：醛的结构 | 拼装乙醛的球棍模型。<br>思考：乙醛的官能团是什么？结构决定性质，你能根据醛基的结构特征，预测乙醛可能的化学性质吗？ | 观察乙醛的球棍模型，书写乙醛的分子式和结构简式。（水平1）<br>根据官能团醛基的结构，猜测醛基可能的化学性质：醛基含碳氧双键，不饱和，可以发生加成反应；醛基中的C—H受羰基影响容易断裂，发生氧化反应。（水平3） | 借助模型建构学生微观探析观念，根据"物质的结构决定性质"的思想鼓励学生大胆猜测官能团的性质 |
| 环节三：乙醛的性质 | 参考乙烯的加成反应，写出乙醛跟氢气加成的化学方程式。<br>思考：该反应属于什么反应类型？<br><br>展示一瓶乙醛试剂，观察乙醛的色、态、味，归纳乙醛的物理性质。<br>探究实验1：如何快速证明乙醛可以发生氧化反应？请设计实验方案进行验证。<br>板书，PPT展示：乙醛能燃烧，也可以被催化氧化成乙酸。<br>请写出以上两个反应的化学方程式 | 学生书写化学方程式。（水平2）<br>学生思考回答：既属于加成反应，又属于还原反应。<br><br>学生观察乙醛的色、态、味，总结乙醛的物理性质。（水平1）<br><br>学生分组讨论，设计实验步骤，推测预期现象：与常见的氧化剂反应，可以使酸性高锰酸钾溶液褪色，使橙色重铬酸钾溶液变成绿色，使溴水褪色。（水平2）<br>分组进行探究实验，填写实验报告，最后以小组为单位进行汇报。<br>提出疑问：可以被氧气氧化吗？<br>书写乙醛和氧气反应的化学方程式并进行对比，感受"条件不同产物不同"的规律。（水平2） | 联系乙烯和乙醛官能团均不饱和，结合还原反应的概念，学生理解醛的加成反应即还原反应。学生通过观察实物，培养宏观辨识素养。<br>氧化反应是这节课的重点，采用与强氧化剂和弱氧化剂的反应的两个探究实验，深化学生证据推理和模型认知的能力，培养学生的科学探究和创新能力。 |

| 学习环节 | 教师活动 | 学生活动与评价 | 设计意图 |
|---|---|---|---|
| 环节三：乙醛的性质 | 设疑：乙醛还可以被其他弱氧化剂氧化吗？常见的弱氧化剂是不活泼金属的阳离子，如二价的铜离子和一价的银离子。<br>介绍：生物中检验还原性糖的斐林试剂和托伦试剂的配置。<br>实验探究2：乙醛与弱氧化剂的反应。<br>分析：利用氧化反应的断键成键模型预测产物；实验中遇到的问题及实验成功的关键。<br>提问：你能写出乙醛的银镜反应和乙醛与新制氢氧化铜反应的化学方程式吗？<br>小结：乙醛的化学性质和醛基官能团在氧化和还原反应中的转化关系 | 分组讨论，设计实验方案：与弱氧化剂反应，与斐林试剂和托伦试剂反应，预期现象是有砖红色沉淀和发生银镜反应。（水平2）<br>分组进行探究实验2，填写实验现象并汇报。小组间对比实验现象的不同，找出实验成功的关键之处。（水平2）<br>书写两个反应的化学方程式，找出反应物比例及产物规律：乙醛的氧化产物是乙酸，碱性条件下生成乙酸盐。（水平3）<br><br>填写学案：化学性质（水平3） | 帮助学生学生形成化学变化观，提升学生自主构建知识网络体系的能力 |
| 环节四：醛基的鉴别 | 解决问题：通过这节课的学习，你能充当一回小记者解决刚上课时提出的问题吗？<br>继续播放新闻视频。<br>思悟升华：对于醛基的鉴别，你有什么新的认识？ | 思路：应选择合适的化学方法检验藿香正气水和头孢混合是否产生乙醛。由于藿香正气水中含乙醇，可以被强氧化剂氧化，如果选择高锰酸钾溶液，乙醇的存在会干扰乙醛的检验，且乙醇还原性弱，不会跟弱氧化剂反应，所以应该选择银镜反应或与新制氢氧化铜悬浊液反应来鉴别醛基（水平4） | 学以致用。利用归纳的醛基官能团的性质模型，建构解决问题的思维结构，深刻理解羟基和醛基性质上的区别，从而掌握醛基的鉴别方法 |
| 环节五：醛的用途 | 布置作业：<br>（1）完成自评练习题。<br>（2）上网搜索，了解甲醛及醛类物质的用途和危害，写一篇有关甲醛家居污染的危害和治理的论文 | 做练习题，上网浏览相关网页，了解甲醛及醛类物质的用途和危害，形成论文（水平4） | 通过练习让学生对这节课的学习效果进行自评，通过自主获取网络知识进行STSE教育，辩证地看待化学物质，发展健康的生活方式 |

## 七、板书设计

### 《乙醛》板书设计

一、官能团—CHO

二、乙学性质

1. 化学性质

（1）加成反应（还原反应）。

（2）氧化反应。

a. 与强氧化剂反应：酸性高锰酸钾、$K_2Cr_2O_7$、溴水。

b. 与$O_2$反应：燃烧，催化氧化。

c. 与弱氧化剂反应。

银镜反应：$CH_3CHO+2Ag（NH_3）_2OH \xrightarrow{\triangle} CH_3COONH_4+2Ag\downarrow+3NH_3+H_2O$

与新制氢氧化铜悬浊液反应：$CH_3CHO+2Cu（OH）_2+NaOH \xrightarrow{\triangle} CH_3COONa+Cu_2O\downarrow+3H_2O$

2. 物理性质

## 八、课后评价

1.（水平1）下列说法中正确的是（    ）。

A. 凡是能发生银镜反应含—CHO的物质一定是醛

B. 乙醛与新制氢氧化铜悬浊液反应，表现为酸性

C. 在加热和有催化剂的条件下，醇都能被空气中的$O_2$所氧化，生成对应的醛

D. 福尔马林是35%～40%的甲醛水溶液，可用于浸制生物标本

2.（水平2）甲醛在一定条件下发生如下反应：$2HCHO+NaOH（浓）\rightarrow HCOONa+CH_3OH$。在此反应中，甲醛发生的变化是（    ）。

A. 仅被氧化                      B. 仅被还原

C. 既被氧化，又被还原            D. 既未被氧化，也未被还原

3.（水平3）某3 g饱和一元醛和足量银氨溶液反应，结果生成了43.2 g银，则该醛为（    ）。

A. 甲醛                          B. 乙醛

C. 丙醛                          D. 丁醛

4.（水平4）使用哪组试剂可鉴别在不同试剂瓶内的乙烯、甲苯和丙醛？（　　　）

A. 银氨溶液和酸性高锰酸钾的溶液

B. 酸性高锰酸钾溶液和$Br_2$的$CCl_4$溶液

C. 银氨溶液和三氯化铁溶液

D. 银氨溶液和$Br_2$的$CCl_4$溶液

5.（水平3）有A、B、C三种烃的衍生物，相互转化关系如下：

$$1,2-二溴乙烷 \xleftarrow{溴水} 气体 \xleftarrow[170\ ℃]{H_2SO_4} A \xrightarrow[还原]{氧化} B \xrightarrow[H^+]{氧化} C$$

其中B可发生银镜反应，C跟石灰石反应产生使石灰水变浑浊的气体。

（1）A→B的化学方程式为_____。

（2）B→C的化学方程式为_____。

（3）B→A的化学方程式为_____。

**参考答案：**

1. D。

2. C。

3. A。

4. D。

5.（1）$2CH_3CH_2OH+O_2 \xrightarrow[\triangle]{催化剂} 2CH_3CHO+2H_2O$

（2）$CH_3CHO+2Ag（NH_3）_2OH \xrightarrow{\triangle} CH_3COONH_4+2Ag\downarrow+3NH_3+H_2O$

$CH_3COONH_4+HCl = CH_3COOH+NH_4Cl$

或$CH_3CHO+2Cu（OH）_2+NaOH \xrightarrow{\triangle} CH_3COONa+Cu_2O\downarrow+3H_2O$

$CH_3COONa+HCl = CH_3COOH+NaCl$

（3）$CH_3CHO+H_2 \xrightarrow[\triangle]{催化剂} CH_3CH_2OH$

## 九、教学反思

这节课是基于化学核心素养培养的一次大胆实践，不再是照本宣科、知识为本式的灌输教学，体现了学生的主体性，教师只是充当引导者从旁帮助，课堂氛围愉悦，学生学习高效。通过本节课的学习，学生能用化学微粒观去深入理解化学变化观，理清物质

"结构决定性质，性质决定用途"的一般规律，掌握了研究有机物性质的实验探究法和证据推理法，尤其是用于推断和验证乙醛的氧化反应产物，构建化学思维模型，结合所学知识解决生活中的问题，体会了化学学科的实用性和科学精神，提升了个人的社会责任感。

在书写乙醛银镜反应的化学方程式时，学生对于银这种还原产物的判断没有太大问题，眼见为实，但溶液中的成分判断对学生的高阶思维有较高要求，是学生学习的难点：一来需要根据银氨溶液的碱性推导反应物不是醋酸而是醋酸的铵盐，二来按照原子守恒定律，溶液中仍有溶解的氨分子。教师应注重引导学生归纳反应物和生成物的定量关系。乙醛和新制氢氧化铜悬浊液反应的化学方程式书写同样要考虑该反应的碱性条件从而进行产物推断，所以反应物不能漏写过量的强碱。这两个反应是高考高频考点，建议教师和学生互动时应注意学生的"最近发展区"，细化到思维过程，让学生自主小结定量关系和书写注意事项。

**参考文献：**

[1] 中华人民共和国教育部.普通高中化学课程标准（2017年版）［M］.北京：人民教育出版社，2018.

[2] 王星乔，滕瑛巧，汪纪苗，等.基于化学核心素养的教学设计——以"铁及其化合物的应用"为例［J］.聚焦课堂，2017（5）.

[3] 杨梓生.对高中化学学科核心素养的认识［J］.中学化学教学参考，2016（8）.

# 《有机合成》教学设计

## （第2课时）

广东省苏洁芳名师工作室　茂名市第一中学　吴丹

## 一、目标

### 1. 教学目标

（1）通过复习再现烃和烃的衍生物之间的相互转化，巩固官能团的相互转化关系，并构建物质转化关系网络。

（2）通过学习逆合成法，建构有机合成问题解决的思维模型。

（3）通过有机合成路线的优化选择，体会"绿色化学"理念和形成有机合成的一般原则。

### 2. 评价目标

（1）通过复习烃和烃的衍生物之间的相互转化，诊断并发展学生对官能团的相互转化关系的认知水平。

（2）通过运用逆合成法设计合成路线，诊断和发展学生运用逆合成分析法分析和解决有机合成问题的能力水平。

（3）通过有机合成路线的优化选择，诊断和发展学生设计有机合成路线的一般思路和思维模型的能力和水平。

## 二、教学重难点

### 1. 教学重点

（1）建构各类有机物之间相互转化的关系网络。

（2）逆合成分析法在有机合成过程中的应用。

### 2. 教学难点

逆合成分析法思维能力的培养。

## 三、内容和学法分析

本节教学设计基于科学取向教学论的理论指导，针对本节教材内容与学生学习能力（起点）、教学目标（终点）等进行任务分析，通过创设任务情境，复习再现各类有机物之间的转化关系，建构转化关系网络，运用逆合成法等策略，力图帮助学生在解决有机合成相关问题的过程中，建构有机合成相应的方法和策略，最终使学生运用策略解决新的问题，并且引导学生运用化学学科思维方式和方法学习化学知识，理解化学学科核心观念，在问题解决的过程中逐步发展化学学科核心素养。

## 四、教材分析

在前面的学习中，学生学习了有机物的分类、结构、性质、转化。从本节课的安排来看，本课承载的价值有以下两个方面：

（1）从学科价值角度看本课包括本体功能和载体功能。一方面，有机合成承载了整合有机反应的任务，通过有机合成的学习进一步建立物质之间的转化关系。从这个角度看，本节课兼有复习课的功能，这也是这节课的本体功能的体现。另一方面，在有机合成的过程中使学生学会有机合成的方法，特别是逆推的方法，使学生学会通过观察目标产物的结构特点，从化学键的角度分析断键的位置，还原出中间体及基础原料，并从目标产物与各中间体的组成变化中找到辅助原料的思维方法，以使学生的化学学科思维能力进一步提高，体现本节课知识的载体功能。

（2）从其社会价值来看，通过具体的事例让学生了解到有机合成在医药、化工、生产、生活中的广泛应用以及这门课程存在的价值，开阔学生的视野，使学生了解有机合成的发展及现阶段所获得的成绩，从而培养学生的化学学科核心素养。

## 五、认知障碍分析

经过半个多学期的学习，学生已经掌握了高中常见的有机物（脂肪烃、芳香烃、卤代烃、醇、酚、醛、羧酸和酯等）的性质，并对有机物官能团的性质有了全面的了解，学生已经具备了一定的基础知识和分析问题、解决问题的能力。

学生已具备的前期知识：

（1）基本掌握常见官能团的性质。

（2）知道一些官能团引入的方法。

（3）了解简单的碳链增减的方法。

学生未知的知识：

（1）有机合成的分析方法。

（2）有机合成的过程和原则。

# 六、教学过程

教学过程概览

| 学习环节 | 师生互动 | 评价活动 | 设计意图 |
|---|---|---|---|
| （一）复习回顾 | 根据上节课学习的官能团之间的转化，画出溴乙烷转化成乙酸乙酯的路线图，并写出对应的化学反应方程式 | 各物质之间官能团如何转化？（水平1） | 从官能团转化的视角探究有机物相互转化的实质，复习、归纳、构建有机物之间相互转化关系的知识网络，作为通过学习逆合成分析法分析如何合成乙二酸二乙酯的知识准备 |
| （二）逆合成分析法 | 乙二酸二乙酯中含有两个酯基，请尝试利用学过的官能团之间的相互转化知识说明乙二酸二乙酯是如何由简单的原料乙烯转化合成的。用合成路线图表示你的思考过程，无机试剂任选 | 1982年研制出长效缓释阿司匹林：<br>观察该药物结构简式中的碳骨架和官能团，利用逆合成分析法思考长效缓释阿司匹林是由哪些原料合成的，并用流程图把你的思路表示出来（水平2） | 学生根据官能团之间的相互转化知识，通过分析药物青霉素的中间体乙二酸二乙酯的合成学习逆合成分析法，并把逆合成分析法应用于分析药物长效缓释阿司匹林，学习了解其重要中间体——第一合成药物阿司匹林 |
| （三）有机合成遵循的基本原则 | 以苯酚为主要原料合成水杨酸 | 思考与交流：有机合成选择路线有哪些基本原则？（水平2） | 结合有机合成实例，由学生自主发现和总结学习有机合成的基本原则，构建有机合成的基本思维方法 |

223

## 七、课后评价

甲基丙烯酸CH$_2$═C─COOH是生产缓释阿司匹林的中间体，尝试用逆合成分析法用
更廉价的原料异丁烯H$_2$C═C─CH$_3$合成甲基丙烯酸，写出合成路线图，并交流哪种方案
最优。

## 八、板书设计

《有机合成》板书设计

一、逆合成分析法

二、逆合成分析法的关键

三、逆合成分析法的原则

有机合成设计需要解决的问题：

（1）目标产物和原料物质结构的比较。

（2）构建碳骨架。

（3）实现官能团的转化。

（4）考虑基团的保护，按一定顺序反应。

## 九、教学反思

采用"教学目标、真实情境、教学任务、教学活动、教学评价"五方面环环相扣、层层推进的教学设计的整体思路，确定基于化学学科核心素养发展的教学目标，依据教学目标选择教学内容和蕴藏学习任务的问题情境，依托真实情境生成基于问题解决的学习任务，依据学习任务开展自主探究、讨论交流等学习活动，依据学生的活动表现开展基于化学学科素养发展水平的评价，引导学生运用化学学科的思维方式和方法学习化学知识，理解化学学科核心观念，在问题解决的过程中，逐步发展学生的化学学科核心素养。

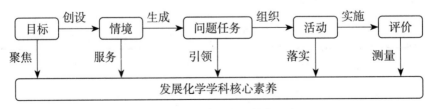

《有机合成》教学设计的整体思路图

**参考文献：**

［1］中华人民共和国教育部.普通高中化学课程标准（2017年版）［M］.北京：人民教育出版社，2018.

［2］周芳，郝红英.PBL教学法在临床医学专业有机化学教学中的应用［J］.广东化工，2016（45）.

［3］乐传俊，王晋方，王丽.有机化学翻转课堂教学的实践和思考［J］.科教导刊（下旬），2016（3）.

# 《电极反应式书写》教学设计

## ——高三二轮小专题

广东省苏洁芳名师工作室  茂名市第一中学  赖晓枚

"电化学原理"是电化学的基础也是核心，是必修化学的拓展应用，可以帮助学生从氧化还原的本质，从化学反应与能量的关系的角度进一步学习和探索化学反应的规律及其应用，构建完整、系统的化学反应原理知识体系，对学生逻辑推理能力的发展，科学素养的提高，科学探究能力的培养，将理论应用于实践，以及知识的系统化、结构化都起着重要作用。

此外，电化学部分蕴含了很多化学学科思想，主要有对立统一思想、强弱竞争思想、强弱转化思想、电量守恒思想、物料守恒思想、能量守恒思想。

电化学是高考命题的热点之一，主要考查内容有原电池的工作原理、电解产物的判断与相关计算、电极反应式及电池反应方程式的书写、离子的移动方向、溶液pH的变化。命题形式以选择题为主。命题特点为：以装置示意图的形式来呈现，并以新的情境来引入问题。由此可见，电化学部分的考查并不仅仅是对学生知识的考查，更是对学生分析问题、解决问题能力的考查，是对学生化学素养的考查。

**2014—2016年全国卷电化学考点分析**

| 项目 | 2014年 | | 2015年 | | 2016年 | |
|---|---|---|---|---|---|---|
| | Ⅰ卷 | Ⅱ卷 | Ⅰ卷 | Ⅱ卷 | Ⅰ卷 | Ⅱ卷 |
| 题号分值 | 27（3）（5分） | 12（6分）、27（3）（6分） | 11（6分） | 26（1）（3）（7分） | 11（6分） | 11（6分） |
| 考查内容 | 电解池电极反应式的书写及工作原理分析 | 原电池工作原理；电解池电极反应式的书写及工作原理分析 | 燃料电池的电极反应、总反应及电解质溶液中离子的移动 | 电池的电极反应及计算 | 电解池工作原理分析、离子的运动方向、溶液的pH变化及电极产物判断 | 原电池的电极反应、离子移动及副反应的判断 |

## 一、教学目标

### 1. 教学目标

（1）理解原电池和电解池的构成、工作原理及应用。

（2）能写出电极反应和电池反应方程式。

（3）了解常见化学电源的种类及其工作原理。

### 2. 评价目标

（1）通过明晰电化学知识之间的内在联系，将知识系统化，发展并诊断学生对原电池本质的认识进阶（定性水平）。

（2）电化学原理的实质是氧化还原的应用，通过电极反应式的书写，发展学生对氧化还原反应的基本规律的认识思路的结构化水平（视角水平、内涵水平）。

## 二、教学思路

电化学的知识系统主要由原电池的工作原理、化学电源、电解原理、电解的应用、金属的腐蚀与防护等构成，将这些知识统一于氧化还原反应，统一于用符号表征电极反应式。教学过程如下图所示。

教学过程图

引入微课，突破难点。将电极反应式书写的思路外化、细化，进一步加深学生的理解。

## 三、教学过程

教学过程概览

| 学习环节 | 教师活动 | 学生活动 | 设计意图 |
|---|---|---|---|
| （一）自主回归 | 1. 利用下列材料设计原电池。限选材料：$ZnSO_4$（aq）、$FeSO_4$（aq）、$H_2SO_4$（aq）、NaCl（aq）、铜片、铁片、锌片、碳棒和导线。<br>（1）结合装置图分析其工作原理。<br>（2）写出电极反应式 | 思考<br>讨论<br>汇报 | 回归课本，夯实基础：原电池的工作原理 |
| （二）探寻方法 | 2. 变式探究：写电极反应式。<br>（1）将装置中的电极材料换成Pb、$PbO_2$。<br>正极：<br>负极：<br><br>（2）（1）中的装置反应一段时间后，若要复原，可将Pb、$PbO_2$分别连接电源的_____、_____。<br>阴极：<br>阳极：<br><br>反思归纳：<br>（1）电极反应式书写的一般思路与方法是什么？<br><br>（2）书写电极反应式运用了哪些原理、知识？<br><br>有法可依：<br>3. 粗铋中含有的杂质主要是Pb，通过熔盐电解精炼可达到除杂的目的，其装置示意图如右图所示。电解后，阳极底部留下的为精铋。写出电极反应式：<br>阳极：<br>阴极：<br><br>尝试应用：<br>4. （2014年高考全国Ⅱ卷）$PbO_2$也可以以石墨为电极，Pb（$NO_3$）$_2$和Cu（$NO_3$）$_2$的混合溶液为电解液电解制取。阳极发生反应的电极反应式为_____，阴极上观察到的现象是_____；若电解液中不加入Cu（$NO_3$）$_2$，阴极发生反应的电极反应式为_____，这样做的主要缺点是_____。 | 提炼方法<br>整体构建<br><br>思考<br>讨论<br>汇报<br><br>反观方法<br><br>完善方法<br>再应用 | 通过装置回顾电极反应式书写的一般思路与方法，由浅入深。<br><br>深入认知，主动建构。<br><br>实践出新知，进一步理解氧化还原反应中的强弱竞争思想。 |

（装置示意图：⊕⊖电极，标注"$PbCl_2$、KCl 等"、"粗铋"、"电炉"）

| 学习环节 | 教师活动 | 学生活动 | 设计意图 |
|---|---|---|---|
| （二）探寻方法 | 微课：<br>电极反应式的书写：<br>（举一反三）<br>5.（2015年高考全国Ⅱ卷）酸性锌锰干电池是一种一次性电池，外壳为金属锌，中间是碳棒，其周围是由碳粉、$MnO_2$、$ZnCl_2$和$NH_4Cl$等组成的糊状填充物。该电池放电过程产生$MnOOH$。回收处理该废电池可得到多种化工原料。<br>该电池的正极反应式为_____，电池反应的离子方程式为_____。<br><br>6.（2012年高考全国Ⅱ卷）与$MnO_2$-Zn电池类似，$K_2FeO_4$-Zn也可以组成碱性电池，$K_2FeO_4$在电池中作为正极材料，其电极反应式为_____。<br><br>反思归纳：如何应对电极材料、电解质、离子交换膜等的变化？ | 吸收整合新信息。<br>紧扣原理，灵活应变 | 通过变式训练，提高学生对新信息的吸收、整合能力，提高学生解决实际问题的能力 |
| （三）小结 | 池型判断 → 工作原理<br>电极反应式书 → 判电极，定类型／找物质，标得失／远离子，配电荷／配H查O<br>分极变化：pH值、质量<br>计算 ← 转移电子数 | 学生自我建构知识，加深理解，完善认知结构 | 培养学生分析问题、归纳小结的能力 |
| （四）巩固提升 | 可逆电池：<br>7.已知锂离子电池的总反应为<br><br>$Li_xC+Li_{1-x}CoO_2 \xrightarrow[\text{充电}]{\text{放电}} C+LiCoO_2$，锂硫电池的总反应为<br><br>$2Li+S \xrightarrow[\text{充电}]{\text{放电}} Li_2S$。<br><br>（图：C｜电解质｜$LiCoO_2$  Li｜电解质｜S）<br><br>（1）写出锂离子电池放电时的电极反应式。<br>（2）上图表示用_____电池给电池充电。<br>反思归纳：原电池和电解池判断的根本依据是什么？ | 巩固练习 | 题型突破，及时巩固；加深理解，注重应用 |

## 四、板书设计

### 《电极反应式书写》板书设计

电极反应式书写的思路与方法：

1. 确定电极及电极材料。

2. 确定反应物（①活性电极；②微粒，电离→迁移→强弱）。

3. 确定生成物：

先确定中心元素价态：

① 题目提示；②根据氧化还原反应规律。

后确定在真实环境里的存在：

① 电解质是熔融还是溶液；②电解质中其他的微粒性质如何？是否会发生复分解或氧化还原反应？

## 五、案例说明

（1）本节课在实施过程中借助"整体建构"理论，将原电池的工作原理、化学电源、电解原理、电解的应用、金属的腐蚀与防护等知识统一于氧化还原反应，统一于用符号表征电极反应式，引导学生明晰知识之间的内在联系，将知识系统化——电化学原理实质是氧化还原的应用，优化了教学过程和效果。

（2）本节课凸显了化学学科思想：电极反应式的书写始终贯彻对立统一思想、强弱竞争思想、强弱转化思想、电量守恒思想、物料守恒思想、能量守恒思想。

（3）引入微课，将电极反应式书写的思路外化、细化，进一步加深学生的理解。同时微课是课后复习回顾的资源，有利于突破教学重难点。

**参考文献：**

［1］中华人民共和国教育部.普通高中化学课程标准（2017年版）［M］.北京：人民教育出版社，2018.

［2］王敏勤.整体建构是和谐教学的基本原则［N］.中国教育报，2005-06-03.